解析几何三十六计

吴 昊 著

深圳出版社

图书在版编目（CIP）数据

解析几何三十六计 / 吴昊著 . — 深圳：深圳出版社，2023.3
ISBN 978-7-5507-3763-1

Ⅰ.①解… Ⅱ.①吴… Ⅲ.①解析几何课－高中－升学参考资料 Ⅳ.① G634.633

中国国家版本馆 CIP 数据核字（2023）第 029790 号

解析几何三十六计
JIEXI JIHE SANSHILIU JI

出 品 人	聂雄前
策划创意	张晶莹
责任编辑	侯天伦
责任技编	陈洁霞
装帧设计	新亿锦

出版发行　深圳出版社
地　　址　深圳市彩田南路海天综合大厦　（518033）
网　　址　www.htph.com.cn
订购电话　0755-83460239（邮购、团购）
排版制作　东北师范大学音像出版社
印　　刷　深圳市和谐印刷有限公司
开　　本　787mm×1092mm　1/16
印　　张　17
字　　数　290 千字
版　　次　2023 年 3 月第 1 版
印　　次　2023 年 3 月第 1 次
定　　价　76.00 元

版权所有，侵权必究。凡有印装质量问题，我社负责调换。
法律顾问：苑景会律师 502039234@qq.com

前 言

现代数学始于两大进展:解析几何和微积分.17世纪,法国数学家笛卡尔在《几何学》中引入坐标方法和用方程表示曲线的思想,他的中心思想是使代数和几何结合起来,从而创立了解析几何.解析几何的诞生是数学的伟大转折,具有划时代的意义,正如恩格斯所说:"数学中的转折点是笛卡尔的变数.有了变数,运动进入了数学,有了变数,辩证法进入了数学,有了变数,微分和积分立刻成为必要的了,而它们也就立刻产生."虽然解析几何背后的想法简单,但它所用的方法,即借助坐标系把几何问题转化为代数问题来研究却很给力,以至于普通的高中生都可以用这个方法证明出令伟大的古希腊数学家欧几里得感到困惑的结果.正因如此,解析几何成为高中数学的重要内容,也是高考的重难点.

作为一名数学教育工作者,我也一直在思考和研究解析几何的教学方法.这次我将积累多年的教学经验,历时两年精心撰写了这本《解析几何三十六计》,尽量以深入浅出的方式,力求从理论基础到实践解题,为同学们呈现学习解析几何最优的方法,希望同学们从中得到帮助和收获.

学习解析几何,往往会有这样的情形:一个解析几何问题,有的同学按部就班、循规蹈矩地计算,耗时较长,有的同学却可以"秒杀".比如2022年全国甲卷(理)的第10题.我们按常规的方法来做:先设点P,Q的坐标,然后代入斜率公式,再借助椭圆方程进行转化.这样做中规中矩,只是耗时会比较长;但如果利用椭圆的第三定义,便可轻松得出结果.这种差异是比较大的,尤其是在考场上,时间和心态都会受到影响.

如何掌握最优的方法解决问题? 一种途径是反复练习,做到熟能生巧;但无疑这又会掉进题海战术的汪洋大海,与新课标的要求背道而驰.另一种途径则是"破局",从知识的内涵、外延、背景等角度入手进行全局性的思维学习,而不是机械地反复演练:只有突破缚住自己的茧,才能化蝶,才能翩翩起舞.对此,人教A版选择性《必修一》教师用书第162页有特别说明:"教科书特别注意把圆锥曲线丰富多彩的性质选做例题和习题,不仅使题目的思想内涵得到增强,而且通过这些题目加强了知识间的相互联系"…"这些题目的'数学含金量'是非常高的.另外,这些题目的可拓展性也是很强的".其实,这已经说得很明显了,提醒我们不仅要归纳整理圆锥曲线的性质,还要进一步拓展,这是适应新课标、新高考的必要条件,同时对教师和学生都提出了更高的要求.

正是基于这样的要求,根据新教材和新课标的指引,我结合平时教学过程中所遇到的实际情况,从知识、技法、综合及背景四个方面出发,整理出了学习解析几何 36 个实用的"计谋",力求将相关的知识或方法等进行必要的拓展,助莘莘学子一臂之力.这"三十六"的每一"计"都由三个部分构成:

(一)战法探究:介绍该"计"的相关背景、形势、地位,或论证相关的结论,或论述相关推理过程等;

(二)战例展示:通过例题展示该"计"的应用,并通过与常规方法的对比,让读者清晰知道两者之间的异同,从而合理选择;

(三)战场点兵:光看不练是不行的,所以每一"计"最后都配有相关的习题来"练兵",通过练习,将这些计谋融入自己的思维过程中去.

我希望通过这些归类整理及拓展延伸,让同学们不仅知道关于圆锥曲线有哪些常用结论,更加知道这些结论的来龙去脉,而不是简单地"二级结论"地堆砌;让同学们在推理论证的过程中加深对圆锥曲线知识的理解,在实际应用的过程中提高解决问题的能力,使学习更有效率,在考试中取得优异的数学成绩.如能如此,则幸甚至哉!

2022 年 11 月 24 日于深圳市科学高中

目　录

第一篇　工具篇 ··· **001**

　第一计　一用定义　画卷开启 ·· 003
　第二计　二用定义　三线归一 ·· 009
　第三计　三用定义　斜率定积 ·· 014
　第四计　焦点半径　精准直达 ·· 018
　第五计　焦点分弦　比定角限 ·· 022
　第六计　焦点三角　命题法宝 ·· 026
　第七计　顶焦三角　常新常考 ·· 032
　第八计　研抛物线　探焦点弦 ·· 039
　第九计　神奇定值　类比可知 ·· 044
　第十计　光学特性　应用延伸 ·· 051

第二篇　技法篇 ··· **055**

　第十一计　求离心率　解三角形 ·· 057
　第十二计　纵横有别　设线无忧 ·· 062
　第十三计　等比分割　化斜为直 ·· 068
　第十四计　仿射变换　化椭为圆 ·· 073
　第十五计　原理相同　形式可构 ·· 080
　第十六计　平移齐化　巧用韦达 ·· 088
　第十七计　中点之弦　点差首选 ·· 094
　第十八计　巧变方程　妙算斜率 ·· 099
　第十九计　升级点差　定比有法 ·· 104
　第二十计　几何搭台　内积唱戏 ·· 108
　第二十一计　变用韦达　对称转化 ·· 116
　第二十二计　最值范围　最后一里 ·· 123
　第二十三计　动中有静　相辅相成 ·· 130
　第二十四计　但凡弦长　皆为距离 ·· 136

001

第二十五计　多款面积　因地制宜 …… 141
第二十六计　角度相等　转化为本 …… 148

第三篇　综合篇　155
第二十七计　曲线领航　数列泛舟 …… 157
第二十八计　方程求导　斜率即到 …… 162
第二十九计　参数摆渡　极径引路 …… 167
第三十计　　向量搭桥　一箭双雕 …… 174

第四篇　背景篇　179
第三十一计　方程半代　切线即来 …… 181
第三十二计　极点极线　相伴相生 …… 190
第三十三计　阿氏三角　旧图新貌 …… 195
第三十四计　比为定值　轨迹阿圆 …… 202
第三十五计　交垂切线　成蒙日圆 …… 206
第三十六计　曲线成系　完成大计 …… 210

"战场点兵"答案　215

第一篇 工具篇

第一计 一用定义 画卷开启

一、战法探究

我们把平面内与两个定点 F_1，F_2 的距离的和等于常数（大于 $|F_1F_2|$）的点的轨迹叫作椭圆，这两个定点叫作椭圆的焦点，两焦点间的距离叫作椭圆的焦距.

我们把平面内与两个定点 F_1，F_2 的距离的差的绝对值等于非零常数（小于 $|F_1F_2|$）的点的轨迹叫作双曲线，这两个定点叫作双曲线的焦点，两焦点间的距离叫作双曲线的焦距.

探究一 椭圆标准方程的推导

已知点 $F_1(-c,0)$，$F_2(c,0)$，动点 M 到点 F_1，F_2 的距离之和为 $2a$.

不妨设点 $M(x,y)$，则 $|MF_1|=\sqrt{(x+c)^2+y^2}$，$|MF_2|=\sqrt{(x-c)^2+y^2}$，由 $|MF_1|+|MF_2|=2a$，就有 $\sqrt{(x+c)^2+y^2}+\sqrt{(x-c)^2+y^2}=2a$.

将左边一个根式移到右边，可得 $\sqrt{(x+c)^2+y^2}=2a-\sqrt{(x-c)^2+y^2}$.

对方程两边平方，整理得 $a^2-cx=a\sqrt{(x-c)^2+y^2}$.

再对方程两边平方，整理得 $(a^2-c^2)x^2+a^2y^2=a^2(a^2-c^2)$.

那么就有 $\dfrac{x^2}{a^2}+\dfrac{y^2}{a^2-c^2}=1(a>c>0)$，从而得到了椭圆的标准方程.

双曲线的标准方程的推导和椭圆的情形类似，有兴趣的读者可以自行推导，或参考教材推导.

评析：在进行椭圆标准方程的推导过程中，将方程一边的两个根式移一个到另一边是关键一环，否则难以完成.大家可以在双曲线标准方程的推导过程中实践一下.

探究二 椭圆或双曲线定义的应用

（人教 A 版·选择性必修第一册·115 页·6）如图，圆 O 的半径为定长 r，A 是圆 O 内的一个定点，P 是圆 O 上的任意一点，线段 AP 的垂直平分线

l 和半径 OP 相交于点 Q. 当点 P 在圆上运动时,点 Q 的轨迹是什么?为什么?

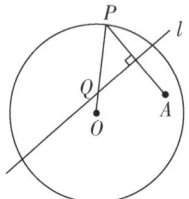

解:由已知,$|QA|=|QP|$,所以 $|QA|+|QO|=|QP|+|QO|=|OP|=r$.

又因为点 A 是圆 O 内的一个定点,所以 $|OA|<|OP|$.

根据椭圆的定义,点 Q 的轨迹是以 O,A 为焦点,以 r 为长轴长的椭圆.

因此,定圆上一动点与圆内一定点的垂直平分线与其半径的交点的轨迹是椭圆.

类似地,定圆上一动点与圆外一定点的垂直平分线与其半径的交点的轨迹又是什么呢?

(人教 A 版·选择性必修第一册·127 页·5)如图,圆 O 的半径为定长 r,A 是圆 O 外的一个定点,P 是圆 O 上的任意一点,线段 AP 的垂直平分线 l 和半径 OP 相交于点 Q. 当点 P 在圆上运动时,点 Q 的轨迹是什么?为什么?

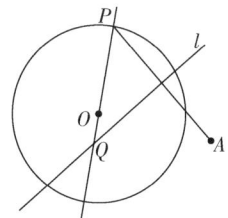

解:由已知,$|QA|=|QP|$,所以 $|QA|-|QO|=|QP|-|QO|=|OP|=r$.

又因为点 A 是圆 O 外的一个定点,所以 $|OA|>|OP|$.

根据双曲线的定义,点 Q 的轨迹是以 O,A 为焦点,以 r 为长轴长的双曲线.

因此,定圆上一动点与圆外一定点的垂直平分线与其半径的交点的轨迹是双曲线.

评析:圆锥曲线的定义除了"定义"本身之外,还是一种很好、很重要的方法,利用好定义的条件与结论之间的充要关系,可以平实、自然、严谨地解决很多问题.

二、战例展示

例 1.1 （2022·全国新高考 I 卷·16）已知椭圆 $C: \dfrac{x^2}{a^2}+\dfrac{y^2}{b^2}=1(a>b>0)$，$C$ 的上顶点为 A，两个焦点为 F_1,F_2，离心率为 $\dfrac{1}{2}$．过 F_1 且垂直于 AF_2 的直线与 C 交于 D,E 两点，$|DE|=6$，则 $\triangle ADE$ 的周长是 _____．

解：$\because$ 椭圆的离心率为 $e=\dfrac{c}{a}=\dfrac{1}{2}$，

$\therefore a=2c, \therefore b^2=a^2-c^2=3c^2$.

$\therefore$ 椭圆的方程为 $\dfrac{x^2}{4c^2}+\dfrac{y^2}{3c^2}=1$，即 $3x^2+4y^2-12c^2=0$.

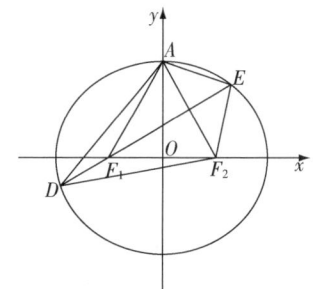

不妨设左焦点为 F_1，右焦点为 F_2，如图所示，$\because AF_2=a, OF_2=c, a=2c, \therefore \angle AF_2O = \dfrac{\pi}{3}, \therefore \triangle AF_1F_2$ 为正三角形．

$\therefore DE$ 为线段 AF_2 的垂直平分线，根据对称性，$AD=DF_2, AE=EF_2$.

$\therefore \triangle ADE$ 的周长等于 $\triangle F_2DE$ 的周长，利用椭圆的定义得到 $\triangle F_2DE$ 的周长为 $|DF_2|+|EF_2|+|DE|=|DF_2|+|EF_2|+|DF_1|+|EF_1|=|DF_1|+|DF_2|+|EF_1|+|EF_2|=2a+2a=4a$.

又 $\because$ 直线 DE 的斜率为 $\dfrac{\sqrt{3}}{3}$，斜率的倒数为 $\sqrt{3}$，直线 DE 的方程为 $x=\sqrt{3}y-c$，代入椭圆方程 $3x^2+4y^2-12c^2=0$，整理化简，得 $13y^2-6\sqrt{3}cy-9c^2=0$，判别式 $\Delta=(6\sqrt{3}c)^2+4\times 13\times 9c^2=6^2\times 4^2\times c^2$.

$\therefore |DE|=\sqrt{1+(\sqrt{3})^2}|y_1-y_2|=2\times\dfrac{\sqrt{\Delta}}{13}=2\times 6\times 4\times\dfrac{c}{13}=6$.

$\therefore c=\dfrac{13}{8}$，得 $a=2c=\dfrac{13}{4}$.

$\therefore \triangle F_2DE$ 的周长为 $4a=13$.

本题的常规解法思路如下：

将直线 DE 的方程与椭圆方程联立，再结合 DE 长度得到椭圆方程；于是就可以算得 D,E 两点坐标，从而求出 $\triangle ADE$ 的周长．这样下来计算量比较大,增加了解题的难度.相比较而言,例中给出的方法抓住了 $\triangle ADE$ 的周长与椭圆的定义的联系,大大降低了计算量.

例1.2 (2022·全国乙卷理·11)双曲线 C 的两个焦点为 F_1, F_2,以 C 的实轴为直径的圆记为 D,过 F_1 作 D 的切线与 C 交于 M, N 两点,且 $\cos\angle F_1NF_2 = \dfrac{3}{5}$,则 C 的离心率为(   ).

A. $\dfrac{\sqrt{5}}{2}$ B. $\dfrac{3}{2}$ C. $\dfrac{\sqrt{13}}{2}$ D. $\dfrac{\sqrt{17}}{2}$

解:过点 F_2 作 $F_2H \perp MN$,垂足为 H.

(1)若 M, N 两点分别在左右两支上,如图所示,在 $\triangle F_1HF_2$ 中,$F_2H = 2OG = 2a$,$F_1H = 2b$,由 $\cos\angle F_1NF_2 = \dfrac{3}{5}$ 知 $F_2N = \dfrac{5a}{2}$,$HN = \dfrac{3a}{2}$,

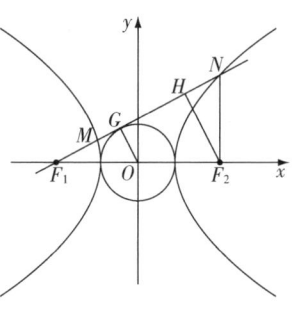

由双曲线的定义可知 $NF_1 - NF_2 = \dfrac{3a}{2} + 2b - \dfrac{5a}{2} = 2a$,

$\therefore 3a = 2b$,$\therefore$ 双曲线的离心率 $e = \dfrac{c}{a} = \sqrt{1 + \dfrac{b^2}{a^2}} = \dfrac{\sqrt{13}}{2}$.

(2)若 M, N 两点均在左支上,如图所示.

在 $\triangle F_1HF_2$ 中,$F_2H = 2OG = 2a$,$F_1H = 2b$,由 $\cos\angle F_1NF_2 = \dfrac{3}{5}$ 知 $F_2N = \dfrac{5a}{2}$,$HN = \dfrac{3a}{2}$,由双曲线的定义可知 $NF_2 - NF_1 = \dfrac{5a}{2} - \left(\dfrac{3a}{2} - 2b\right) = 2a$,$\therefore a = 2b$,$\therefore$ 双曲线的离心率 $e = \dfrac{c}{a} = \sqrt{1 + \dfrac{b^2}{a^2}} = \dfrac{\sqrt{5}}{2}$.

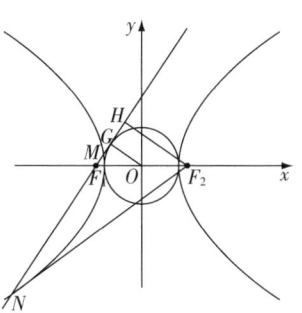

综上,选 AC.

本题的另解如下:

(1)若 M, N 两点分别在左右支,如图所示.

$\because OG \perp NF_1$,且 $\cos\angle F_1NF_2 = \dfrac{3}{5} > 0$,

$\therefore N$ 在双曲线的右支.

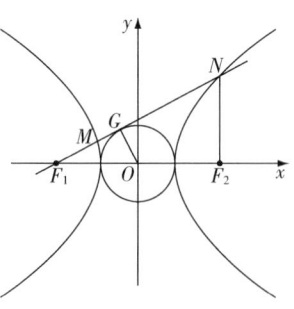

又 $|OG|=a$,$|OF_1|=c$,$|GF_1|=b$.

设 $\angle F_1NF_2=\alpha$,$\angle F_2F_1N=\beta$.

在 $\triangle F_1NF_2$ 中,有 $\dfrac{|NF_2|}{\sin\beta}=\dfrac{|NF_1|}{\sin(\alpha+\beta)}=\dfrac{2c}{\sin\alpha}$.故 $\dfrac{|NF_1|-|NF_2|}{\sin(\alpha+\beta)-\sin\beta}=\dfrac{2c}{\sin\alpha}$,即 $\dfrac{a}{\sin(\alpha+\beta)-\sin\beta}=\dfrac{c}{\sin\alpha}$.

$\therefore \dfrac{a}{\sin\alpha\cos\beta+\cos\alpha\sin\beta-\sin\beta}=\dfrac{c}{\sin\alpha}$.

而 $\cos\alpha=\dfrac{3}{5}$,$\sin\beta=\dfrac{a}{c}$,$\cos\beta=\dfrac{b}{c}$,故 $\sin\alpha=\dfrac{4}{5}$.

代入整理,得 $2b=3a$,即 $\dfrac{b}{a}=\dfrac{3}{2}$.

$\therefore$ 双曲线的离心率 $e=\dfrac{c}{a}=\sqrt{1+\dfrac{b^2}{a^2}}=\dfrac{\sqrt{13}}{2}$.

(2)若 M,N 两点均在左支上,如图所示.

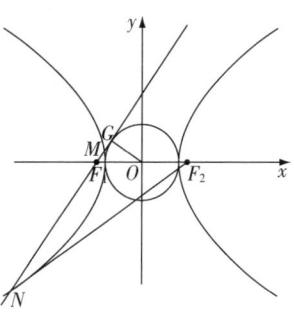

同理有 $\dfrac{|NF_2|}{\sin\beta}=\dfrac{|NF_1|}{\sin(\alpha+\beta)}=\dfrac{2c}{\sin\alpha}$.

其中 β 为钝角,故 $\cos\beta=-\dfrac{b}{c}$.

故 $\dfrac{|NF_2|-|NF_1|}{\sin\beta-\sin(\alpha+\beta)}=\dfrac{2c}{\sin\alpha}$,

即 $\dfrac{a}{\sin\beta-\sin\alpha\cos\beta-\cos\alpha\sin\beta}=\dfrac{c}{\sin\alpha}$.

代入 $\cos\alpha=\dfrac{3}{5}$,$\sin\beta=\dfrac{a}{c}$,$\sin\alpha=\dfrac{4}{5}$,整理得 $\dfrac{a}{4b+2a}=\dfrac{1}{4}$.

故 $a=2b$,故 $e=\sqrt{1+\left(\dfrac{b}{a}\right)^2}=\dfrac{\sqrt{5}}{2}$.综上,选 AC.

评析:圆锥曲线与导数是高中数学的两大难关,相较于导数而言,圆锥曲线普遍被认为重计算而轻思维,圆锥曲线问题的常规解法往往思路清晰而计算量偏大.在上述例题中,我们通过一定的几何性质,将圆锥曲线的第一定义与所求问题联系起来,能避开烦琐的计算,巧妙地得出答案.圆锥曲线的第一定义在小题中往往能起到"四两拨千斤"的作用,大大地简化了运算,具有一定的技巧性.

三、战场点兵

1. (2021·全国甲卷理·5) 已知 F_1,F_2 是双曲线 C 的两个焦点,P 为 C 上一点,且 $\angle F_1PF_2=60°$,$|PF_1|=3|PF_2|$,则 C 的离心率为(　　).

A. $\dfrac{\sqrt{7}}{2}$ 　　　　B. $\dfrac{\sqrt{13}}{2}$ 　　　　C. $\sqrt{7}$ 　　　　D. $\sqrt{13}$

2. (2021·全国甲卷理·15) 已知 F_1,F_2 为椭圆 $C:\dfrac{x^2}{16}+\dfrac{y^2}{4}=1$ 的两个焦点,P,Q 为 C 上关于坐标原点对称的两点,且 $|PQ|=|F_1F_2|$,则四边形 PF_1QF_2 的面积为_____.

3. (湘教版选择性必修一教师用书·188页·例2) 如图,在一条直的国道同侧有相距 120 米的 A,C 两处,点 A,C 到公路的距离分别为 119 米,47 米. 拟规划建设一个以 AC 为对角线的平行四边形临时仓库 $ABCD$,且四周围墙总长为 400 米.根据公路法及省公路管理条例规定,建筑物离公路距离不得少于 20 米.若将临时仓库的面积建到最大,此规划是否符合规定?

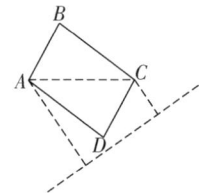

第二计　二用定义　三线归一

一、战法探究

平面内到一个定点 F 和到一条定直线 l（点 F 不在 l 上）的距离之比等于常数 e 的点的轨迹：

当 $0<e<1$ 时，它表示椭圆；

当 $e>1$ 时，它表示双曲线；

当 $e=1$ 时，它表示抛物线.

这里常数 e 为离心率，点 F 为焦点，直线 l 为准线，这就是圆锥曲线的第二定义.

我们以椭圆为例来探究第二定义.

探究一　椭圆第二定义的推导

已知点 $M(x,y)$ 与定点 $F(c,0)$ 的距离和它到定直线 $l:x=\dfrac{a^2}{c}$ 的距离的比是常数 $\dfrac{c}{a}(a>c>0)$，试探究点 M 的轨迹.

解：依题意得 $\dfrac{\sqrt{(x-c)^2+y^2}}{\left|\dfrac{a^2}{c}-x\right|}=\dfrac{c}{a}$，即 $\sqrt{(x-c)^2+y^2}=\left|a-\dfrac{c}{a}x\right|$.

将上式两边平方，整理得 $(a^2-c^2)x^2+a^2y^2=a^2(a^2-c^2)$.

设 $a^2-c^2=b^2$，就可化成 $\dfrac{x^2}{a^2}+\dfrac{y^2}{b^2}=1(a>b>0)$.

这是椭圆的标准方程，所以点 M 的轨迹是长轴长为 $2a$，短轴长为 $2b$ 的焦点在 x 轴上的椭圆.

请注意，推导过程中出现的方程 $\sqrt{(x-c)^2+y^2}=\left|a-\dfrac{c}{a}x\right|$，事实上在第一定义的探究部分也同样出现过.这体现了第一定义与第二定义的内在关联.

双曲线与抛物线的标准方程也可以用类似的方法得出,有兴趣的读者可以自行求解.

评析:圆锥曲线的第二定义(统一定义)不仅将圆锥曲线统一起来,从形式上看,还可以将点到点(焦点)的距离(焦半径)转化为点到线(准线)的距离,用这种转化的思想处理曲线上的点到焦点的距离甚为方便.

探究二 椭圆第二定义的应用

已知椭圆 $C: \dfrac{x^2}{a^2}+\dfrac{y^2}{b^2}=1(a>b>0)$,过椭圆左焦点 $F_1(-c,0)$ 的直线与椭圆交于点 A,B,试证明以 AB 为直径的圆与该椭圆准线相离.

解:设 AB 中点为点 M,以 AB 为直径的圆的半径为 r,点 A 到准线 $x=-\dfrac{a^2}{c}$ 的距离为 d_1,点 B 到准线 $x=-\dfrac{a^2}{c}$ 的距离为 d_2,点 M 到左准线的距离为 d,根据第二定义就有 $d_1=\dfrac{|AF_1|}{e},d_2=\dfrac{|BF_2|}{e}$.

由梯形的中位线定理,有 $d=\dfrac{d_1+d_2}{2}=\dfrac{|AF_1|+|BF_2|}{2e}=\dfrac{2r}{2e}=\dfrac{r}{e}$.

由于 $0<e<1$,所以 $d=\dfrac{r}{e}>r$.

因此,以 AB 为直径的圆与该椭圆准线相离.

评析:我们注意到,上述推导的依据是第二定义与梯形的中位线定理,这些同样适用于双曲线和抛物线,也就是说,上述表达焦点弦的中点到准线距离 $d=\dfrac{r}{e}$ 对于双曲线与抛物线同样成立.那么,当 $e>1$ 时,$d=\dfrac{r}{e}<r$;当 $e=1$ 时,$d=\dfrac{r}{e}=r$;当 $0<e<1$ 时,$d=\dfrac{r}{e}>r$.

我们就可以得到如下结论:

椭圆中以焦点弦为直径的圆必与准线相离;

双曲线中以焦点弦为直径的圆必与准线相交;

抛物线中以焦点弦为直径的圆必与准线相切.

有关焦点弦,特别是抛物线焦点弦的结论还有很多,本书后文会详细讲述.

探究三 椭圆的焦半径公式

1.若点 $P(x_0,y_0)$ 是椭圆 $C: \dfrac{x^2}{a^2}+\dfrac{y^2}{b^2}=1(a>b>0)$ 上任意一点,F_1,

F_2 分别为椭圆左、右焦点,则 $|PF_1|=a+ex_0$,$|PF_2|=a-ex_0$;

2.若点 P 是椭圆 $C: \dfrac{x^2}{a^2}+\dfrac{y^2}{b^2}=1(a>b>0)$ 上任意一点,F 是椭圆的一个焦点,设 $\angle PFO=\theta$,则 $|PF|=\dfrac{ep}{1-e\cos\theta}$($p$ 为焦点到相应准线的距离).

证明: 1.由椭圆的第二定义,$\dfrac{|PF_1|}{x_0-\left(-\dfrac{a^2}{c}\right)}=\dfrac{c}{a}=e$,则 $|PF_1|=a+ex_0$,同理可得 $|PF_2|=a-ex_0$.

2.设准线与 x 轴的交点是 H,则 $|HF_1|=p=\dfrac{b^2}{c}$.

设 $\angle PF_1O=\theta$,则 $\dfrac{|PF_1|}{|PF_1|\cos\theta+p}=e$.

解得 $|PF_1|=\dfrac{ep}{1-e\cos\theta}$,同理 $|PF_2|=\dfrac{ep}{1-e\cos\theta}$,综合可知 $|PF|=\dfrac{ep}{1-e\cos\theta}$.

评析: 对于椭圆或双曲线来说,若给定曲线上一点,则其到焦点的距离已经确定,其表达式或用该点的坐标表示,或用某一个角度(比如倾斜角等)来表示,这就是我们平时所说的焦半径公式.一般来说,焦半径公式有两种形式:

(1)坐标式(请大家根据实际情况完成图象列的表述).

方程	焦点位置及焦半径公式	记忆口诀	图象
$\dfrac{x^2}{a^2}+\dfrac{y^2}{b^2}=1(a>b>0)$	F_1,F_2 分别为左、右焦点,$\|PF_1\|=a+ex_0$,$\|PF_2\|=a-ex_0$	左加右减	
$\dfrac{y^2}{a^2}+\dfrac{x^2}{b^2}=1(a>b>0)$	F_1,F_2 分别为上、下焦点,$\|PF_1\|=a-ey_0$,$\|PF_2\|=a+ey_0$	上减下加	
$\dfrac{x^2}{a^2}-\dfrac{y^2}{b^2}=1(a>0,b>0)$	F_1,F_2 分别为左、右焦点,$\|PF_1\|=\|a+ex_0\|$,$\|PF_2\|=\|a-ex_0\|$	左加右减	
$\dfrac{y^2}{a^2}-\dfrac{x^2}{b^2}=1(a>0,b>0)$	F_1,F_2 分别为上、下焦点,$\|PF_1\|=\|a-ey_0\|$,$\|PF_2\|=\|a+ey_0\|$	上减下加	

(2)角度式.

若点 P 是椭圆上任意一点,F 为其焦点,设 $\angle PFO=\theta$,则 $|PF|=\dfrac{ep}{1-e\cos\theta}$($p$ 为焦点到准线的距离),此种表示对于焦点在上下、左右都没有影响,大家可以自行验证,同时可以类比推理得到双曲线的焦半径公式的角度式.

二、战例展示

例 2.1 （2022·全国乙卷理·16）设 F 为抛物线 $C:y^2=4x$ 的焦点,点 A 在 C 上,点 $B(3,0)$,若 $|AF|=|BF|$,则 $|AB|=($　　$)$.

A.2　　　　B.$2\sqrt{2}$　　　　C.3　　　　D.$3\sqrt{2}$

解：由题意,得 $F(1,0)$,则 $|AF|=|BF|=2$.
即点 A 到准线 $x=-1$ 的距离为 2,∴点 A 的横坐标为 $-1+2=1$.
不妨设点 A 在 x 轴上方,代入得 $A(1,2)$,∴ $|AB|=\sqrt{(3-1)^2+(0-2)^2}=2\sqrt{2}$.

例 2.2 （2022·深圳二模·8）过抛物线 $y^2=2px(p>0)$ 的焦点 F 作直线 l,交抛物线于 A,B 两点,若 $|FA|=3|FB|$,则直线 l 的倾斜角等于（　　）.

A.30°或150°　　　　B.45°或135°

C.60°或120°　　　　D.与 p 值有关

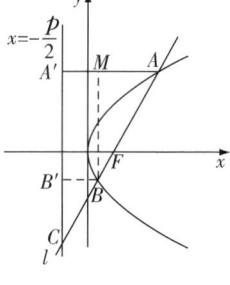

解：如图,由抛物线 $y^2=2px(p>0)$ 的焦点为 F,可知准线方程为 $x=-\dfrac{p}{2}$.

分别过 A,B 作准线的垂线,垂足为 A',B',直线 l 交准线于 C,过 B 作 AA' 的垂线,垂足为 M,如图所示,则 $|AA'|=|AF|$,$|BB'|=|BF|$,$|FA|=3|FB|$.

∴ $|AM|=2|BF|$,$|AB|=4|BF|$.

∴ $\angle ABM=30°$,即直线 l 的倾斜角 $AFx=60°$.

同理可得直线 l 的倾斜角为钝角时为 120°,故选:C.

评析：圆锥曲线第二定义将椭圆、双曲线和抛物线统一了起来,从而可以站在更高的角度看待圆锥曲线.目前在新高考中第二定义并不在考查范围内,教材中也并没有明确定义离心率,但是它一直都是非常重要而实用的工具,在有关圆锥曲线,特别是抛物线的小题中,当出现离心率问题或者出现动点到定点和定直线的距离或者出现两条线段比值是定值时,使用第二定义往往能巧妙地解决问题.

三、战场点兵

1. (2017·全国Ⅱ卷理·16)已知 F 是抛物线 $C:y^2=8x$ 的焦点,M 是 C 上一点,FM 的延长线交 y 轴于点 N.若 M 为 FN 的中点,则 $|FN|=$ _____.

2. (2018·全国Ⅰ卷理·19)设椭圆 $C:\dfrac{x^2}{2}+y^2=1$ 的右焦点为 F,过 F 的直线 l 与 C 交于 A,B 两点,点 M 的坐标为 $(2,0)$.
   (1)当 l 与 x 轴垂直时,求直线 AM 的方程;
   (2)设 O 为坐标原点,证明:$\angle OMA=\angle OMB$.

第三计　三用定义　斜率定积

一、战法探究

我们知道,圆和椭圆有诸多类似之处,圆可以看成离心率为 0 的椭圆.而圆又具备很多的性质,譬如直径所对的圆周角是直角,即圆上的任意一点与圆上关于圆心对称的两点的斜率乘积等于常数 -1.这一性质在椭圆中是否会同样成立？能否将这一性质推广到椭圆？下面以椭圆为例来探究.

探究一　有心二次曲线上关于中心对称的两点与曲线上任意一点连线斜率的关系

椭圆 $\dfrac{x^2}{a^2}+\dfrac{y^2}{b^2}=1(a>b>0)$ 上的 A,B 两点关于原点对称,点 P 为椭圆上任意一点(异于 A,B),不妨设 $P(x_1,y_1),A(x_2,y_2),B(-x_2,-y_2)$,则

$$k_{PA}=\frac{y_1-y_2}{x_1-x_2},k_{PB}=\frac{y_1+y_2}{x_1+x_2},k_{PA}\cdot k_{PB}=\frac{y_1^2-y_2^2}{x_1^2-x_2^2}.$$

而 P,A 两点都在椭圆上,代入方程,得 $\begin{cases}\dfrac{x_1^2}{a^2}+\dfrac{y_1^2}{b^2}=1,\\ \dfrac{x_2^2}{a^2}+\dfrac{y_2^2}{b^2}=1.\end{cases}$

两式相减,得 $\dfrac{x_1^2-x_2^2}{a^2}+\dfrac{y_1^2-y_2^2}{b^2}=0$,整理得 $\dfrac{y_1^2-y_2^2}{x_1^2-x_2^2}=-\dfrac{b^2}{a^2}.$

所以 $k_{PA}\cdot k_{PB}=\dfrac{y_1^2-y_2^2}{x_1^2-x_2^2}=-\dfrac{b^2}{a^2}=e^2-1.$

于是,我们可以得到如下性质:焦点在 x 轴上的椭圆上的任意一点与椭圆上关于原点对称的两点的斜率乘积等于常数 e^2-1.同理,焦点在 y 轴上的椭圆上的任意一点与椭圆上关于原点对称的两点的斜率乘积等于常数 $\dfrac{1}{e^2-1}$.这一结论对于双曲线也同样适用,大家可自行证明.

评析:如果把圆看成离心率为 0 的圆锥曲线,圆上的任意一点 P 与圆上

关于圆心对称的两点 A,B 的斜率乘积等于常数 -1,即 $k_{PA} \cdot k_{PB} = e^2 - 1 = -1$,这一定程度上体现了圆锥曲线的内在联系与统一特征.

探究二 圆锥曲线的第三定义

已知平面内两个定点 $A(-a,0),B(a,0)$,直线 AP,BP 相交于点 P,且它们的斜率之积为 $m(m\neq 0)$,求点 P 的轨迹方程.

解:设点 P 的坐标为 (x,y),那么 $k_{AP} = \dfrac{y}{x+a}(x\neq -a)$,$k_{BP} = \dfrac{y}{x-a}$ $(x\neq a)$.

由已知,得 $k_{AP} \cdot k_{BP} = \dfrac{y}{x+a} \cdot \dfrac{y}{x-a} = \dfrac{y^2}{x^2-a^2} = m$.

整理得 $x^2 - \dfrac{y^2}{m} = a^2$.

当 $m>0$ 时,点 P 的轨迹为双曲线;

当 $-1<m<0$ 时,点 P 的轨迹为焦点在 x 轴上的椭圆;

当 $m=-1$ 时,点 P 的轨迹为圆;

当 $m<-1$ 时,点 P 的轨迹为焦点在 y 轴上的椭圆.

评析:我们可以将以上结论推广到一般情况:平面内与两定点的斜率乘积等于非零常数的点的轨迹是圆、椭圆或双曲线(不含这两点).这也是圆锥曲线的第三定义.

二、战例展示

例 3.1 (2022·全国甲卷理·10)椭圆 $C: \dfrac{x^2}{a^2} + \dfrac{y^2}{b^2} = 1(a>b>0)$ 的左顶点为 A,点 P,Q 均在 C 上,且关于 y 轴对称.若直线 AP,AQ 的斜率之积为 $\dfrac{1}{4}$,则 C 的离心率为( ).

A. $\dfrac{\sqrt{3}}{2}$ B. $\dfrac{\sqrt{2}}{2}$ C. $\dfrac{1}{2}$ D. $\dfrac{1}{3}$

解:设椭圆的右顶点为 B,由点 P,Q 均在 C 上,且关于 y 轴对称,可得 $k_{AP} = -k_{BQ}$.

由 $k_{AP} \cdot k_{AQ} = \dfrac{1}{4}$,得 $k_{BQ} \cdot k_{AQ} = -\dfrac{1}{4} = e^2 - 1$,

故椭圆 C 的离心率 $e = \dfrac{\sqrt{3}}{2}$.

本题的常规解法如下：

由已知，得 $A(-a,0)$，设 $P(x_1,y_1)$，则 $Q(-x_1,y_1)$，则 $k_{AP}=\dfrac{y_1}{x_1+a}$，$k_{AQ}=\dfrac{y_1}{-x_1+a}$，故 $k_{AP}\cdot k_{AQ}=\dfrac{y_1}{x_1+a}\cdot\dfrac{y_1}{-x_1+a}=\dfrac{y_1^2}{-x_1^2+a^2}=\dfrac{1}{4}$.

$\because \dfrac{x_1^2}{a^2}+\dfrac{y_1^2}{b^2}=1$，$\therefore y_1^2=\dfrac{b^2(a^2-x_1^2)}{a^2}$，$\therefore \dfrac{\dfrac{b^2(a^2-x_1^2)}{a^2}}{-x_1^2+a^2}=\dfrac{1}{4}$，即 $\dfrac{b^2}{a^2}=\dfrac{1}{4}$.

所以椭圆 C 的离心率 $e=\dfrac{c}{a}=\sqrt{1-\dfrac{b^2}{a^2}}=\dfrac{\sqrt{3}}{2}$.

例 3.2　（人教 A 版·选择性必修第一册·116 页·11）如图，矩形 $ABCD$ 中，$|AB|=2a$，$|BC|=2b(a>b>0)$．E,F,G,H 分别是矩形四条边的中点，R,S,T 是线段 OF 的四等分点，R',S',T' 是线段 CF 的四等分点．证明直线 ER 与 GR'、ES 与 GS'、ET 与 GT' 的交点 L,M,N 都在椭圆 $\dfrac{x^2}{a^2}+\dfrac{y^2}{b^2}=1(a>b>0)$ 上．

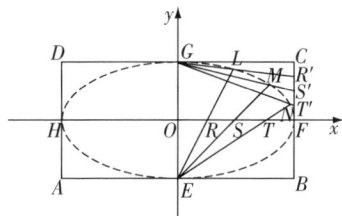

证明：由已知得 $E(0,-b)$，$R\left(\dfrac{a}{4},0\right)$，$G(0,b)$，$R'\left(a,\dfrac{3b}{4}\right)$.

所以 $k_{ER}=\dfrac{4b}{a}$，$k_{GR'}=-\dfrac{b}{4a}$，则 $k_{ER}\cdot k_{GR'}=-\dfrac{b^2}{a^2}$.

同理，$k_{ES}\cdot k_{GS'}=-\dfrac{b^2}{a^2}$，$k_{ET}\cdot k_{GT'}=-\dfrac{b^2}{a^2}$.

根据椭圆第三定义，直线 ER 与 GR'、ES 与 GS'、ET 与 GT' 的交点 L,M,N 都在椭圆 $\dfrac{x^2}{a^2}+\dfrac{y^2}{b^2}=1(a>b>0)$ 上．

评析：圆锥曲线的第三定义凸显了圆锥曲线的本质属性，圆、椭圆、双曲线具有很多相似的特点，我们可以借助圆的特性类比研究椭圆与双曲线的特性.除此以外，在探究圆锥曲线第三定义的过程中，我们没有使用直曲联立的常规做法，而是设点做差，这种设而不求、整体代换的方法叫点差法，这种方法十分有效，在后面将会深入探讨.

三、战场点兵

1. 已知 A,B,P 为双曲线 $x^2-\dfrac{y^2}{4}=1$ 上不同三点,且满足 $\overrightarrow{PA}+\overrightarrow{PB}=2\overrightarrow{PO}$ (O 为坐标原点),直线 PA,PB 的斜率记为 m,n,则 $m^2+\dfrac{n^2}{4}$ 的最小值为 _____.

2. (2019·全国Ⅱ卷理·21 节选)已知点 $A(-2,0),B(2,0)$,动点 $M(x,y)$ 满足直线 AM 与 BM 的斜率之积为 $-\dfrac{1}{2}$,记 M 的轨迹为曲线 C.

(1)求 C 的方程,并说明 C 是什么曲线;

(2)过坐标原点的直线交 C 于 P,Q 两点,点 P 在第一象限,$PE\perp x$ 轴,垂足为 E,连接 QE 并延长交 C 于点 G,证明:$\triangle PQG$ 是直角三角形.

第四计　焦点半径　精准直达

一、战法探究

设圆锥曲线 C 的一个焦点为 F，P 为 C 上一点，则称线段 PF 为 C 的一条焦半径，若过 F 的直线 l 与 C 交于 A，B 两点，则称线段 AB 为 C 的一条焦点弦。因圆锥曲线的焦半径、焦点弦与圆锥曲线的定义有关，所以有关圆锥曲线焦半径的问题是高考的常考点。下面，我们以焦点在 x 轴上的椭圆、双曲线、开口向右的抛物线为例展开对圆锥曲线焦半径公式、焦点弦长的探究。为方便表述，设 e 为圆锥曲线的离心率，p 为圆锥曲线通径的一半。

探究一　椭圆的焦半径公式

设椭圆 $C: \dfrac{x^2}{a^2}+\dfrac{y^2}{b^2}=1 (a>b>0)$ 的左、右焦点分别为 F_1，F_2。$P(x_0, y_0)$ 是 C 上一点，PF_1，PF_2 与 x 轴正半轴所成的角分别为 α，β，则
$$|PF_1|=a+ex_0=\dfrac{p}{1-e\cos\alpha};\quad |PF_2|=a-ex_0=\dfrac{p}{1+e\cos\beta}.$$

设过 C 的左（右）焦点的直线 $l: y=kx+t$ 与 C 相交于 A，B 两点，倾斜角为 θ，则 $|AB|=\dfrac{2p}{1-e^2\cos^2\theta}$。

以下对上述结论做简要证明。

因为 $|PF_1|=\sqrt{(x_0+c)^2+y_0^2}=\sqrt{(x_0+c)^2+b^2\left(1-\dfrac{x_0^2}{a^2}\right)}=\sqrt{\dfrac{c^2}{a^2}x_0^2+2cx_0+a^2}=|a+ex_0|$，而 $-a\leqslant x_0\leqslant a$，所以 $a+ex_0>0$，所以 $|PF_1|=a+ex_0$，同理可得 $|PF_2|=a-ex_0$。

如图，过点 P 作 C 的左准线的垂线，垂足为 D，过点 F_1 作 PD 的垂线，垂足为 H，则由椭圆的第二定义有 $|PF_1|=e|PD|=e(|PH|+|DH|)=e\left(|PF_1|\cos\alpha+\dfrac{a^2}{c}-c\right)$，整理得 $|PF_1|=\dfrac{p}{1-e\cos\alpha}$，

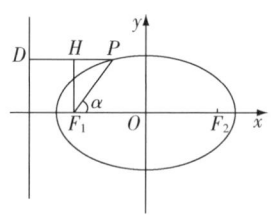

同理可得 $|PF_2| = \dfrac{p}{1+e\cos\beta}$.

不妨设 l 过 C 的左焦点,则 $|AB| = \dfrac{p}{1-e\cos\theta} + \dfrac{p}{1-e\cos(\pi-\theta)} = \dfrac{2p}{1-e^2\cos^2\theta}$.

探究二 双曲线的焦半径公式

设双曲线 $C: \dfrac{x^2}{a^2} - \dfrac{y^2}{b^2} = 1 (a>0, b>0)$ 的左、右焦点分别为 F_1, F_2. $P(x_0, y_0)$ 是 C 上一点,PF_1, PF_2 与 x 轴正半轴所成的角分别为 α, β,过 C 的左(右)焦点的直线 $l: y = kx + t$ 与 C 相交于 A, B 两点,倾斜角为 θ,则 $|PF_1| = |a + ex_0|$,$|PF_2| = |a - ex_0|$. P 在左支时,$|PF_1| = \dfrac{p}{1+e\cos\alpha}$,$|PF_2| = -\dfrac{p}{1+e\cos\beta}$;$P$ 在右支时,$|PF_1| = -\dfrac{p}{1-e\cos\alpha}$,$|PF_2| = \dfrac{p}{1-e\cos\beta}$. $|AB| = \left|\dfrac{2p}{1-e^2\cos^2\theta}\right|$.

以上结论的证明与椭圆中相关结论的证明方法一致,这里不再赘述.

探究三 抛物线的焦半径公式

设抛物线 $C: y^2 = 2px (p>0)$ 的焦点为 F. $P(x_0, y_0)$ 是 C 上一点,PF 与 x 轴正半轴所成的角为 α,过 C 的焦点的直线 $l: y = kx + t$ 与 C 相交于 $A(x_1, y_1), B(x_2, y_2)$ 两点,倾斜角为 θ,则 $|PF| = x_0 + \dfrac{p}{2} = \dfrac{p}{1-\cos\alpha}$,$|AB| = x_1 + x_2 + p = \dfrac{2p}{1-\cos^2\theta} = \dfrac{2p}{\sin^2\theta}$.

二、战例展示

例 4.1 已知斜率为 k 的直线 l 与椭圆 $C: \dfrac{x^2}{4} + \dfrac{y^2}{3} = 1$ 交于 A, B 两点. 线段 AB 的中点为 $M(1, m)(m>0)$.

(1) 证明:$k < -\dfrac{1}{2}$;

(2) 设 F 为 C 的右焦点,P 为 C 上一点,且 $\overrightarrow{FP} + \overrightarrow{FA} + \overrightarrow{FB} = \mathbf{0}$. 证明:$2|\overrightarrow{FP}| = |\overrightarrow{FA}| + |\overrightarrow{FB}|$.

解:(1)设 $A(x_1,y_1), B(x_2,y_2)$,则 $\frac{x_1^2}{4}+\frac{y_1^2}{3}=1, \frac{x_2^2}{4}+\frac{y_2^2}{3}=1$.

两式相减,并由 $\frac{y_1-y_2}{x_1-x_2}=k$,得 $\frac{x_1+x_2}{4}+\frac{y_1+y_2}{3}\cdot k=0$.

由题设知 $\frac{x_1+x_2}{2}=1, \frac{y_1+y_2}{2}=m$,于是 $k=-\frac{3}{4m}$.

由题设得 $\frac{1}{4}+\frac{m^2}{3}<1, m>0, \therefore 0<m<\frac{3}{2}$,故 $k<-\frac{1}{2}$.

(2)由题意得 $F(1,0)$.设 $P(x_3,y_3)$,则 $(x_3-1,y_3)+(x_1-1,y_1)+(x_2-1,y_2)=(0,0)$.

由(1)及题设得 $x_3=3-(x_1+x_2)=1, y_3=-(y_1+y_2)=-2m<0$.

又点 P 在 C 上,所以 $m=\frac{3}{4}$,从而 $P\left(1,-\frac{3}{2}\right), |\overrightarrow{FP}|=\frac{3}{2}$.

于是 $|\overrightarrow{FA}|=\sqrt{(x_1-1)^2+y_1^2}=\sqrt{(x_1-1)^2+3\left(1-\frac{x_1^2}{4}\right)}=2-\frac{x_1}{2}$.

同理,$|\overrightarrow{FB}|=2-\frac{x_2}{2}$.

所以 $|\overrightarrow{FA}|+|\overrightarrow{FB}|=4-\frac{1}{2}(x_1+x_2)=3$.故 $2|\overrightarrow{FP}|=|\overrightarrow{FA}|+|\overrightarrow{FB}|$.

例 4.2 已知 F 为抛物线 $C: y^2=4x$ 的焦点,过 F 作两条互相垂直的直线 l_1, l_2,直线 l_1 与 C 交于 A,B 两点,直线 l_2 与 C 交于 D,E 两点,则 $|AB|+|DE|$ 的最小值为( ).

A.16　　　　B.14　　　　C.12　　　　D.10

解法一:设 $A(x_1,y_1), B(x_2,y_2), D(x_3,y_3), E(x_4,y_4)$,直线 l_1 的方程为 $y=k_1(x-1)$,联立方程 $\begin{cases} y^2=4x, \\ y=k_1(x-1), \end{cases}$ 得 $k_1^2 x^2-2k_1^2 x-4x+k_1^2=0$.

$\therefore x_1+x_2=-\frac{-2k_1^2-4}{k_1^2}=\frac{2k_1^2+4}{k_1^2}$.

同理,直线 l_2 与抛物线的交点满足 $x_3+x_4=\frac{2k_2^2+4}{k_2^2}$.

由抛物线定义可知 $|AB|+|DE|=x_1+x_2+x_3+x_4+2p=\frac{2k_1^2+4}{k_1^2}+\frac{2k_2^2+4}{k_2^2}+4=\frac{4}{k_1^2}+\frac{4}{k_2^2}+8\geq 2\sqrt{\frac{16}{k_1^2 k_2^2}}+8=16$,当且仅当 $k_1=-k_2=1$(或-1)时等号成立.

解法二：设直线 l_1 的倾斜角为 α，则 $|AB| = \dfrac{2p}{\sin^2\alpha}$，$|DE| = \dfrac{2p}{\sin^2\left(\alpha+\dfrac{\pi}{2}\right)} = \dfrac{2p}{\cos^2\alpha}$. 所以 $|AB| + |DE| = \dfrac{2p}{\cos^2\alpha} + \dfrac{2p}{\sin^2\alpha} = 4\left(\dfrac{1}{\cos^2\alpha} + \dfrac{1}{\sin^2\alpha}\right) = 4\left(\dfrac{1}{\cos^2\alpha} + \dfrac{1}{\sin^2\alpha}\right)(\cos^2\alpha + \sin^2\alpha) \geqslant 16$.

三、战场点兵

1. 设 F_1, F_2 为椭圆 $C: \dfrac{x^2}{36} + \dfrac{y^2}{20} = 1$ 的两个焦点，M 为 C 上一点且在第一象限. 若 $\triangle MF_1F_2$ 为等腰三角形，则 M 的坐标为 _____.

2. 已知过抛物线 $C: y^2 = 4x$ 焦点 F 的直线交抛物线 C 于 P, Q 两点，交圆 $x^2 + y^2 - 2x = 0$ 于 M, N 两点，其中 P, M 位于第一象限，则 $\dfrac{1}{|PM|} + \dfrac{1}{|QN|}$ 的最小值为 _____.

3. 【多选】已知抛物线 $C: y^2 = 4x$ 的焦点为 F，抛物线 C 上存在 n 个点 $P_1, P_2, \cdots, P_n (n \geqslant 2$ 且 $n \in \mathbf{N}^*)$ 满足 $\angle P_1FP_2 = \angle P_2FP_3 = \cdots = \angle P_{n-1}FP_n = \angle P_nFP_1 = \dfrac{2\pi}{n}$，则下列结论中正确的是（　　）.

   A. $n = 2$ 时，$\dfrac{1}{|P_1F|} + \dfrac{1}{|P_2F|} = 2$

   B. $n = 3$ 时，$|P_1F| + |P_2F| + |P_3F|$ 的最小值为 9

   C. $n = 4$ 时，$\dfrac{1}{|P_1F| + |P_3F|} + \dfrac{1}{|P_2F| + |P_4F|} = \dfrac{1}{4}$

   D. $n = 4$ 时，$|P_1F| + |P_2F| + |P_3F| + |P_4F|$ 的最小值为 8

4. 已知椭圆 $C: \dfrac{x^2}{8} + \dfrac{y^2}{4} = 1$ 的左、右焦点分别为 F_1, F_2，过点 F_1, F_2 的两条直线 MN 和 PQ 互相垂直且与椭圆的交点分别为 M, N, P, Q.

   (1) 求证：$\dfrac{1}{|MN|} + \dfrac{1}{|PQ|}$ 为定值；

   (2) 求四边形 $MPNQ$ 面积的取值范围.

第五计　焦点分弦　比定角限

一、战法探究

圆锥曲线的焦点将过该焦点的弦分成两部分,则这两部分之比(λ)与该直线和焦点所在轴所成角(θ)及离心率(e)之间存在着必然的联系.下面我们以焦点在 x 轴上的圆锥曲线为例来进行探究.

探究一　椭圆的焦点分弦公式

设椭圆的焦点 F 在 x 轴上,过点 F 且斜率为 k(倾斜角为 θ)的直线 l 交该椭圆于 A,B 两点,若 $\overrightarrow{AF} = \lambda \overrightarrow{FB}$ ($\lambda>0$),则 $e = \sqrt{1+k^2} \left| \dfrac{1-\lambda}{1+\lambda} \right|$(或 $|e\cos\theta| = \left| \dfrac{1-\lambda}{1+\lambda} \right|$).

证明:不妨设 l 过右焦点且斜率大于 0,如图,作椭圆的右准线 $x = \dfrac{a^2}{c}$,交 x 轴于 E,作 AH 垂直于右准线,则由椭圆的第二定义,$|AF| = e|AH|$,记焦准距 $|EF| = p$,则 $p = |AF|\cos\theta + |AH| = \dfrac{1+e\cos\theta}{e}|AF|$,即 $|AF| = \dfrac{ep}{1+e\cos\theta}$.

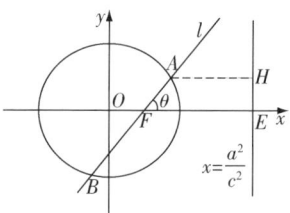

同理,$|BF| = \dfrac{ep}{1-e\cos\theta}$,故 $\lambda = \dfrac{|AF|}{|BF|} = \dfrac{1-e\cos\theta}{1+e\cos\theta}$,$e\cos\theta = \dfrac{1-\lambda}{1+\lambda}$,

$e = \dfrac{1}{\cos\theta} \cdot \dfrac{1-\lambda}{1+\lambda} = \sqrt{1+\tan^2\theta} \cdot \dfrac{1-\lambda}{1+\lambda} = \sqrt{1+k^2} \cdot \dfrac{1-\lambda}{1+\lambda}$.

其他的三种情况(过右焦点斜率小于 0 等)留给读者朋友自行证明(注意:$\left| \dfrac{1-\dfrac{1}{\lambda}}{1+\dfrac{1}{\lambda}} \right| = \left| \dfrac{\lambda-1}{\lambda+1} \right| = \left| \dfrac{1-\lambda}{1+\lambda} \right|$).

探究二 双曲线的焦点分弦公式

1. 若焦点 F_2 内分弦 AB_2，与椭圆类似，同样可以得到 $e=\sqrt{1+k^2}\left|\dfrac{1-\lambda}{1+\lambda}\right|$ 或 $|e\cos\theta|=\left|\dfrac{1-\lambda}{1+\lambda}\right|$.

2. 若焦点 F_1 外分弦 AB_1，$\overrightarrow{FA}=\lambda\overrightarrow{FB}(\lambda>0)$，则 $e=\sqrt{1+k^2}\left|\dfrac{1+\lambda}{1-\lambda}\right|$ 或 $|e\cos\theta|=\left|\dfrac{1+\lambda}{1-\lambda}\right|$.

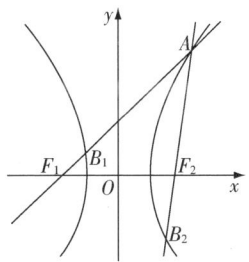

探究三 抛物线的焦点分弦公式

同理可以得到 $e=\sqrt{1+k^2}\left|\dfrac{1-\lambda}{1+\lambda}\right|$ 或 $|e\cos\theta|=\left|\dfrac{1-\lambda}{1+\lambda}\right|$. (此时 $e=1$，为统一形式起见仍写成 e)

评析：对于圆锥曲线 C，

(1) 若焦点 F 内分弦 AB，三种圆锥曲线的焦点分弦公式均为：$e=\sqrt{1+k^2}\left|\dfrac{1-\lambda}{1+\lambda}\right|$ 或 $|e\cos\theta|=\left|\dfrac{1-\lambda}{1+\lambda}\right|$；

(2) 若焦点 F 外分弦 AB (此时仅为双曲线)，则 $e=\sqrt{1+k^2}\left|\dfrac{1+\lambda}{1-\lambda}\right|$ 或 $|e\cos\theta|=\left|\dfrac{1+\lambda}{1-\lambda}\right|$.

二、战例展示

例 5.1 （2022·全国高二专题练习）已知椭圆 $C:\dfrac{x^2}{a^2}+\dfrac{y^2}{b^2}=1(a>b>0)$ 的左右焦点分别为 F_1，F_2，点 A 为椭圆上顶点. 线段 AF_1 的垂直平分线与椭圆的一个交点为 B，若 $\overrightarrow{AB}=3\overrightarrow{F_2B}$，则椭圆 C 的离心率为 _____.

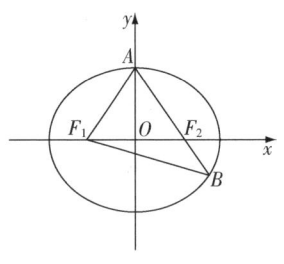

解：如图，由已知，$\triangle ABF_1$ 为等腰三角形，且 $|AB|=\dfrac{3}{2}|AF_1|$，故 $\cos\angle BAF_1=\dfrac{1}{3}$. 因为 $\angle BAF_1=2\angle F_2AO$，故 $\cos\angle AF_2O=\sin\angle F_2AO=\sqrt{\dfrac{1-\cos 2\angle F_2AO}{2}}=\dfrac{\sqrt{3}}{3}$，根据焦点分弦公式及 $\lambda=\dfrac{|AF_2|}{|F_2B|}=2$，得 $e=$

$\left|\dfrac{1}{\cos\angle AF_2O}\right|\cdot\left|\dfrac{1-\lambda}{1+\lambda}\right|=\dfrac{\sqrt{3}}{3}.$

评析：该题已知了焦点分弦之比，要求离心率，那么求出直线的倾斜角的相关三角函数就是解题的关键．

例 5.2 已知椭圆 C 的左、右焦点分别为 F_1，F_2，过点 F_1 的直线 l 交椭圆 C 于 A，B 两点，若 $|F_1F_2|=|AF_2|$，$2\overrightarrow{AF_1}=3\overrightarrow{F_1B}$，则椭圆 C 的离心率为_____．

解：如图，可知 $\triangle F_2AF_1$ 为等腰三角形，且 $|AF_2|+|AF_1|=2a$，故 $|AF_1|=2a-2c$，$\cos\angle AF_1F_2=\dfrac{a-c}{2c}.$ 因为 $2\overrightarrow{AF_1}=3\overrightarrow{F_1B}$，根据焦点分弦公式，及 $\lambda=\dfrac{|AF_1|}{|F_1B|}=\dfrac{3}{2}$，得 $e=\left|\dfrac{1}{\cos\angle AF_1F_2}\right|\cdot\left|\dfrac{1-\lambda}{1+\lambda}\right|=\dfrac{2}{5}\cdot\dfrac{c}{a-c}$，即 $\dfrac{1}{e}=\dfrac{5}{2}\cdot\left(\dfrac{1}{e}-1\right)$，$e=\dfrac{3}{5}.$

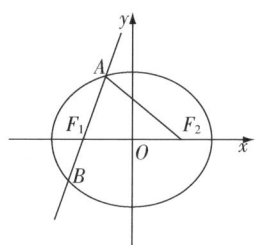

评析：该题同样是已知焦点分弦之比，要求离心率，那么表达出直线的倾斜角的余弦值就可以通过列方程得出相应解．

以上两题主体思路都是一致的，也就是题目如果是求焦点分弦之比、离心率、倾斜角三者其一，并且已经给出其中一个量的值，那么就想办法求出三者其二便可解决．

三、战场点兵

1. 已知 D 是椭圆 C：$\dfrac{x^2}{a^2}+\dfrac{y^2}{b^2}=1(a>b>0)$ 的上顶点，F 是 C 的一个焦点，直线 DF 与椭圆 C 的另一个交点为点 E，且 $\overrightarrow{DF}=2\overrightarrow{FE}$，则 C 的离心率为_____．

2. 设 F_1，F_2 分别是椭圆 E：$x^2+\dfrac{y^2}{b^2}=1(0<b<1)$ 的左、右焦点，过点 F_1 的直线交椭圆 E 于 A，B 两点．若 $|AF_1|=3|F_1B|$，$AF_2\perp x$ 轴，则椭圆 E 的方程为_____．

3. （2019·全国Ⅰ卷理·10）已知椭圆 C 的焦点为 $F_1(-1,0)$，$F_2(1,0)$，过 F_2 的直线与 C 交于 A，B 两点．若 $|AF_2|=2|F_2B|$，$|AB|=|BF_1|$，则

C 的方程为( ).

A.$\dfrac{x^2}{2}+y^2=1$　　B.$\dfrac{x^2}{3}+\dfrac{y^2}{2}=1$　　C.$\dfrac{x^2}{4}+\dfrac{y^2}{3}=1$　　D.$\dfrac{x^2}{5}+\dfrac{y^2}{4}=1$

4.(2010·全国Ⅰ卷理·16)已知 F 是椭圆 C 的一个焦点,B 是短轴的一个端点,线段 BF 的延长线交 C 于点 D,且 $\overrightarrow{BF}=2\overrightarrow{FD}$,则 C 的离心率为_____.

5.(2010·全国Ⅱ卷理·12)已知椭圆 $C:\dfrac{x^2}{a^2}+\dfrac{y^2}{b^2}=1(a>b>0)$ 的离心率为 $\dfrac{\sqrt{3}}{2}$,过右焦点 F 且斜率为 $k\,(k>0)$ 的直线与 C 相交于 A,B 两点.若 $\overrightarrow{AF}=3\overrightarrow{FB}$,则 $k=$( ).

A.1　　　　B.$\sqrt{2}$　　　　C.$\sqrt{3}$　　　　D.2

第六计 焦点三角 命题法宝

一、战法探究

椭圆、双曲线的焦点三角形是指以该圆锥曲线上一点 P 与圆锥曲线的两个焦点 F_1,F_2 为顶点的三角形.

探究一 椭圆的焦点三角形

设椭圆 $C:\dfrac{x^2}{a^2}+\dfrac{y^2}{b^2}=1(a>b>0)$ 的左,右焦点分别为 F_1,F_2,点 $P(x_0,y_0)$ 为椭圆上除左右顶点以外的任意一点,记 $\angle F_1PF_2=\theta$,则椭圆的焦点三角形有如下常用结论.

结论 1: 椭圆的焦半径分别为 $|PF_1|=a+ex_0,|PF_2|=a-ex_0$.

结论 2: 椭圆 C 的焦点三角形 PF_1F_2 的面积为 $S_{\triangle PF_1F_2}=b^2\tan\dfrac{\theta}{2}$,且 $|PF_1||PF_2|=\dfrac{2b^2}{1+\cos\theta}$.

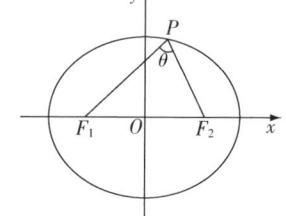

证明: 在 $\triangle PF_1F_2$ 中,由余弦定理,得 $4c^2=|F_1F_2|^2=|PF_1|^2+|PF_2|^2-2|PF_1||PF_2|\cos\theta=(|PF_1|+|PF_2|)^2-2|PF_1||PF_2|(1+\cos\theta)=4a^2-2|PF_1||PF_2|(1+\cos\theta)$.

所以 $|PF_1||PF_2|=\dfrac{2b^2}{1+\cos\theta}$,即 $S_{\triangle PF_1F_2}=\dfrac{1}{2}|PF_1||PF_2|\sin\theta=\dfrac{b^2\sin\theta}{1+\cos\theta}=\dfrac{2b^2\sin\dfrac{\theta}{2}\cos\dfrac{\theta}{2}}{2\cos^2\dfrac{\theta}{2}}=b^2\tan\dfrac{\theta}{2}$.

结论 3: 当点 P 为短轴端点时 θ 最大,此时 $\cos\theta=1-2e^2$.

证明: 由结论 2 的证明可得 $\cos\theta=\dfrac{2b^2}{|PF_1||PF_2|}-1\geqslant\dfrac{2b^2}{\left(\dfrac{|PF_1|+|PF_2|}{2}\right)^2}-$

$1 = \dfrac{2b^2}{a^2} - 1 = 1 - 2e^2$,当且仅当$|PF_1| = |PF_2| = a$,即点$P$为短轴端点时$\theta$最大.

结论 4:焦点三角形PF_1F_2中,若$\angle PF_1F_2 = \alpha$,$\angle PF_2F_1 = \beta$,则$e = \dfrac{\sin\theta}{\sin\alpha + \sin\beta} = \dfrac{\sin(\alpha+\beta)}{\sin\alpha + \sin\beta}$.

证明:在$\triangle PF_1F_2$中,由正弦定理,得$\dfrac{|PF_1|}{\sin\beta} = \dfrac{|PF_2|}{\sin\alpha} = \dfrac{|F_1F_2|}{\sin(\alpha+\beta)}$,即$\dfrac{|PF_1| + |PF_2|}{\sin\alpha + \sin\beta} = \dfrac{|F_1F_2|}{\sin(\alpha+\beta)}$.

故$\dfrac{\sin(\alpha+\beta)}{\sin\alpha + \sin\beta} = \dfrac{|F_1F_2|}{|PF_1| + |PF_2|} = \dfrac{2c}{2a} = e$.

结论 5:若焦点三角形PF_1F_2的内心为I,延长PI交F_1F_2于N,则$\dfrac{|PI|}{|IN|} = \dfrac{1}{e}$,如图所示.

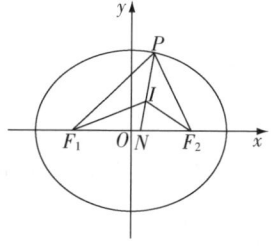

证明:由角平分线性质,得$\dfrac{|PI|}{|IN|} = \dfrac{|PF_1|}{|F_1N|} = \dfrac{|PF_2|}{|F_2N|} = \dfrac{|PF_1| + |PF_2|}{|F_1N| + |F_2N|} = \dfrac{2a}{2c} = \dfrac{1}{e}$.

结论 6:焦点三角形PF_1F_2中,F_1,F_2对应的旁切圆与x轴的切点为椭圆的长轴顶点.

证明:如图,设F_1对应的旁切圆为圆J,圆J分别与直线F_1F_2,PF_1,PF_2相切于M,N,Q点,由角平分线性质可知$|PN| = |PQ|$,$|F_2M| = |F_2Q|$,$|F_1M| = |F_1N|$.

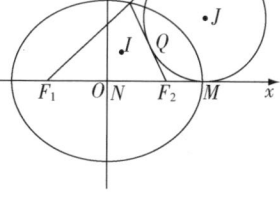

所以$2|F_1M| = |F_1M| + |F_1N| = |F_1F_2| + |F_2Q| + |PF_1| + |PQ| = |F_1F_2| + |PF_1| + |PF_2| = 2c + 2a$.

即$|F_1M| = a + c$,所以M为椭圆的长轴顶点.

F_2对应的旁切圆同理可证.

探究二 双曲线的焦点三角形

设双曲线$C:\dfrac{x^2}{a^2} - \dfrac{y^2}{b^2} = 1(a > 0, b > 0)$的左,右焦点为$F_1$,$F_2$,点$P(x_0, y_0)$为双曲线上除左右顶点以外的任意一点,记$\angle F_1PF_2 = \theta$,则双曲线的焦点三角形有如下常用结论.

结论 1:双曲线的焦半径分别为 $|PF_1|=|a+ex_0|$,$|PF_2|=|a-ex_0|$.

结论 2:双曲线 C 的焦点三角形 PF_1F_2 的面积为 $S_{\triangle PF_1F_2}=\dfrac{b^2}{\tan\dfrac{\theta}{2}}$,且 $|PF_1||PF_2|=\dfrac{2b^2}{1-\cos\theta}$.

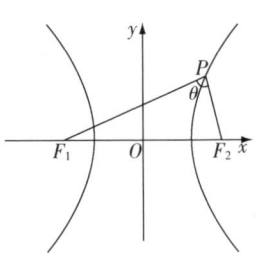

证明:在 $\triangle PF_1F_2$ 中,由余弦定理,得 $4c^2=|F_1F_2|^2=|PF_1|^2+|PF_2|^2-2|PF_1||PF_2|\cos\theta=(|PF_1|-|PF_2|)^2+2|PF_1||PF_2|(1-\cos\theta)=4a^2+2|PF_1||PF_2|(1-\cos\theta)$.

所以 $|PF_1||PF_2|=\dfrac{2b^2}{1-\cos\theta}$,即 $S_{\triangle PF_1F_2}=\dfrac{1}{2}|PF_1||PF_2|\sin\theta=\dfrac{b^2\sin\theta}{1-\cos\theta}=\dfrac{2b^2\sin\dfrac{\theta}{2}\cos\dfrac{\theta}{2}}{2\sin^2\dfrac{\theta}{2}}=\dfrac{b^2}{\tan\dfrac{\theta}{2}}$.

结论 3:焦点三角形 PF_1F_2 中,若 $\angle PF_1F_2=\alpha$,$\angle PF_2F_1=\beta$,则 $e=\dfrac{\sin\theta}{|\sin\alpha-\sin\beta|}=\dfrac{\sin(\alpha+\beta)}{|\sin\alpha-\sin\beta|}$.

证明:在 $\triangle PF_1F_2$ 中,由正弦定理,得 $\dfrac{|PF_1|}{\sin\beta}=\dfrac{|PF_2|}{\sin\alpha}=\dfrac{|F_1F_2|}{\sin(\alpha+\beta)}$,即 $\dfrac{|PF_1|-|PF_2|}{\sin\beta-\sin\alpha}=\dfrac{|F_1F_2|}{\sin(\alpha+\beta)}$.

故 $\dfrac{\sin(\alpha+\beta)}{|\sin\alpha-\sin\beta|}=\dfrac{|F_1F_2|}{||PF_1|-|PF_2||}=\dfrac{2c}{2a}=e$.

结论 4:焦点三角形 PF_1F_2 的内切圆与 x 轴的切点为双曲线的顶点.

证明:如图,不妨设 P 在双曲线右支上,内切圆 I 分别与直线 F_1F_2,PF_1,PF_2 相切于 M,N,Q 点,由角平分线性质可知 $|PN|=|PQ|$,$|F_2M|=|F_2Q|$,$|F_1M|=|F_1N|$.

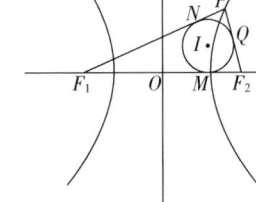

所以 $|F_1M|-|F_2M|=|F_1N|-|F_2Q|=|PF_1|-|PF_2|=2a$.

所以 M 为双曲线的顶点.

结论 5：焦点三角形 PF_1F_2 中，若 P 在双曲线右支上，F_1 对应的旁切圆为圆 J，PJ 的延长线与 x 轴交于点 N，则 $\dfrac{|PJ|}{|JN|} = \dfrac{1}{e}$.

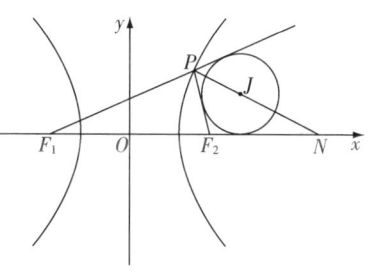

证明：如图，由角平分线性质得
$$\dfrac{|PJ|}{|JN|} = \dfrac{|PF_1|}{|F_1N|} = \dfrac{|PF_2|}{|F_2N|} = \dfrac{|PF_1|-|PF_2|}{|F_1N|-|F_2N|} = \dfrac{2a}{2c} = \dfrac{1}{e}.$$

二、战例展示

例 6.1（2021·湖北·武汉市第十四中学高二阶段练习）已知椭圆 $C: \dfrac{x^2}{8} + \dfrac{y^2}{4} = 1$ 上有一点 P，F_1, F_2 分别为其左右焦点，$\angle F_1PF_2 = \theta$，$\triangle F_1PF_2$ 的面积为 S，则下列说法正确的有_____.

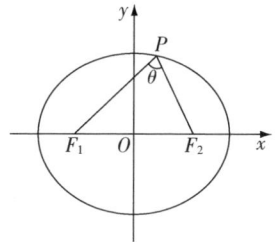

① 若 $S = 2$，则满足题意的点 P 有 4 个.

② 若 $\theta = 60°$，则 $S = \dfrac{4\sqrt{3}}{3}$.

③ θ 的最大值为 $90°$.

④ 若 $\triangle F_1PF_2$ 是钝角三角形，则 S 的取值范围是 $(0, 2\sqrt{2})$.

解：① 设 P 到 x 轴的距离为 h，则 $S = \dfrac{1}{2}|F_1F_2|h = ch = 2h = 2$，所以 $h = 1 < 2 = b$，则满足题意的点 P 有 4 个.

② 根据椭圆焦点三角形的结论 2，$S = b^2 \tan \dfrac{\theta}{2} = 4 \times \tan 30° = \dfrac{4\sqrt{3}}{3}$.

③ 根据椭圆焦点三角形的结论 3，θ 最大时 P 为短轴顶点，此时 $\cos\theta =$

$1-2e^2=1-2\times\dfrac{4}{8}=0$,即 $\theta=90°$.

④若 $\triangle F_1PF_2$ 是钝角三角形,由③知 θ 不为钝角,则 $\angle PF_1F_2$ 或者 $\angle PF_2F_1$ 为钝角,不妨设 $\angle PF_2F_1$ 为钝角,当 $PF_2\perp x$ 轴时,P 到 x 轴的距离为 h.由 $\dfrac{2^2}{8}+\dfrac{h^2}{4}=1$.得 $h=\sqrt{2}$,此时 $S=\dfrac{1}{2}|F_1F_2|h=2\sqrt{2}$.所以当 $\angle PF_2F_1$ 为钝角时,S 的取值范围是 $(0,2\sqrt{2})$.

故综上所述,①②③④均正确.

评析:通过我们得出的椭圆焦点三角形的相关结论,便可快速解决该题.

例 6.2 (2022·全国乙卷理)双曲线 C 的两个焦点为 F_1,F_2,以 C 的实轴为直径的圆记为 D,过 F_1 作 D 的切线与 C 交于 M,N 两点,且 $\cos\angle F_1NF_2=\dfrac{3}{5}$,则 C 的离心率为(   ).

A. $\dfrac{\sqrt{5}}{2}$ B. $\dfrac{3}{2}$ C. $\dfrac{\sqrt{13}}{2}$ D. $\dfrac{\sqrt{17}}{2}$

解:根据 M,N 两点是否属于同一支双曲线,存在两种不同的情况.

情况一:M,N 两点不在同一支.设切线 F_1N 与圆 O 相切于 H,注意 $\angle F_1HO$ 为直角,又 $\angle F_1NF_2$ 为锐角,故 N 在双曲线右支上.

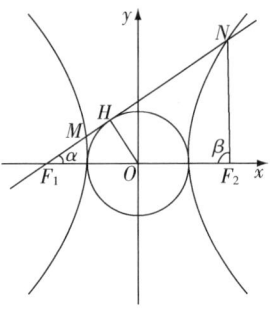

如图,设 $\angle NF_1F_2=\alpha$,$\angle NF_2F_1=\beta$,则 $\sin\alpha=\dfrac{|OH|}{|OF_1|}=\dfrac{a}{c}=\dfrac{1}{e}$,$\sin(\alpha+\beta)=\sin\angle F_1NF_2=\dfrac{4}{5}$.

根据双曲线焦点三角形的结论 3,并注意到 $\sin\beta>\sin\alpha$,可得 $e=\dfrac{\sin(\alpha+\beta)}{\sin\beta-\sin\alpha}$,即 $\dfrac{4}{5}=e\sin\beta-e\sin\alpha=e\sin\beta-1$,所以 $\sin\beta=\dfrac{9}{5e}$.因为 $\cos(\alpha+\beta)=-\dfrac{3}{5}$,$\cos\alpha=\dfrac{\sqrt{e^2-1}}{e}$,所以 $\dfrac{9}{5e}=\sin(\alpha+\beta-\alpha)=\dfrac{4}{5}\cos\alpha+\dfrac{3}{5}\sin\alpha=\dfrac{4\sqrt{e^2-1}}{5e}+\dfrac{3}{5e}$,解得 $e=\dfrac{\sqrt{13}}{2}$.

情况二:M,N 两点在同一支.设切线 F_1N 与圆 O 相切于 H.如图,设 $\angle NF_1F_2=\alpha$,$\angle NF_2F_1=\beta$,则 $\sin\alpha=\dfrac{|OH|}{|OF_1|}=\dfrac{a}{c}=\dfrac{1}{e}$,$\sin(\alpha+\beta)=$

$\sin\angle F_1NF_2 = \frac{4}{5}$.

根据双曲线焦点三角形的结论3，并注意到 $\sin\alpha > \sin\beta$，可得 $e = \frac{\sin(\alpha+\beta)}{\sin\alpha - \sin\beta}$，即 $\frac{4}{5} = e\sin\alpha - e\sin\beta = 1 - e\sin\beta$，所以 $\sin\beta = \frac{1}{5e}$.

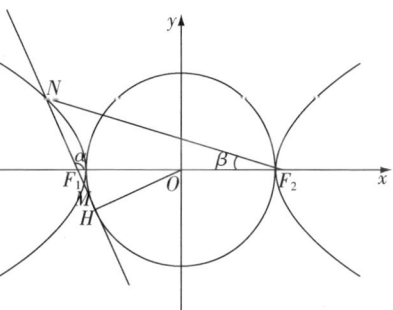

因为 $\cos(\alpha+\beta) = -\frac{3}{5}$，$\cos\alpha = -\frac{\sqrt{e^2-1}}{e}$，所以 $\frac{1}{5e} = \sin(\alpha+\beta-\alpha) = \frac{4}{5}\cos\alpha + \frac{3}{5}\sin\alpha = -\frac{4\sqrt{e^2-1}}{5e} + \frac{3}{5e}$，解得 $e = \frac{\sqrt{5}}{2}$.

故综上所述，选 AC.

评析：灵活运用双曲线的焦点三角形相关结论，结合三角函数和差公式便可得解.

三、战场点兵

1. 已知椭圆 $C: \frac{x^2}{a^2} + \frac{y^2}{b^2} = 1(a>b>0)$ 的右焦点 F_2 的坐标为 $(2,0)$，F_1 为椭圆 C 的左焦点，P 为椭圆上一点，若 $\tan\angle F_1PF_2 = \frac{4}{3}$，$S_{\triangle PF_1F_2} = 6$，则椭圆 C 的方程为_____.

2. 已知 F_1，F_2 是双曲线 $C: \frac{x^2}{4} - \frac{y^2}{36} = 1(a>0, b>0)$ 的左右焦点，M，N 是 C 上关于原点对称的两点，且 $|MN| = |F_1F_2|$，则四边形 MF_1NF_2 的面积是_____.

第七计　顶焦三角　常新常考

一、战法探究

椭圆、双曲线的顶焦点三角形是指以该圆锥曲线上一个顶点与过另一个顶点所对的焦点弦围成的三角形.

探究一　椭圆的顶焦点三角形

设椭圆 $C: \dfrac{x^2}{a^2}+\dfrac{y^2}{b^2}=1(a>b>0)$ 的右焦点为 F，左右顶点分别为 A,B，过 F 的焦点弦交椭圆于 P,Q（不在 x 轴上），椭圆 C 的右准线为 $l: x=\dfrac{a^2}{c}$，直线 AP 与 AQ 分别交 l 于 M,N. 则椭圆的顶焦点三角形 APQ 有如下结论.

结论 1：直线 AP 与 AQ 的斜率之积为 $-(e-1)^2$.

证明：设 $P(x_1,y_1),Q(x_2,y_2)$，直线 PQ 的方程为 $x=my+c$，代入，得 $(b^2m^2+a^2)y^2+2b^2cmy-b^4=0$.

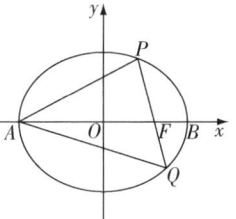

所以 $y_1+y_2=\dfrac{-2b^2cm}{b^2m^2+a^2}$，$y_1y_2=\dfrac{-b^4}{b^2m^2+a^2}$.

从而有 $k_{AP} \cdot k_{AQ}=\dfrac{y_1}{x_1+a} \cdot \dfrac{y_2}{x_2+a}=\dfrac{y_1y_2}{(my_1+a+c)(my_2+a+c)}$

$=\dfrac{y_1y_2}{m^2y_1y_2+m(a+c)(y_1+y_2)+(a+c)^2}.$

将 y_1+y_2 和 y_1y_2 代入，整理得 $k_{AP} \cdot k_{AQ}=\dfrac{-b^4}{a^2(a+c)^2}=-\dfrac{(e^2-1)^2}{(e+1)^2}=-(e-1)^2.$

结论 2：点 M,N 的纵坐标之积为 $-\dfrac{b^4}{c^2}$，且 $\angle MFN=90°$.

证明:如图,由结论1,得 $k_{AM} \cdot k_{AN} = \dfrac{y_M}{\dfrac{a^2}{c}+a} \cdot \dfrac{y_N}{\dfrac{a^2}{c}+a} = -(e-1)^2.$

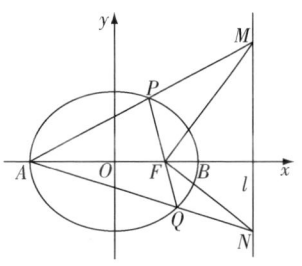

即 $y_M \cdot y_N = -\dfrac{b^4}{c^2}$,则 $k_{FM} \cdot k_{FN} = \dfrac{y_M}{\dfrac{a^2}{c}-c} \cdot \dfrac{y_N}{\dfrac{a^2}{c}-c} = -1$,所以 $\angle MFN = 90°$.

结论3:直线 NP 与 MQ 均与椭圆 C 交于右顶点 B.

证明:如图,设 $P(x_1,y_1),Q(x_2,y_2)$,直线 PQ 的方程为 $x=my+c$,

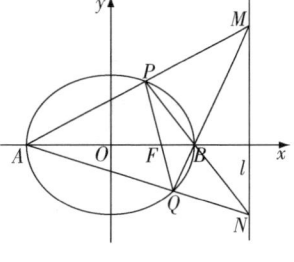

由结论1,得 $y_1+y_2=\dfrac{-2b^2cm}{b^2m^2+a^2}$,$y_1y_2=\dfrac{-b^4}{b^2m^2+a^2}$,进而有 $x_1y_2-x_2y_1=c(y_2-y_1)$,

$x_1y_2+x_2y_1=2my_1y_2+c(y_1+y_2)=\dfrac{a^2}{c}(y_1+y_2).(*)$

直线 $AP:y=\dfrac{y_1}{x_1+a}(x+a)$,与 $l:x=\dfrac{a^2}{c}$ 联立得 $y_M=\dfrac{y_1}{x_1+a}\left(\dfrac{a^2}{c}+a\right)$.

同理有 $y_N=\dfrac{y_2}{x_2+a}\left(\dfrac{a^2}{c}+a\right)$.

直线 PB 的斜率为 $k_{PB}=\dfrac{y_1}{x_1-a}$,直线 NB 的斜率为 $k_{NB}=\dfrac{y_N}{\dfrac{a^2}{c}-a}=\dfrac{a+c}{a-c} \cdot \dfrac{y_2}{x_2+a}$,则 $k_{PB}-k_{NB}=\dfrac{(a-c)(x_2+a)y_1-(a+c)(x_1-a)y_2}{(a-c)(x_1-a)(x_2+a)}$,分子部分结合 $(*)$ 式,得 $(a-c)(x_2+a)y_1-(a+c)(x_1-a)y_2=ac(y_1-y_2)-a^2(y_1+y_2)+a^2(y_1+y_2)-ac(y_1-y_2)=0.$

即 $k_{PB}-k_{NB}=0$,所以直线 NP 与椭圆 C 交于点 B.

同理可证直线 MQ 与椭圆 C 交于点 B.

结论 4：(1)过 P,Q 与椭圆的切线交于点 R，R 是 M,N 的中点．(2)以 MN 为直径的圆 R 与 PQ 相切于点 F．

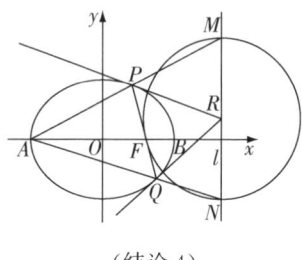

（结论4）

证明：设 $P(x_1,y_1),Q(x_2,y_2)$，直线 PQ 的方程为 $x=my+c$，则过 P,Q 点的切线方程分别为：$\dfrac{xx_1}{a^2}+\dfrac{yy_1}{b^2}=1,\dfrac{xx_2}{a^2}+\dfrac{yy_2}{b^2}=1$.

联立两切线方程，得 $\dfrac{x_R(x_1y_2-x_2y_1)}{a^2}=y_2-y_1$，结合（＊）式可得 $x_R=\dfrac{a^2}{c}$，即点 R 在直线 l 上．

则 $y_R=\dfrac{b^2}{y_1}\left(1-\dfrac{x_1}{c}\right)=\dfrac{b^2}{y_1}\cdot\dfrac{-my_1}{c}=-\dfrac{b^2m}{c}$.

由结论 3，可得 $y_M+y_N=\dfrac{a}{c}(a+c)\cdot\left(\dfrac{y_1}{x_1+a}+\dfrac{y_2}{x_2+a}\right)=\dfrac{a}{c}(a+c)\cdot\dfrac{x_1y_2+x_2y_1+a(y_1+y_2)}{(x_1+a)(x_2+a)}$.

结合（＊）式和结论 1，可得 $y_M+y_N=\left[\dfrac{a}{c}(a+c)\right]^2\cdot\dfrac{-2b^2cm}{a^2(a+c)^2}=-\dfrac{2b^2m}{c}=2y_R$，所以点 R 是 M,N 的中点．

直线 FR 的斜率为 $k_{FR}=\dfrac{-\dfrac{b^2m}{c}}{\dfrac{a^2}{c}-c}=-m=\dfrac{-1}{k_{PQ}}$，所以 FR 垂直于 PQ.

根据结论 2，$\triangle MFN$ 是直角三角形，所以以 MN 为直径的圆 R 与 PQ 相切于点 F．(2)得证．

探究二　双曲线的顶焦点三角形

设双曲线 $C:\dfrac{x^2}{a^2}-\dfrac{y^2}{b^2}=1(a>0,b>0)$ 的右焦点为 F，左右顶点分别

为 A,B,过 F 的焦点弦交双曲线于 P,Q,则双曲线的顶焦点三角形 APQ 同样有如下结论.

结论 1:直线 AP 与 AQ 的斜率之积为 $-(e-1)^2$.

结论 2:如图,设双曲线 C 右准线为 $l:x=\dfrac{a^2}{c}$,直线 AP 与 AQ 分别交 l 于 M,N,则点 M,N 的纵坐标之积为 $-\dfrac{b^4}{c^2}$,且 $\angle MFN=90°$.

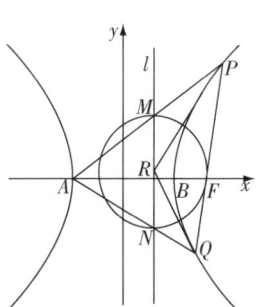

结论 3:直线 NP 与 MQ 均与双曲线 C 交于右顶点 B.

结论 4:如图,(1)过 P,Q 的双曲线的切线交于点 R,R 是 M,N 的中点.(2)以 MN 为直径的圆 R 与 PQ 相切于点 F.

以上结论读者可参照椭圆相关的结论自行证明.

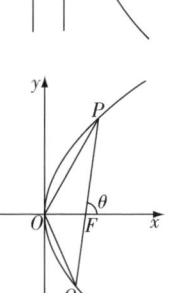

探究三　抛物线的顶焦点三角形

如图,设抛物线 $C:y^2=2px(p>0)$ 的焦点为 F,顶点为 O,过 F 的焦点弦交抛物线于 P,Q,PQ 的倾斜角为 θ,则抛物线的顶焦点三角形 OPQ 有如下结论.

结论 1:直线 OP 与 OQ 的斜率之积为 -4.

证明:设 $P(x_1,y_1),Q(x_2,y_2)$.

若直线 PQ 垂直于 x 轴,则 $P\left(\dfrac{p}{2},p\right),Q\left(\dfrac{p}{2},-p\right)$,$k_{OP}\cdot k_{OQ}=-4$.

若直线 PQ 不垂直于 x 轴,设其方程为 $x=my+\dfrac{p}{2}$,代入抛物线,得 $y^2-2mpy-p^2=0$,所以 $y_1+y_2=2mp,y_1y_2=-p^2$.

从而有 $k_{OP}\cdot k_{OQ}=\dfrac{y_1}{x_1}\cdot\dfrac{y_2}{x_2}=\dfrac{y_1y_2}{\left(my_1+\dfrac{p}{2}\right)\left(my_2+\dfrac{p}{2}\right)}$

$=\dfrac{-p^2}{-m^2p^2+\dfrac{mp}{2}\cdot 2mp+\dfrac{p^2}{4}}=-4.$

结论 2：$|PQ|=\dfrac{2p}{\sin^2\theta}$，$S_{\triangle OPQ}=\dfrac{p^2}{2\sin\theta}$，$\dfrac{1}{|PF|}+\dfrac{1}{|QF|}=\dfrac{2}{p}$.

证明：设 $P(x_1,y_1),Q(x_2,y_2)$.

则由抛物线的定义，$|PF|=x_1+\dfrac{p}{2}$，$|QF|=x_2+\dfrac{p}{2}$，根据结论 1 中的推导，得 $|PQ|=x_1+x_2+p=2m^2p+2p=2p\left(1+\dfrac{1}{\tan^2\theta}\right)=\dfrac{2p}{\sin^2\theta}$.

$$S_{\triangle OPQ}=\dfrac{1}{2}|OF||PF|\sin(\pi-\theta)+\dfrac{1}{2}|OF||QF|\sin\theta$$
$$=\dfrac{p}{4}|PQ|\sin\theta=\dfrac{p^2}{2\sin\theta}.$$

$$\dfrac{1}{|PF|}+\dfrac{1}{|QF|}=\dfrac{x_1+x_2+p}{x_1x_2+\dfrac{p}{2}(x_1+x_2)+\dfrac{p^2}{4}}=\dfrac{2(m^2+1)p}{\dfrac{p^2}{2}+\dfrac{p^2}{2}(2m^2+1)}=\dfrac{2}{p}.$$

结论 3：设抛物线 C 准线为 $l:x=-\dfrac{p}{2}$，直线 OP 与 OQ 分别交 l 于 M，N，则直线 NP，MQ 均与 x 轴平行，且 $\angle MFN=90°$.

结论 4：(1)过 P,Q 的抛物线的切线交于点 R，R 是 M,N 的中点.

(2)以 MN 为直径的圆 R 与 PQ 相切于点 F.

(3)以 PQ 为直径的圆 S 与 l 相切于点 R，圆心 S 与点 R 纵坐标相同.

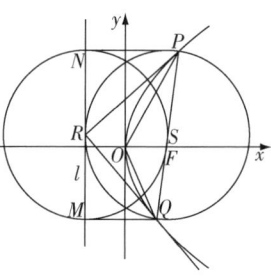

(以上结论读者可参照椭圆相关的结论自行证明.)

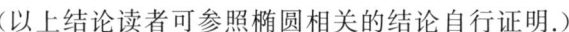

二、战例展示

例 7.1 （2022·全国·模拟预测）双曲线 $C:\dfrac{x^2}{a^2}-\dfrac{y^2}{b^2}=1(a>0,b>0)$ 的左、右焦点分别为 F_1,F_2，焦距等于 8，点 M 在双曲线 C 上，且 $MF_1\perp MF_2$，$\triangle F_1MF_2$ 的面积为 12.

(1)求双曲线 C 的方程；

(2)双曲线 C 的左、右顶点分别为 A,B，过 F_2 的斜率不为 0 的直线 l 与双曲线 C 交于 P,Q 两点，连接 AQ,BP. 求证：直线 AQ 与 BP 的交点恒在一条定直线上.

解：(1)由题意，$c=4$，结合上一节双曲线焦点三角形的结论 2，可得

$$S_{\triangle F_1MF_2}=\dfrac{b^2}{\tan\dfrac{90°}{2}}=b^2=12,\text{可得}\ a^2=c^2-b^2=4,\text{故双曲线}\ C\ \text{的方程}$$

为 $\dfrac{x^2}{4}-\dfrac{y^2}{12}=1$.

(2)设 $Q(x_1,y_1),P(x_2,y_2),F_2(4,0),A(-2,0),B(2,0)$.

直线 PQ 不会平行于渐近线，即 $m\neq\pm\dfrac{\sqrt{3}}{3}$，设其为 $x=my+4$.

联立双曲线，得 $(3m^2-1)y^2+24my+36=0$，可得 $y_1+y_2=\dfrac{-24m}{3m^2-1}$，

$y_1y_2=\dfrac{36}{3m^2-1}$，进而有 $x_1y_2-x_2y_1=4(y_2-y_1),x_1y_2+x_2y_1=2my_1y_2+4(y_1+y_2)=y_1+y_2.(*)$

双曲线右准线为 $x=1$，设直线 AQ 与该准线交于点 M.

直线 AQ：$y=\dfrac{y_1}{x_1+2}(x+2)$，与 $x=1$ 联立得

$y_M=\dfrac{3y_1}{x_1+2}$，下证 M,B,P 三点共线.

直线 BP 的斜率为 $k_{BP}=\dfrac{y_2}{x_2-2}$，直线 MB 的斜

率为 $k_{MB}=\dfrac{y_M}{1-2}=-\dfrac{3y_1}{x_1+2}$，则 $k_{BP}-k_{MB}=\dfrac{x_1y_2+2y_2+3x_2y_1-6y_1}{(x_1+2)(x_2-2)}$.

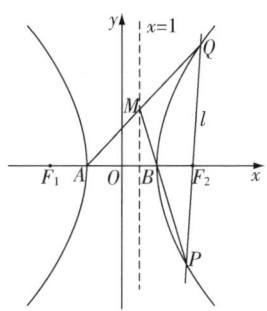

分子部分结合(*)式可得 $(2-1)x_1y_2+2y_2+(2+1)x_2y_1-6y_1=2(y_1+y_2)-4(y_2-y_1)+2y_2-6y_1=0$，即 $k_{BP}-k_{MB}=0$.

所以直线 AQ 与直线 BP 交于点 M，M 在准线 $x=1$ 上.

综上，直线 AQ 与 BP 的交点恒在一条定直线 $x=1$ 上.

评析：该题第一问可以利用上节所得到的结论，第二问为本节所得双曲线顶焦点三角形的结论 3，结合椭圆相关结论的证明，可直接确定该交点在双曲线的准线上，那么我们可以先找到这个交点，再去证明共线，从而得到结论.

例 7.2 (2018·全国理)已知点 $M(-1,1)$ 和抛物线 $C:y^2=4x$，过 C 的焦点且斜率为 k 的直线与 C 交于 A,B 两点.若 $\angle AMB=90°$，则 $k=$ _____.

解:根据题意,抛物线的焦点为 $F(1,0)$,准线为 $x=-1$,M 在准线上,根据我们得到的抛物线相关结论 4,以线段 AB 为直径的圆与准线相切,且切点纵坐标为 A,B 纵坐标和的一半.设 $A(x_1,y_1)$,$B(x_2,y_2)$,直线 AB 方程为 $x=my+1$,代入抛物线,得 $y^2-4my-4=0$,所以 $y_1+y_2=4m=2\times 1=2$,$m=\dfrac{1}{2}$,所以 $k=\dfrac{1}{m}=2$.

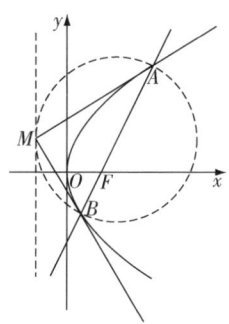

评析:该题若能灵活运用抛物线和焦点弦、准线有关的相切圆知识点,便可以迅速解决.

三、战场点兵

1. 椭圆 $C:\dfrac{x^2}{a^2}+\dfrac{y^2}{b^2}=1(a>b>0)$ 的左、下顶点分别为 A,B,右焦点为 F,AB 中点为 T,O 为坐标原点,BF 交 C 于点 K,且 T,O,K 三点共线,则 C 的离心率为_____.

2. 过抛物线 $y^2=2px(p>0)$ 的焦点 F 且斜率为 1 的直线交抛物线于 A,B 两点,$|AF|\cdot|BF|=8$,则 p 的值为_____.

第八计　研抛物线　探焦点弦

一、战法探究

抛物线中经过焦点的弦有很多性质,在这一节中,我们将探究焦点弦比较常见的一些性质,并展示其在具体问题中的应用.

若抛物线 $C:y^2=2px(p>0)$ 的焦点为 F,A 为抛物线上一点,直线 AF 的倾斜角为 θ,则焦半径 AF 的长度可用 θ 和 p 来表示.若 A 在第一象限,则 $|AF|=\dfrac{p}{1-\cos\theta}$,若 A 在第四象限,则 $|AF|=\dfrac{p}{1+\cos\theta}$.注意到这个焦半径公式会根据点 A 在不同的象限而不同,且抛物线的开口方向不同公式也会有所不同.为此,我们首先尝试得到一个适合各种情况的焦半径公式.

探究一 抛物线的焦点弦及其性质

经过抛物线 $C:y^2=2px(p>0)$ 焦点 F 的直线 l_1 与抛物线交于 A,B 两点,C 的准线 l 与其对称轴交于点 E,过 A 作 $AA'\perp l$ 于 A',设向量 $\overrightarrow{EF}$ 与向量 $\overrightarrow{FA}$ 的夹角为 θ,我们称 θ 为点 A 关于抛物线 C 的方位角,简称方位角.

过 F 作 FD 与直线 AA' 垂直于 D,当 A 在第一象限时(如图所示),由抛物线的定义,得 $|AF|=|AA'|=|AF|\cos\theta+p$,所以 $|AF|=\dfrac{p}{1-\cos\theta}$.

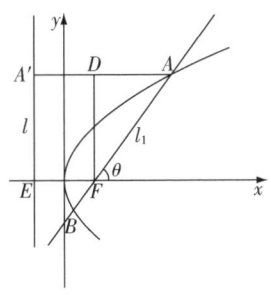

当 A 在第四象限时(如图所示),由抛物线的定义,得 $|AF|=|AA'|=|AF|\cos\theta+p$,所以 $|AF|=\dfrac{p}{1-\cos\theta}$.

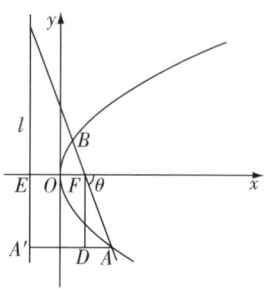

当抛物线的开口向左、向上或向下时,只要把 θ 定义为向量 $\overrightarrow{EF}$ 与向量 $\overrightarrow{FA}$ 的夹角(其中点 E 为准线 l 与对称轴的交点),即 A 关于抛物线的方位角,容易证明 $|AF|=\dfrac{p}{1-\cos\theta}$.

在此基础上,我们还可以得到以下结论:

(1) $|AB|=|AF|+|BF|=\dfrac{p}{1-\cos\theta}+\dfrac{p}{1-\cos(\pi-\theta)}=\dfrac{2p}{\sin^2\theta}$;

(2) $\dfrac{1}{|AF|}+\dfrac{1}{|BF|}=\dfrac{1-\cos\theta}{p}+\dfrac{1-\cos(\pi-\theta)}{p}=\dfrac{2}{p}$;

(3) 若 $\dfrac{|AF|}{|BF|}=\lambda$,则 $\dfrac{p}{1-\cos\theta}=\dfrac{\lambda p}{1-\cos(\pi-\theta)}$,即 $\cos\theta=\left|\dfrac{\lambda-1}{\lambda+1}\right|$;

(4) $\triangle OAB$ 的面积 $S=\dfrac{1}{2}\times|OF|\times|AF|\times\sin(\pi-\theta)+\dfrac{1}{2}\times|OF|\times|BF|\times\sin\theta=\dfrac{p^2}{2\sin\theta}$.

(这些结论的证明前面都已给出,此处仅归类,不再证明)

探究二 抛物线的平均性质

经过抛物线 $C:y^2=2px(p\neq 0)$ 焦点 F 的直线 l 与抛物线交于点 $A(x_1,y_1),B(x_2,y_2)$,容易证得 $x_1x_2=\dfrac{p^2}{4}$,$y_1y_2=-p^2$.其实这个性质可以推广到一般情况,下面我们就来探究一下.

设经过 x 轴上一定点 $M(t,0)$ 的直线 l 与抛物线 $C:y^2=2px(p>0)$ 交

于点 $A(x_1,y_1),B(x_2,y_2)$. 设 $l:x=my+t$, 与 $C:y^2=2px$ 联立, 得 $y^2-2pmy-2pt=0$, 则有 $y_1y_1=-2pt$, $x_1x_2=\dfrac{y_1^2}{2p}\cdot\dfrac{y_2^2}{2p}=t^2$. 可以发现, x_1x_2 和 y_1y_1 只与 p 和 t 有关, 跟直线 l 的斜率无关.

同理, 若经过 y 轴上一定点 $M(0,t)$ 的直线 l 与抛物线 $C:x^2=2py(p\neq 0)$ 交于点 $A(x_1,y_1),B(x_2,y_2)$, 有 $y_1y_1=t^2$, $x_1x_2=-2pt$.

这个性质我们也称为抛物线的平均性质.

二、战例展示

例 8.1 已知抛物线 $C:x^2=4y$ 的焦点为 F, 过点 F 的直线 l 交抛物线于 A,B 两点, 其中点 A 在第一象限. 若 $|AB|=\dfrac{25}{4}$, 则 $\dfrac{|AF|}{|BF|}=$ _____.

解: 设 A 的方位角为 θ, 则 $|AB|=\dfrac{25}{4}=\dfrac{4}{\sin^2\theta}$, 所以 $\sin\theta=\dfrac{4}{5}$, 所以 $\cos\theta=\pm\dfrac{3}{5}$, 所以 $\dfrac{|AF|}{|BF|}=\left(\dfrac{2}{1-\cos\theta}\right)\div\left(\dfrac{2}{1+\cos\theta}\right)=\dfrac{1+\cos\theta}{1-\cos\theta}$, 所以 $\dfrac{|AF|}{|BF|}=4$ 或 $\dfrac{|AF|}{|BF|}=\dfrac{1}{4}$.

例 8.2 已知抛物线 $y^2=4x$, 焦点记为 F, 过点 F 作直线 l 交抛物线于 A,B 两点, 则 $|AF|-\dfrac{2}{|BF|}$ 的最小值为 _____.

解: 因为 $\dfrac{1}{|AF|}+\dfrac{1}{|BF|}=\dfrac{2}{p}=1$, 所以 $\dfrac{1}{|BF|}=1-\dfrac{1}{|AF|}$, 所以 $|AF|-\dfrac{2}{|BF|}=|AF|+\dfrac{2}{|AF|}-2\geqslant 2\sqrt{2}-2$ (当且仅当 $|AF|=\sqrt{2}$ 时等号成立), 所以 $|AF|-\dfrac{2}{|BF|}$ 的最小值为 $2\sqrt{2}-2$.

例 8.3 (2022·全国新高考Ⅰ卷·11) 已知 O 为坐标原点, 点 $A(1,1)$ 在抛物线 $C:x^2=2py(p>0)$ 上, 过点 $B(0,-1)$ 的直线交 C 于 P,Q 两点, 则( ).

A. C 的准线为 $y=-1$ B. 直线 AB 与 C 相切
C. $|OP|\cdot|OQ|>|OA|^2$ D. $|BP|\cdot|BQ|>|BA|^2$

解：对于选项 A，代入点 $A(1,1)$，解得 $p=\dfrac{1}{2}$，故 A 错误.

对于选项 B，设 $P(x_1,y_1),Q(x_2,y_2)$，因为直线 PQ 过定点 $B(0,-1)$，由抛物线的平均性质，得 $y_1y_2=(-1)^2=1$. 当 P 与 Q 重合时，直线与 C 相切，此时 $y_1=y_2=1$，所以直线 AB 与 C 相切，故 B 正确；

对于选项 C，$|OP|\cdot|OQ|=\sqrt{x_1^2+y_1^2}\cdot\sqrt{x_2^2+y_2^2}=\sqrt{y_1^4+y_1^2}\cdot\sqrt{y_2^4+y_2^2}=\sqrt{y_1^2y_2^2+y_1^2y_2^2(y_1^2+y_2^2)+y_1y_2(y_1+y_2)}=\sqrt{2+(y_1+y_2)^2}\geqslant 2=|OA|^2$（当且仅当 $y_1=y_2$ 时取等号），因为 $y_1\neq y_2$，所以 $|OP|\cdot|OQ|>|OA|^2$，故 C 正确；

对于选项 D，$|BP|\cdot|BQ|=\sqrt{x_1^2+(y_1+1)^2}\cdot\sqrt{x_2^2+(y_2+1)^2}=\sqrt{y_1^2y_2^2+3y_1y_2(y_1+y_2)+9y_1y_2+y_1^2+y_2^2+3(y_1+y_2)+1}=\sqrt{11+(y_1^2+y_2^2)+6(y_1+y_2)}\geqslant 5=|BA|^2$（当且仅当 $y_1=y_2$ 时取等号），因为 $y_1\neq y_2$，所以 $|OP|\cdot|OQ|>|OA|^2$，故 D 正确.

故选 BCD.

例 8.4 已知抛物线 $C:y^2=4x$，过点 $A(2,0)$ 且斜率为 k 的直线 l 与 C 相交于 P,Q 两点，P 关于 x 轴对称的点为 M. 证明 MQ 恒过定点.

证明：设直线 $l:y=k(x-2)$，直线 $MQ:y=ax+b$，$P(x_1,y_1),Q(x_2,y_2)$，则 $M(x_1,-y_1)$.

联立 $\begin{cases}y=k(x-2),\\y^2=4x,\end{cases}$ 得 $k^2x^2-(4k^2+4)x+4k^2=0$，所以 $x_1x_2=4$.

联立 $\begin{cases}y=ax+b,\\y^2=4x,\end{cases}$ 得 $a^2x^2+(2ab-4)x+b^2=0$，所以 $x_1x_2=\dfrac{b^2}{a^2}=4$.

即 $b=\pm 2a$，当 $b=2a$ 时，直线 $MQ:y=ax+2a$ 恒过点 $(-2,0)$；

当 $b=-2a$ 时，直线 $MQ:y=ax-2a$ 恒过点 $(2,0)$，舍去.

综上所述，直线 MQ 恒过定点 $(-2,0)$.

三、战场点兵

1.（2017·新课标Ⅰ卷理·10）已知 F 为抛物线 $C:y^2=4x$ 的焦点，过 F 作两条互相垂直的直线 l_1,l_2，直线 l_1 与 C 交于 A,B 两点，直线 l_2 与 C 交

于 D,E 两点,则 $|AB|+|DE|$ 的最小值为( ).
A.16 B.14 C.12 D.10

2.(2014·新课标Ⅱ卷理·10)设 F 为抛物线 $C:y^2=3x$ 的焦点,过 F 且倾斜角为 $30°$ 的直线交 C 于 A,B 两点,O 为坐标原点,则 $\triangle OAB$ 的面积为( ).

A.$\dfrac{3\sqrt{3}}{4}$ B.$\dfrac{9\sqrt{3}}{8}$ C.$\dfrac{63}{32}$ D.$\dfrac{9}{4}$

3.如图所示,已知抛物线 $y^2=4x$ 的焦点为 F,过点 $P(2,0)$ 的直线交抛物线于 $A(x_1,y_1),B(x_2,y_2)$ 两点,线段 AF,BF 分别交抛物线于点 M,N.
(1)求 y_1y_2 的值;
(2)记直线 MN 的斜率为 k_1,直线 AB 的斜率为 k_2,证明:$\dfrac{k_1}{k_2}$ 为定值.

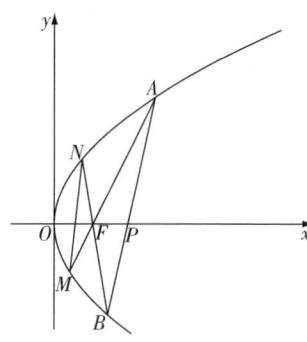

第九计　神奇定值　类比可知

一、战法探究

直线与圆锥曲线的位置关系中,在一定的条件下,常出现各种定点定值,其中,与 e^2-1 有关的定值最为常见,究其原因,主要与圆的性质有关,下面展开探究.

探究一　垂径定理及其推广

我们知道,若直线 AB 与圆 O 相交于 A,B 两点,M 为弦 AB 的中点,则 AB,OM 的斜率存在时,$k_{OM} \cdot k_{AB}=-1$.这个结论被称为圆的垂径定理,而且可进一步被推广到椭圆、双曲线中.

性质1　若直线 AB 与椭圆 $C: \dfrac{x^2}{a^2}+\dfrac{y^2}{b^2}=1(a>b>0)$ 相交于 A,B 两点,M 为弦 AB 的中点,O 为坐标原点,则 AB,OM 的斜率存在时,$k_{OM} \cdot k_{AB}=e^2-1$.

若将圆看成离心率为 0 的椭圆,则性质1就是圆的垂径定理,所以上述性质可看成垂径定理在椭圆中的推广,其证明用点差法容易得到.

探究二　圆周角定理及其推广

我们知道,若 AB 为圆 O 的直径,P 为圆 O 上一点,则 PA,PB 的斜率存在时,$k_{PA} \cdot k_{PB}=-1$.这个结论被称为圆周角定理,也可进一步被推广到椭圆、双曲线中.

性质2　若过坐标原点 O 的直线 AB 与椭圆 $C: \dfrac{x^2}{a^2}+\dfrac{y^2}{b^2}=1(a>b>0)$ 相交于 A,B 两点,P 为椭圆 C 上一点,则 PA,PB 的斜率存在时,$k_{PA} \cdot k_{PB}=e^2-1$.

显然,过坐标原点 O 的弦 AB 类似圆的直径,因此上述性质可看成圆周角定理在椭圆中的推广,其特殊情况是椭圆的第三定义,其证明可借助性质1进行:取 PB 的中点 M,则由性质1有 $k_{OM} \cdot k_{PB}=e^2-1$.又 $OM \parallel PA$,所

以 $k_{PA} \cdot k_{PB} = e^2 - 1$.

探究三 与圆的切线有关的性质及其推广

我们知道,若直线 AB 与圆 O 相切于点 T,则 AB,OT 的斜率存在时,$k_{OT} \cdot k_{AB} = -1$.同样,椭圆、双曲线中存在类似的结论.

性质 3 过椭圆上一点 T 作椭圆 $C:\dfrac{x^2}{a^2}+\dfrac{y^2}{b^2}=1(a>b>0)$ 的切线 AB,O 为坐标原点,则 AB,OT 的斜率存在时,$k_{OT} \cdot k_{AB} = e^2 - 1$.

证明:由椭圆的对称性,不妨设点 T 在第一象限,设点 $T(x_0,y_0)$.

由椭圆方程 $\dfrac{x^2}{a^2}+\dfrac{y^2}{b^2}=1$,得 $y=\dfrac{b}{a}\sqrt{a^2-x^2}$.

所以 $y_0=\dfrac{b}{a}\sqrt{a^2-x_0^2}$,$k_{AB}=y'|_{x=x_0}=-\dfrac{bx_0}{a\sqrt{a^2-x_0^2}}$.

所以 $k_{OT} \cdot k_{AB} = \dfrac{b\sqrt{a^2-x_0^2}}{ax_0} \cdot \dfrac{-bx_0}{a\sqrt{a^2-x_0^2}} = -\dfrac{b^2}{a^2} = e^2 - 1$.证毕.

性质 1~3 中,将椭圆 C 换为双曲线 $C:\dfrac{x^2}{a^2}-\dfrac{y^2}{b^2}=1(a>0,b>0)$,结论与证明方法均一致.

若椭圆、双曲线的焦点在 y 轴上,则结论应为相关直线的斜率之积为 $\dfrac{1}{e^2-1}$.

与圆有关的这些结论之所以可以推广到椭圆中,是因为椭圆可以看成是圆经过仿射变换得到,而斜率在仿射变换下保持一定的规律.证明椭圆相关性质的方法又可以移植到双曲线中,所以这些性质对双曲线也成立.

探究四 其他与 e^2-1 有关的定值

下面我们再补充两个比较常见的与 e^2-1 有关的定值.

性质 4 若不过坐标原点 O 的直线 AB 与椭圆 $C:\dfrac{x^2}{a^2}+\dfrac{y^2}{b^2}=1(a>b>0)$ 相交于 A,B 两点,$\triangle OAB$ 面积的最大值为 $\dfrac{ab}{2}$,则 OA,OB 的斜率存在时,$k_{OA} \cdot k_{OB} = e^2 - 1$.

证明:直线 AB 的斜率存在时,设 $AB:y=kx+t$,代入 $C:\dfrac{x^2}{a^2}+\dfrac{y^2}{b^2}=1$,得 $(a^2k^2+b^2)x^2+2a^2ktx+a^2(t^2-b^2)=0$.

设 $A(x_1, y_1), B(x_2, y_2)$,则 $x_1+x_2 = \dfrac{-2a^2kt}{a^2k^2+b^2}, x_1x_2 = \dfrac{a^2(t^2-b^2)}{a^2k^2+b^2}$.

所以,由弦长公式可得 $|AB| = \sqrt{1+k^2} \cdot \dfrac{2ab\sqrt{a^2k^2+b^2-t^2}}{a^2k^2+b^2}$.

又因为 O 到 AB 的距离 $d = \dfrac{|t|}{\sqrt{1+k^2}}$,所以 $S_{\triangle OAB} = \dfrac{1}{2} \cdot |AB| \cdot d =$

$\dfrac{ab|t|\sqrt{a^2k^2+b^2-t^2}}{a^2k^2+b^2} \leqslant ab \cdot \dfrac{\dfrac{t^2+a^2k^2+b^2-t^2}{2}}{a^2k^2+b^2} = \dfrac{ab}{2}$.

因为等号成立,当且仅当 $t^2 = a^2k^2+b^2-t^2$ 即 $a^2k^2-t^2 = t^2-b^2$,此时,若 OA, OB 的斜率存在,则:

$$k_{OA} \cdot k_{OB} = \dfrac{y_1 y_2}{x_1 x_2} = \dfrac{(kx_1+t)(kx_2+t)}{x_1 x_2}$$

$$= \dfrac{k^2 x_1 x_2 + kt(x_1+x_2) + t^2}{x_1 x_2}$$

$$= k^2 + kt \cdot \left[-\dfrac{2a^2kt}{a^2(t^2-b^2)}\right] + \dfrac{t^2(a^2k^2+b^2)}{a^2(t^2-b^2)}$$

$$= k^2 + \dfrac{t^2(-a^2k^2+b^2)}{a^2(t^2-b^2)} = \dfrac{b^2(t^2-a^2k^2)}{a^2(t^2-b^2)} = -\dfrac{b^2}{a^2} = e^2-1.$$

直线 AB 的斜率不存在时,易知 $k_{OA} \cdot k_{OB} = e^2-1$.综上,得证.

性质 5 若直线 AB 与双曲线 $C: \dfrac{x^2}{a^2} - \dfrac{y^2}{b^2} = 1(a>0, b>0)$ 的渐近线相交于 A, B 两点,M 为弦 AB 的中点,O 为坐标原点,则 AB, OM 的斜率存在时,$k_{OM} \cdot k_{AB} = e^2-1$.

证明:设直线 AB 与 $y = \dfrac{b}{a}x$ 相交于点 $A\left(x_1, \dfrac{b}{a}x_1\right)$,与 $y = -\dfrac{b}{a}x$ 相交于点 $B\left(x_2, -\dfrac{b}{a}x_2\right)$,于是 $M\left(\dfrac{x_1+x_2}{2}, \dfrac{b(x_1-x_2)}{2a}\right)$.

所以 $k_{OM} \cdot k_{AB} = \dfrac{b(x_1-x_2)}{a(x_1+x_2)} \cdot \dfrac{\dfrac{b}{a}(x_1+x_2)}{x_1-x_2} = \dfrac{b^2}{a^2} = e^2-1$.得证.

二、战例展示

例 9.1 已知 A, B 分别为椭圆 $E: \dfrac{x^2}{a^2} + y^2 = 1(a>1)$ 的左、右顶点,G

第九计　神奇定值　类比可知

为 E 的上顶点，$\overrightarrow{AG} \cdot \overrightarrow{GB} = 8$，$P$ 为直线 $x=6$ 上的动点，PA 与 E 的另一交点为 C，PB 与 E 的另一交点为 D.

(1) 求 E 的方程；

(2) 证明：直线 CD 过定点.

解：(1) 由椭圆方程 $E: \dfrac{x^2}{a^2} + y^2 = 1 (a>1)$ 可得：$A(-a,0)$，$B(a,0)$，$G(0,1)$，$\therefore \overrightarrow{AG}=(a,1)$，$\overrightarrow{GB}=(a,-1)$，$\therefore \overrightarrow{AG} \cdot \overrightarrow{GB} = a^2-1=8$，$\therefore a^2=9$.

$\therefore$ 椭圆方程为：$\dfrac{x^2}{9} + y^2 = 1$.

(2) 当 P 为 $(6,0)$ 时，CD 为 $y=0$；当 P 为 $P(6,y_0)(y_0 \neq 0)$ 时，$k_{CA} = k_{PA} = \dfrac{y_0}{9}$，$k_{BD} = k_{PB} = \dfrac{y_0}{3}$. 又 $k_{CA} \cdot k_{CB} = -\dfrac{1}{9}$，所以 $k_{BD} \cdot k_{BC} = -\dfrac{1}{3}$，从而由齐次化方法（见第十六计）可得 CD 过定点 $\left(\dfrac{3}{2}, 0\right)$.

本题常规解法如下：

设 $P(6,y_0)$，则直线 AP 的方程为：$y = \dfrac{y_0 - 0}{6-(-3)}(x+3)$，即：$y = \dfrac{y_0}{9}(x+3)$，联立直线 AP 的方程与椭圆方程可得：$\begin{cases} \dfrac{x^2}{9} + y^2 = 1, \\ y = \dfrac{y_0}{9}(x+3). \end{cases}$

整理得 $(y_0^2 + 9)x^2 + 6y_0^2 x + 9y_0^2 - 81 = 0$，

解得 $x=-3$ 或 $x = \dfrac{-3y_0^2 + 27}{y_0^2 + 9}$.

将 $x = \dfrac{-3y_0^2 + 27}{y_0^2 + 9}$ 代入直线 $y = \dfrac{y_0}{9}(x+3)$ 中，得 $y = \dfrac{6y_0}{y_0^2 + 9}$.

所以点 C 的坐标为 $\left(\dfrac{-3y_0^2 + 27}{y_0^2 + 9}, \dfrac{6y_0}{y_0^2 + 9} \right)$.

同理可得点 D 的坐标为 $\left(\dfrac{3y_0^2 - 3}{y_0^2 + 1}, \dfrac{-2y_0}{y_0^2 + 1} \right)$.

当 $y_0^2 \neq 3$ 时，直线 CD 的方程为：

$$y - \left(\dfrac{-2y_0}{y_0^2 + 1} \right) = \dfrac{\dfrac{6y_0}{y_0^2+9} - \left(\dfrac{-2y_0}{y_0^2+1} \right)}{\dfrac{-3y_0^2+27}{y_0^2+9} - \dfrac{3y_0^2-3}{y_0^2+1}} \left(x - \dfrac{3y_0^2-3}{y_0^2+1} \right).$$

整理得 $y + \dfrac{2y_0}{y_0^2+1} = \dfrac{8y_0(y_0^2+3)}{6(9-y_0^4)}\left(x - \dfrac{3y_0^2-3}{y_0^2+1}\right) = \dfrac{8y_0}{6(3-y_0^2)}\left(x - \dfrac{3y_0^2-3}{y_0^2+1}\right)$.

整理得 $y = \dfrac{4y_0}{3(3-y_0^2)}x + \dfrac{2y_0}{y_0^2-3} = \dfrac{4y_0}{3(3-y_0^2)}\left(x - \dfrac{3}{2}\right)$.

所以直线 CD 过定点 $\left(\dfrac{3}{2}, 0\right)$.

当 $y_0^2 = 3$ 时, 直线 $CD: x = \dfrac{3}{2}$, 直线过定点 $\left(\dfrac{3}{2}, 0\right)$.

故直线 CD 过定点 $\left(\dfrac{3}{2}, 0\right)$.

评析: 本题第(2)问常规解法计算量大, 容易出错, 若先用圆周角定理得到 $k_{BD} \cdot k_{BC} = -\dfrac{1}{3}$, 则接下来的处理思路清晰, 计算量小; 另外, 本题还可用非对称问题的方法、曲线系方程、仿射变换等方式处理, 内涵深刻.

例 9.2 已知点 $A(-2,0), B(2,0)$, 动点 $M(x,y)$ 满足直线 AM 与 BM 的斜率之积为 $-\dfrac{1}{2}$. 记 M 的轨迹为曲线 C.

(1) 求 C 的方程, 并说明 C 是什么曲线.

(2) 过坐标原点的直线交 C 于 P, Q 两点, 点 P 在第一象限, $PE \perp x$ 轴, 垂足为 E, 连接 QE 并延长交 C 于点 G.

(ⅰ) 证明: $\triangle PQG$ 是直角三角形;

(ⅱ) 求 $\triangle PQG$ 面积的最大值.

解: (1) 直线 AM 的斜率为 $\dfrac{y}{x+2}(x \neq -2)$, 直线 BM 的斜率为 $\dfrac{y}{x-2}$ $(x \neq 2)$.

由题意可知: $\dfrac{y}{x+2} \cdot \dfrac{y}{x-2} = -\dfrac{1}{2}$. 化简得 $x^2 + 2y^2 = 4 (x \neq \pm 2)$.

所以曲线 C 是以坐标原点为中心, 焦点在 x 轴上, 不包括左右两顶点的椭圆, 其方程为 $\dfrac{x^2}{4} + \dfrac{y^2}{2} = 1 (x \neq \pm 2)$.

(2)(ⅰ) 设 $P(x_0, y_0)(x_0 > 0, y_0 > 0)$, 则 $Q(-x_0, -y_0), E(x_0, 0)$, 则 $k_{PQ} = \dfrac{y_0}{x_0}, k_{QG} = \dfrac{y_0}{2x_0} = \dfrac{1}{2}k_{PQ}$, 又由圆周角定理可知 $k_{GP} \cdot k_{GQ} = -\dfrac{1}{2}$.

第九计 神奇定值 类比可知

所以 $k_{PQ} \cdot k_{PG} = -1$,所以 $\triangle PQG$ 是直角三角形.

(ⅱ)解:略.

本题第(2)(ⅰ)问常规解法如下:

设直线 PQ 的方程为 $y = kx$,由题意可知 $k > 0$.

将直线 PQ 的方程与椭圆方程 $x^2 + 2y^2 = 4$ 联立,即 $\begin{cases} y = kx, \\ x^2 + 2y^2 = 4, \end{cases}$

$\Rightarrow \begin{cases} x = \dfrac{2}{\sqrt{2k^2+1}}, \\ y = \dfrac{2k}{\sqrt{2k^2+1}}, \end{cases}$ 或 $\begin{cases} x = \dfrac{-2}{\sqrt{2k^2+1}}, \\ y = \dfrac{-2k}{\sqrt{2k^2+1}}. \end{cases}$

点 P 在第一象限,所以 $P\left(\dfrac{2}{\sqrt{2k^2+1}}, \dfrac{2k}{\sqrt{2k^2+1}}\right)$,$Q\left(\dfrac{-2}{\sqrt{2k^2+1}}, \dfrac{-2k}{\sqrt{2k^2+1}}\right)$.

因此,点 E 的坐标为 $\left(\dfrac{2}{\sqrt{2k^2+1}}, 0\right)$.

直线 QE 的斜率为 $k_{QE} = \dfrac{k}{2}$,可得直线 $QE: y = \dfrac{k}{2}x - \dfrac{k}{\sqrt{2k^2+1}}$.

将直线方程与椭圆方程联立,即 $\begin{cases} y = \dfrac{k}{2}x - \dfrac{k}{\sqrt{2k^2+1}}, \\ x^2 + 2y^2 = 4. \end{cases}$

消去 y,得 $(2+k^2)x^2 - \dfrac{4k^2 x}{\sqrt{2k^2+1}} - \dfrac{12k^2+8}{2k^2+1} = 0$ (*).

设点 $G(x_1, y_1)$,显然 Q 点的横坐标 $\dfrac{-2}{\sqrt{2k^2+1}}$ 和 x_1 是方程(*)的解.

所以有 $x_1 \cdot \dfrac{-2}{\sqrt{2k^2+1}} = \dfrac{-\dfrac{12k^2+8}{2k^2+1}}{2+k^2}$,解得 $x_1 = \dfrac{6k^2+4}{(k^2+2)\sqrt{2k^2+1}}$.

将 x_1 代入直线 QE 方程中,得 $y_1 = \dfrac{2k^3}{(k^2+2)\sqrt{2k^2+1}}$.

所以点 G 的坐标为 $\left(\dfrac{6k^2+4}{(k^2+2)\sqrt{2k^2+1}}, \dfrac{2k^3}{(k^2+2)\sqrt{2k^2+1}}\right)$.

直线 PG 的斜率为:

$k_{PG} = \dfrac{\dfrac{2k^3}{(k^2+2)\sqrt{2k^2+1}} - \dfrac{2k}{\sqrt{2k^2+1}}}{\dfrac{6k^2+4}{(k^2+2)\sqrt{2k^2+1}} - \dfrac{2}{\sqrt{2k^2+1}}} = \dfrac{2k^3 - 2k(k^2+2)}{6k^2+4 - 2(k^2+2)} = -\dfrac{1}{k}$.

因为 $k_{PQ} \cdot k_{PG} = k \cdot \left(-\dfrac{1}{k}\right) = -1$,所以 $PQ \perp PG$,因此 $\triangle PQG$ 是直角三角形.

评析:计算是解析几何的一大难点,许多问题看着思路顺畅,但计算起来很难行得通.如能理解运用一些结论、方法,可大大减少计算量,顺利解决问题.

三、战场点兵

1. 设直线 $x - 3y + m = 0 (m \neq 0)$ 与双曲线 $\dfrac{x^2}{a^2} - \dfrac{y^2}{b^2} = 1 (a > 0, b > 0)$ 的两条渐近线分别交于点 A、B.若点 $P(m, 0)$ 满足 $|PA| = |PB|$,则该双曲线的离心率是(   ).

   A. $\dfrac{\sqrt{5}}{2}$ B. $\dfrac{\sqrt{6}}{2}$ C. $\dfrac{\sqrt{7}}{2}$ D. $\sqrt{2}$

2. 已知椭圆 $C: \dfrac{x^2}{a^2} + \dfrac{y^2}{b^2} = 1 (a > b > 0)$ 的一个焦点为 $(-\sqrt{3}, 0)$,且过点 $\left(1, \dfrac{\sqrt{3}}{2}\right)$.

   (1) 求椭圆 C 的方程.
   (2) 设 M 是椭圆 C 上一点,且不与顶点重合,A_1 与 A_2 分别是椭圆 C 的左、右顶点,点 B 为上顶点,直线 A_1B 与直线 A_2M 交于点 P,直线 A_1M 与直线 A_2B 交于点 Q.求证:$\triangle BPQ$ 是等腰三角形.

第十计　光学特性　应用延伸

一、战法探究

解析几何中"数形结合"是一种重要的思路,而圆锥曲线的光学性质便暗含了几何图形对称性这一重要的性质,而切线、过焦点的弦的问题又是考查圆锥曲线定义和直线与圆锥曲线位置关系的常见切入点.因此,熟练掌握圆锥曲线的光学性质并有意识地应用其解题,可以提高我们解题的效率.

探究一　圆锥曲线的光学性质

1. 从椭圆的一个焦点发出的光线经过椭圆反射后,反射光线经过椭圆的另一个焦点.

2. 从双曲线的一个焦点发出的光线经过双曲线反射后,反射光线的反向延长线经过双曲线的另一个焦点.

3. 从抛物线的焦点发出的光线经过抛物线反射后,反射光线平行于抛物线的轴;反之,一组平行于抛物线的轴的光线经过抛物线反射后聚焦于抛物线的焦点处.

限于篇幅,下面只对椭圆的光学性质进行证明,双曲线和抛物线的光学性质可类似证明.

如图,已知椭圆 $C: \dfrac{x^2}{a^2} + \dfrac{y^2}{b^2} = 1 (a > b > 0)$,$F_1$,$F_2$ 分别是椭圆的左右焦点,经过左焦点 F_1 的入射光线射到椭圆上的点 $P(x_0, y_0)$,求证:反射光线经过右焦点 F_2.

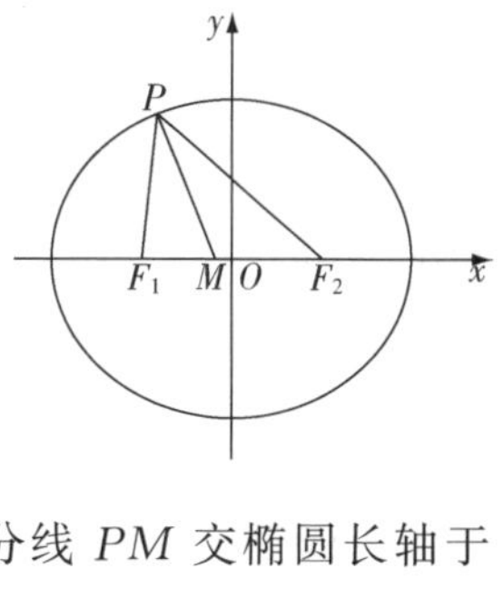

证明: 当 $x_0 = \pm a$ 时,显然反射光线经过右焦点 F_2;

当 $x_0 \neq \pm a$ 时,连接 PF_2,作 $\angle F_1PF_2$ 的角平分线 PM 交椭圆长轴于 M.设 $M(m, 0)$,由椭圆的光学性质,反射面为过点 P 的切线 l.因为 PM 是 $\angle F_1PF_2$ 的角平分线,则 $\angle F_1PM = \angle F_2PM$.所以我们只需证明 PM 是法

线(即 PM 与切线 l 垂直),即可以说明 PF_1,PF_2 与反射面所成角相等,即 PF_2 为反射光线.

由角平分线定理,得 $\dfrac{|PF_1|}{|PF_2|}=\dfrac{|MF_1|}{|MF_2|}$,即 $\dfrac{e\left(x_0+\dfrac{a^2}{c}\right)}{e\left(\dfrac{a^2}{c}-x_0\right)}=\dfrac{m+c}{c-m}$,化简、整理,得 $m=\dfrac{c^2}{a^2}x_0$.又椭圆上一点 $P(x_0,y_0)$ 的切线斜率为 $k=-\dfrac{b^2x_0}{a^2y_0}$,$k_{PM}=\dfrac{y_0}{x_0-\dfrac{c^2}{a^2}x_0}=\dfrac{a^2y_0}{b^2x_0}$,从而 $k\cdot k_{PM}=-1$,所以过点 P 的切线与 PM 垂直.

探究二 入射角与反射角

通过上述讨论,我们还可以得到,过入射点的曲线的切线与入射光线与反射光线所成的角相等(如图,$\angle APM=\angle BPN$).

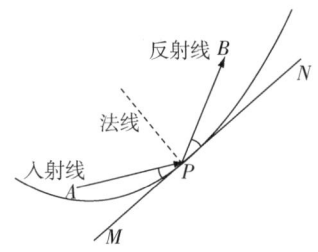

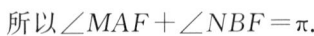

二、战例展示

例 10.1 过抛物线 $C:y^2=2px(p>0)$ 焦点 F 的直线与抛物线相交于 A,B 两点,求证:抛物线在 A,B 两点处的切线互相垂直.

证明: 如图,过焦点 F 的直线交抛物线于 A,B 两点,抛物线过 A,B 的切线相交于 P,过 A,B 分别做 MA,NB 平行于 x 轴.如图,标记 $\angle 1,\angle 2,\angle 3,\angle 4$.

由抛物线的光学性质,得 $\angle 1=\angle 2$,$\angle 3=\angle 4$.

因为 MA,NB 平行于 x 轴,所以 $MA \parallel NB$.

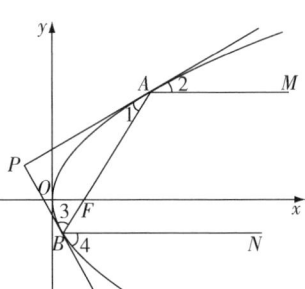

所以 $\angle MAF+\angle NBF=\pi$.

所以 $\angle 1+\angle 2+\angle 3+\angle 4=\pi$,即 $\angle 1+\angle 3=\dfrac{\pi}{2}$.

所以直线 PA,PB 垂直,命题得证.

例 10.2 (2010·全国高中数学联赛辽宁省预赛·14,节选)已知 F_1,F_2 分别为椭圆 $C:\dfrac{x^2}{a^2}+\dfrac{y^2}{b^2}=1(a>b>0)$ 的左右焦点,P 为椭圆上一点.

△F_1PF_2 中 ∠F_1PF_2 的外角平分线为 l,点 F_2 关于 l 的对称点为 Q,F_2Q 交 l 于点 R.当点 P 在椭圆上运动时,求点 R 的轨迹方程.

解:如图,直线 l 为 ∠F_1PF_2 的外角平分线,且点 F_2 与点 Q 关于直线 l 对称.由椭圆的光学性质,得 F_1,P,Q 三点共线.根据对称性,$|PQ|=|PF_2|$,所以 $|F_1Q|=|PF_1|+|PF_2|=2a$.

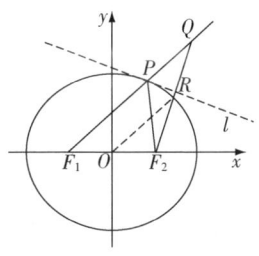

又因为 O,R 为 F_1F_2 与 F_2Q 的中点,所以 $|OR|=\frac{1}{2}|F_1Q|=a$.设 $R(x,y)$,则 $x^2+y^2=a^2(y\neq 0)$,故点 R 的轨迹方程为 $x^2+y^2=a^2(y\neq 0)$.

例 10.3 (2013·山东高考理·22 题节选)椭圆 $C:\frac{x^2}{a^2}+\frac{y^2}{b^2}=1(a>b>0)$ 的左右焦点分别为 F_1,F_2,离心率为 $\frac{\sqrt{3}}{2}$,过 F_1 且垂直于 x 轴的直线被椭圆 C 截得的线段长为 1.

(1)求椭圆 C 的方程.

(2)P 是椭圆 C 上除长轴端点外的任一点,连接 PF_1 与 PF_2,设 ∠F_1PF_2 的角平分线 PM 交 C 的长轴于点 $M(m,0)$,求 m 的取值范围.

解:(1)$\frac{x^2}{4}+y^2=1$(过程略).

(2)如图,设点 $P(x_0,y_0)$,则椭圆 C 在点 P 处的切线方程为 $\frac{x_0x}{4}+y_0y=1$.由椭圆的光学性质,得 ∠F_1PF_2 的角平分线与点 P 处的切线垂直.

因为点 P 处的切线斜率为 $\frac{-x_0}{4y_0}$,所以直线 PM 的斜率为 $\frac{4y_0}{x_0}$,所以直线 PM 的方程为 $y-y_0=\frac{4y_0}{x_0}(x-x_0)$.

令 $y=0$,则 $m=\frac{3}{4}x_0$.又因为 $x_0\in(-2,2)$,所以 $m\in\left(-\frac{3}{2},\frac{3}{2}\right)$.

三、战场点兵

1. (多选)椭圆有这样的光学性质:从椭圆的一个焦点出发的光线,经过椭圆反射后,反射光线经过椭圆的另一个焦点.今有一水平放置的椭圆形台球盘,A,B 是它的焦点,长轴长为 $2a$,焦距为 $2c$.静放在点 A 的小球(小球的半径不计)从点 A 沿着直线出发,经椭圆壁反弹后第一次回到点 A 时,小球经过的路程可能是(   ).

   A.$4a$ B.$4c$ C.$2(a-c)$ D.$2(a+c)$

2. 已知抛物线 C 及线外任一点 P,过 P 作 PA,PB 与 C 相切于 A,B,抛物线的焦点为 F,连接 PF,FA,FB.求证:$\angle AFP = \angle BFP$.

3. 证明:双曲线的焦点在其切线上的射影轨迹是以双曲线的实轴为直径的圆.

第二篇　技法篇

第十一计　求离心率　解三角形

一、战法探究

离心率是刻画圆锥曲线形状的量,它是圆锥曲线的重要概念之一,也是高考的常考点.一般地,我们需要直接求出 a,c 或列一个关于 a,b,c 的齐次方程来求椭圆或双曲线的离心率,其难点在于如何直接求出 a,c 或怎样列出方程.我们注意到,在高考中,椭圆、双曲线求离心率的问题考查的侧重点又有所区别——椭圆侧重考查与焦点三角形有关的离心率问题,双曲线侧重考查求与特征三角形有关的离心率问题.我们分别加以探究.

探究一　与椭圆有关的求离心率的问题

设点 $P(x_0,y_0)$ 是椭圆 $C:\dfrac{x^2}{a^2}+\dfrac{y^2}{b^2}=1(a>b>0)$ 上一点,F_1,F_2 是椭圆 C 的左右焦点,则 $e=\dfrac{c}{a}=\dfrac{2c}{2a}=\dfrac{|F_1F_2|}{|PF_1|+|PF_2|}.$

若记 $\angle PF_1F_2=\alpha,\angle PF_2F_1=\beta$,则由正弦定理有 $e=\dfrac{\sin(\alpha+\beta)}{\sin\alpha+\sin\beta}.$

通常,复杂的问题会进一步延伸至以 $4a$ 三角形为背景,需通过解三角形等方式求椭圆的离心率.

探究二　与双曲线有关的求离心率的问题

F_1,F_2,A 分别是双曲线 $C:\dfrac{x^2}{a^2}-\dfrac{y^2}{b^2}=1(a>0,b>0)$ 的左右焦点和左顶点,过点 A,F_2 分别做双曲线 C 的渐近线的垂线,垂足分别为 B,D.

则易知 $|OA|=|OD|=a$,$|AB|=|DF_2|=b$,$|OB|=|OF_2|=c$.

因此 $\triangle OAB,\triangle ODF_2$ 是双曲线 C 的两个特征三角形.

设双曲线 C 的渐近线的倾斜角为 θ,则易知 $e=\dfrac{1}{|\cos\theta|}.$

通常,复杂的问题会通过圆来构造线段长,需要通过发现隐藏的特征三角形求双曲线的离心率.

探究三 共焦点的椭圆与双曲线的离心率问题

共焦点的椭圆和双曲线的焦点为 F_1,F_2,记两曲线其中一个交点为 P,且 $\angle F_1PF_2=\theta$.设该椭圆、双曲线的离心率分别为 e_1,e_2,则:

$$\frac{\sin^2\frac{\theta}{2}}{e_1^2}+\frac{\cos^2\frac{\theta}{2}}{e_2^2}=1.$$

结合椭圆、双曲线的定义由余弦定理易证以上结论.

二、战例展示

例 11.1 (1)已知椭圆 $C:\frac{x^2}{a^2}+\frac{y^2}{b^2}=1(a>b>0)$ 的上顶点为 A,左右两焦点分别为 F_1,F_2.若 $\triangle AF_1F_2$ 为等边三角形,则椭圆 C 的离心率为(   ).

A. $\frac{1}{2}$ B. $\frac{\sqrt{2}}{2}$ C. $\frac{1}{3}$ D. $\frac{\sqrt{3}}{3}$

(2)已知 F_1,F_2 是椭圆与 $C:\frac{x^2}{a^2}+\frac{y^2}{b^2}=1(a>b>0)$ 的左右焦点,过左焦点 F_1 的直线与椭圆交于 A,B 两点,且满足 $|AF_1|=2|BF_1|$,$|AB|=|BF_2|$,则该椭圆的离心率是(   ).

A. $\frac{1}{2}$ B. $\frac{\sqrt{3}}{3}$ C. $\frac{\sqrt{3}}{2}$ D. $\frac{\sqrt{5}}{3}$

解:(1)设椭圆 C 的焦距为 $2c$,由题知,$a=2c$,因此,椭圆 C 的离心率为 $\frac{c}{a}=\frac{1}{2}$.故选 A.

(2)设 $|F_1B|=x$,则 $|F_1A|=2x$,$|BF_2|=3x$.由 $|F_1B|+|BF_2|=2a$ 可得 $x=\frac{a}{2}$,所以 $|AF_1|=a$,$|AF_2|=a$,$|AB|=|BF_2|=\frac{3}{2}a$.设椭圆 C 的焦距为 $2c$,于是由 $\cos\angle AF_1F_2+\cos\angle BF_1F_2=0$,得 $\frac{a^2+4c^2-a^2}{4ac}+\frac{\frac{1}{4}a^2+4c^2-\frac{9}{4}a^2}{2ac}=0$,解得 $\frac{c}{a}=\frac{\sqrt{3}}{3}$.故选 B.

例 11.2 (1)已知双曲线 $C:\frac{x^2}{a^2}-\frac{y^2}{b^2}=1(a>0,b>0)$ 的两条渐近线的夹

角为 $\frac{\pi}{3}$,则 C 的离心率为( ).

A.2　　　　B.$\frac{4\sqrt{3}}{3}$　　　　C.$\frac{2\sqrt{3}}{3}$ 或 2　　　　D.$\frac{4\sqrt{3}}{3}$ 或 2

(2)已知双曲线 $C:\frac{x^2}{a^2}-\frac{y^2}{b^2}=1(a>0,b>0)$ 的右顶点为 A,以 A 为圆心,b 为半径作圆 A,圆 A 与双曲线 C 的一条渐近线交于 M,N 两点,若 $\angle MAN=60°$,则 C 离心率为( ).

A.2　　　　B.$\frac{2\sqrt{3}}{3}$　　　　C.$\sqrt{5}$　　　　D.$\frac{\sqrt{5}}{2}$

解:(1)两条渐近线的夹角为 $\frac{\pi}{3}$ 有两种情况:与 x 轴的夹角为 $\frac{\pi}{6}$ 或 $\frac{\pi}{3}$,

所以 $e=\frac{1}{\cos\frac{\pi}{6}}=\frac{2\sqrt{3}}{3}$ 或 $e=\frac{1}{\cos\frac{\pi}{3}}=2$.故选 C.

(2)由 A 为双曲线的右顶点,$|AM|=|AN|=b$ 知,AM 或 AN 垂直于 x 轴,不妨设 $AM\perp x$ 轴,则由 $\angle MAN=60°$ 知,$\angle OMA=60°$,$\angle MOA=30°$,所以 $e=\frac{1}{\cos 30°}=\frac{2\sqrt{3}}{3}$.故选 B.

例 11.3　已知 F_1,F_2 是椭圆和双曲线的公共焦点,P 是它们的一个公共点,且 $\angle F_1PF_2=\frac{\pi}{3}$,则椭圆和双曲线的离心率之积的最小值为( ).

A.$\frac{\sqrt{3}}{3}$　　　　B.$\frac{\sqrt{3}}{2}$　　　　C.1　　　　D.$\sqrt{3}$

解:设 $|PF_1|=m$,$|PF_2|=n(m>n)$.椭圆方程为 $\frac{x^2}{a_1^2}+\frac{y^2}{b_1^2}=1$,双曲线方程为 $\frac{x^2}{a_2^2}-\frac{y^2}{b_2^2}=1$,两曲线的半焦距为 c_1,c_2,且 $c_1=c_2$.由圆锥曲线定义,得 $m+n=2a_1$,$m-n=2a_2$.于是,$m=a_1+a_2$,$n=a_1-a_2$.

又由余弦定理,得 $m^2+n^2-mn=4c_1^2=4c_2^2 \Rightarrow (a_1+a_2)^2+(a_1-a_2)^2-(a_1+a_2)(a_1-a_2)=4c_1^2=4c_2^2$,化简得 $a_1^2+3a_2^2=4c_1^2=4c_2^2$,所以 $\frac{1}{e_1^2}+\frac{3}{e_2^2}=4$.

由均值不等式得 $4=\frac{1}{e_1^2}+\frac{3}{e_2^2}\geq 2\sqrt{\frac{3}{e_1^2e_2^2}}\Rightarrow e_1e_2\geq \frac{\sqrt{3}}{2}$,当且仅当 $e_1=\frac{\sqrt{2}}{2}$,

$e_2 = \dfrac{\sqrt{6}}{2}$ 时，等号成立. 故选 B.

注：由本题的解题过程可得探究三中的结论.

三、战场点兵

1.（1）直线 l 经过椭圆的一个顶点和一个焦点，若椭圆中心到 l 的距离为其短轴长的 $\dfrac{1}{4}$，则该椭圆的离心率为（ ）.

A. $\dfrac{1}{3}$ 　　B. $\dfrac{2}{3}$ 　　C. $\dfrac{1}{2}$ 　　D. 2

（2）已知椭圆 $\Gamma: \dfrac{x^2}{a^2} + \dfrac{y^2}{b^2} = 1 (a > b > 0)$ 的两个焦点为 F_1, F_2，过 F_2 的直线与 Γ 交于 A, B 两点. 若 $|AF_2| = 3|F_2B|$，$|AB| = 2|AF_1|$，则 Γ 的离心率为（ ）.

A. $\dfrac{1}{5}$ 　　B. $\dfrac{\sqrt{5}}{5}$ 　　C. $\dfrac{\sqrt{10}}{5}$ 　　D. $\dfrac{\sqrt{15}}{5}$

（3）已知过椭圆 $C: \dfrac{x^2}{a^2} + \dfrac{y^2}{b^2} = 1 (a > b > 0)$ 的左焦点 F 且斜率为 $\dfrac{\sqrt{3}}{3}$ 的直线与椭圆 C 相交于 A, B 两点，若 $\overrightarrow{AF} = 3\overrightarrow{FB}$，则椭圆 C 的离心率为（ ）.

A. $\dfrac{1}{3}$ 　　B. $\dfrac{\sqrt{3}}{3}$ 　　C. $\dfrac{1}{5}$ 　　D. $\dfrac{\sqrt{5}}{5}$

2.（1）设 F_1, F_2 分别是双曲线 $C: \dfrac{x^2}{a^2} - \dfrac{y^2}{b^2} = 1 (a > 0, b > 0)$ 的左、右焦点，A 为双曲线的左顶点，以 F_1F_2 为直径的圆交双曲线的某条渐近线于 M, N 两点，若 $\angle MAN = 120°$，则双曲线 C 的离心率为（ ）.

A. $\dfrac{7\sqrt{3}}{3}$ 　　B. $\dfrac{\sqrt{21}}{3}$ 　　C. $\dfrac{2}{3}$ 　　D. $\dfrac{\sqrt{10}}{3}$

（2）已知双曲线 $C: \dfrac{x^2}{a^2} - \dfrac{y^2}{b^2} = 1 (a > 0, b > 0)$ 的右焦点为 F，左顶点为 A，M 为双曲线 C 的一条渐近线上一点，延长 FM 交 y 轴于点 N，直线 AM 经过 ON（其中 O 为坐标原点）的中点 B，且 $|ON| = 2|BM|$，则双曲线 C 的离心率为（ ）.

A.2　　　　　B.$\sqrt{5}$　　　　　C.$\dfrac{5}{2}$　　　　　D.$2\sqrt{3}$

(3)【多选】已知 F 为双曲线 $C:\dfrac{x^2}{a^2}-\dfrac{y^2}{b^2}=1(a>0,b>0)$ 的右焦点,过 F 的直线 l 与圆 $x^2+y^2=a^2$ 相切于点 M,l 与 C 及其渐近线在第二象限的交点分别为 P,Q,则(　　).

A.$|MF|=b$

B.直线 OM 与 C 相交

C.若 $|MF|=\dfrac{1}{4}|QF|$,则 C 的渐近线方程为 $y=\pm 2x$

D.若 $|MF|=\dfrac{1}{4}|PF|$,则 C 的离心率为 $\dfrac{5}{3}$

3.已知 F_1,F_2 是椭圆和双曲线的公共焦点,P 是它们的一个公共点,且 $\angle F_1PF_2=\dfrac{\pi}{3}$,则椭圆和双曲线的离心率的倒数之和的最大值为(　　).

A.2　　　　　B.4　　　　　C.$\dfrac{2\sqrt{3}}{3}$　　　　　D.$\dfrac{4\sqrt{3}}{3}$

第十二计　纵横有别　设线无忧

一、战法探究

直线与曲线之间的关系，是高中阶段解析几何重要内容. 基于直线形式的多样性，合理选取其中的一种，尤其是直线方程的纵截距式 $y=kx+b$ 和横截距式 $x=ty+m$，会给我们的问题的解决带来更多方便. 我们接下来进行对比探究.

探究一　直线与抛物线相交时的设线技巧

点 $M(2p,2p)$ 是抛物线 $C:y^2=2px(p>0)$ 上一点，直线 l 与 C 相交于 A，B 两点，且 $MA \perp MB$，证明直线 l 过定点.

方法一：用直线方程的横截距式	方法二：用直线方程的纵截距式
解：由已知，直线 l 斜率不为 0，设 l 的方程为 $x=my+n$，$A(x_1,y_1)$，$B(x_2,y_2)$. 联立方程 $\begin{cases} y^2=2px, \\ x=my+n, \end{cases}$ 消去 x，得 $y^2-2pmy-2pn=0$. ① 所以 $y_1+y_2=2pm$，$y_1 \cdot y_2=-2pn$. ② 由 $k_{AM} \cdot k_{BM}=-1$ 可得 $x_1x_2-2p(x_1+x_2)+y_1y_2-2p(y_1+y_2)+8p^2=0$. ③ 将 $x_1x_2=\dfrac{y_1^2}{2p} \cdot \dfrac{y_2^2}{2p}$，$x_1+x_2=m(y_1+y_2)+2n$ 代入③式，得 $n^2-6pn+4p^2(2-m-m^2)=0$. ④ 解得 $n=2mp+4p$，所以 $x=my+2mp+4p=m(y+2p)+4p$，所以直线 l 过定点 $(4p,-2p)$.	**解**：易知直线 l 斜率存在，设 l 的方程为 $y=kx+t$，$A(x_1,y_1)$，$B(x_2,y_2)$. 联立方程 $\begin{cases} y^2=2px, \\ y=kx+t, \end{cases}$ 消去 y，得 $k^2x^2+(2kt-2p)x+t^2=0$. ① 所以 $x_1+x_2=\dfrac{2p-2kt}{k^2}$，$x_1 \cdot x_2=\dfrac{t^2}{k^2}$. ② 由 $k_{AM} \cdot k_{BM}=-1$ 可得 $x_1x_2-2p(x_1+x_2)+y_1y_2-2p(y_1+y_2)+8p^2=0$. ③ 将 $y_1y_2=-2p\sqrt{x_1x_2}$，$y_1+y_2=k(x_1+x_2)+2t$ 代入③式，得 $t^2+6pkt+4p^2(2k^2-1-k)=0$. ④ 解得 $t=-4pk-2p$，所以 $y=kx-4pk-2p=k(x-4p)-2p$，所以直线 l 过定点 $(4p,-2p)$.

续 表

评析:两种形式对比起来分析:从①式就已经可以一判高下了,左边的二次项系数为1,而右边的为k^2,这就直接影响到②式,以至于后续的所有过程的简洁与否.得到④式时省却了过程.比较而言,纵截距式要复杂得多.因此,一般而言,我们依据抛物线的一次项设线.一次项是x,就用$x=my+n$;一次项是y,就用$y=kx+t$.

探究二 直线与椭圆(或双曲线)相交时的设线技巧

点A,B是椭圆$E:\dfrac{x^2}{9}+\dfrac{y^2}{8}=1$的左右顶点,过点$(-2,0)$的直线$l$与$E$交于异于点$A$,$B$的两点$C,D$,求证:$k_{AC} \cdot k_{AD}$为定值.

法一:用直线方程的横截距式	法二:用直线方程的纵截距式
解:依题意,直线l的斜率不为0. 设$l:x=ty-2$,代入椭圆E的方程,得 $(8t^2+9)y^2-32ty-40=0$.① 设$C(x_1,y_1),D(x_2,y_2)$,则 $k_{AC} \cdot k_{AD} = \dfrac{y_1 y_2}{(x_1+3)(x_2+3)}$ $= \dfrac{y_1 y_2}{t^2 y_1 y_2 + t(y_1+y_2)+1}$.② 用韦达定理代入,得$k_{AC} \cdot k_{AD} = -\dfrac{40}{9}$.	解:当直线l的斜率存在时,设$l:y=k(x+2)$,代入椭圆E的方程,得 $(8+9k^2)x^2+36k^2 x+36k^2-72=0$.① 设$C(x_1,y_1),D(x_2,y_2)$,则 $k_{AC} \cdot k_{AD} = \dfrac{y_1 y_2}{(x_1+3)(x_2+3)}$ $= \dfrac{k^2[x_1 x_2 + 2(x_1+x_2)+4]}{x_1 x_2 + 3(x_1+x_2)+9}$② 用韦达定理代入,得$k_{AC} \cdot k_{AD} = -\dfrac{40}{9}$. 当直线$l$的斜率不存在时,设$l:x=-2$,代入椭圆$E$的方程,得$9y^2=40$. 所以 $k_{AC} \cdot k_{AD} = \dfrac{y_1 y_2}{(x_1+3)(x_2+3)} = \dfrac{y_1 y_2}{1} = -\dfrac{40}{9}$. 综上,$k_{AC} \cdot k_{AD} = -\dfrac{40}{9}$.
评析:①式中,只有y^2的系数有二次式t^2; ②式中,分子的形式简单,代入方便.	评析:①式中,每一项都有二次式k^2,这给后续用韦达定理代入时增加不少计算量; ②式中,分子的形式复杂,且每项本身就复杂,计算容易出错;另外,还得分情况讨论.总之,不如横截距式方程简便.

续表

> 一般而言,若已知或分析易知直线所过定点在 x 轴上,则优先考虑横截距式 $x=my+n$;若特征不明显,则根据实际情况而定.

二、战例展示

例 12.1 (2022·深圳市高二期末联考·21)已知抛物线 $C:y^2=2px$ $(p>0)$ 上的点 M 与焦点 F 的距离为 $\dfrac{5}{2}$,且点 M 的纵坐标为 $2\sqrt{p}$.

(1)求抛物线 C 的方程和点 M 的坐标;

(2)若直线 l 与抛物线 C 相交于 A,B 两点,且 $MA \perp MB$,证明直线 l 过定点.

解:(1)由已知,设 $M(x_0,2\sqrt{p})$,代入抛物线 C 的方程,得 $x_0=2$,所以 $p=1$,所以抛物线 C 的方程为 $y^2=2x$,点 M 的坐标为 $(2,2)$.

(2)由已知,直线 l 斜率不为 0,设 l 的方程为 $x=my+n$,$A(x_1,y_1)$,$B(x_2,y_2)$,联立方程 $\begin{cases} y^2=2x, \\ x=my+n, \end{cases}$ 消去 x,得 $y^2-2my-2n=0$.

所以 $y_1+y_2=2m$,$y_1 \cdot y_2=-2n$.

所以 $k_{MA}=\dfrac{y_1-2}{x_1-2}=\dfrac{y_1-2}{\dfrac{y_1^2}{2}-2}=\dfrac{2}{y_1+2}$.同理 $k_{MB}=\dfrac{2}{y_2+2}$.

由 $k_{AM} \cdot k_{BM}=-1$ 可得 $\dfrac{4}{(y_1+2)(y_2+2)}=-1$,即 $2m-n+4=0$.

所以,直线 l 的方程为 $x=m(y+2)+4$,其经过定点 $(4,-2)$.

若用直线方程的纵截距式,参考解法如下:

若直线 l 的斜率存在,设 l 的方程为 $y=kx+t$,$A(x_1,y_1)$,$B(x_2,y_2)$.

联立方程 $\begin{cases} y^2=2x, \\ y=kx+t, \end{cases}$ 得 $k^2x^2+2(kt-1)x+t^2=0$.

所以 $x_1+x_2=-\dfrac{2(kt-1)}{k^2}$,$x_1 \cdot x_2=\dfrac{t^2}{k^2}$.(★)

由 $k_{AM} \cdot k_{BM}=-1$,可得 $(1+k^2)x_1x_2+(kt-2k-2)(x_1+x_2)+(t-2)^2+4=0$.代入式(★)中,有 $t^2+6kt+8k^2-4k-4=0$.

可得 $t=2-2k$(舍去)或 $t=-2-4k$.

所以 $y=k(x-4)-2$,即直线 l 过定点 $(4,-2)$.

若直线的斜率不存在,设直线 $l:x=m$,联立方程 $\begin{cases} y^2=2x, \\ x=m, \end{cases}$ 得 $m^2-6m+8=0$.所以 $m=2$(舍去)或 $m=4$,即直线过定点 $(4,-2)$.

综上,直线 l 恒过定点 $(4,-2)$.

例 12.2 已知点 A 是椭圆 $C:\dfrac{x^2}{a^2}+\dfrac{y^2}{b^2}=1(a>b>0)$ 的左顶点,过 C 的右焦点 $F_2(c,0)$ 的直线与 C 交于 P,Q 两点.求证:直线 AP,AQ 的斜率之积为定值 $-(e-1)^2$.(e 为离心率)

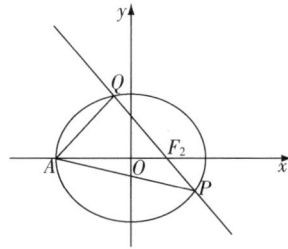

证明: 设 $P(x_1,y_1),Q(x_2,y_2)$.

直线 PQ 的方程为 $x=my+c$,代入 C 中,得 $(b^2m^2+a^2)y^2+2b^2cmy+b^2c^2-a^2b^2=0$.

所以 $k_{AP}\cdot k_{AQ}=\dfrac{y_1}{x_1+a}\cdot\dfrac{y_2}{x_2+a}=\dfrac{y_1y_2}{(my_1+a+c)(my_2+a+c)}$

$=\dfrac{y_1y_2}{m^2y_1y_2+m(a+c)(y_1+y_2)+(a+c)^2}=\dfrac{b^2(c^2-a^2)}{a^2(a+c)^2}=-(e-1)^2$.

所以,直线 AP,AQ 的斜率之积为定值 $-(e-1)^2$.

若用直线方程的纵截距式,参考解法如下:

若直线 PQ 的斜率存在,设为 k,其方程为 $y=k(x-c)$.设 $P(x_1,y_1)$,$Q(x_2,y_2)$.

由 $\begin{cases} \dfrac{x^2}{a^2}+\dfrac{y^2}{b^2}=1, \\ y=k(x-c), \end{cases}$ 得 $(b^2+a^2k^2)x^2-2ca^2k^2x+a^2k^2c^2-a^2b^2=0$.

所以 $k_{AP}\cdot k_{AQ}=\dfrac{y_1}{x_1+a}\cdot\dfrac{y_2}{x_2+a}=\dfrac{k^2(x_1-c)(x_2-c)}{(x_1+a)(x_2+a)}$

$=\dfrac{k^2[x_1x_2-c(x_1+x_2)+c^2]}{x_1x_2+a(x_1+x_2)+a^2}$

$$=\frac{b^2(c^2-a^2)}{a^2(a+c)^2}=-(e-1)^2.$$

若直线 PQ 的斜率不存在,设其方程为 $x=c$,则 $P\left(c,\dfrac{b^2}{a}\right),Q\left(c,-\dfrac{b^2}{a}\right)$.

所以 $k_{AP} \cdot k_{AQ} = \dfrac{\dfrac{b^2}{a}}{c+a} \cdot \dfrac{-\dfrac{b^2}{a}}{c+a} = \dfrac{b^2(c^2-a^2)}{a^2(a+c)^2} = -(e-1)^2.$

综上,直线 AP,AQ 的斜率之积为定值 $-(e-1)^2$.

三、战场点兵

1.(2021·深圳市高二期末联考·21)已知椭圆 $C:\dfrac{x^2}{a^2}+\dfrac{y^2}{b^2}=1(a>b>0)$ 的长轴长为 4,离心率为 $\dfrac{\sqrt{3}}{2}$,

(1)求椭圆 C 的方程.

(2)过椭圆 C 上的点 $A(x_0,y_0)(x_0 y_0 \neq 0)$ 的直线 l 与 x,y 轴的交点分别为 M,N,且 $\overrightarrow{AN}=2\overrightarrow{MA}$;过原点 O 的直线 m 与 l 平行,且与 C 交于 B,D 两点.求 $\triangle ABD$ 面积的最大值.

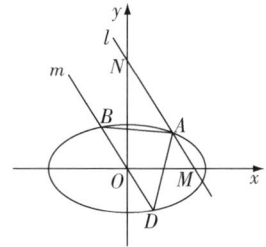

2. (2022·湖北·孝昌县第一高级中学三模) 已知双曲线 $C: \dfrac{x^2}{a^2} - \dfrac{y^2}{b^2} = 1$ $(a>0, b>0)$ 的左右焦点分别为 $F_1(-\sqrt{6}, 0)$, $F_2(\sqrt{6}, 0)$, 且该双曲线过点 $P(2\sqrt{2}, \sqrt{2})$.

(1) 求 C 的方程.

(2) 如图,过双曲线左支内一点 $T(t, 0)$ 作两条互相垂直的直线分别与双曲线相交于点 A, B 和点 C, D. 当直线 AB, CD 均不平行于坐标轴时,直线 AC, BD 分别与直线 $x = t$ 相交于 P, Q 两点. 证明: P, Q 两点关于 x 轴对称.

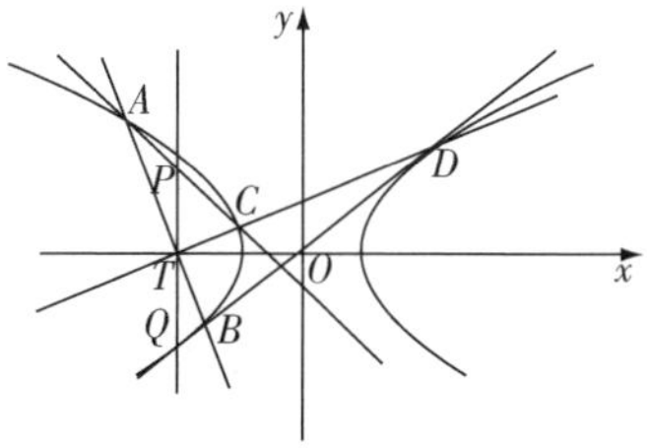

第十三计 等比分割 化斜为直

一、战法探究

我们知道,设 $A(x_1,y_1), B(x_2,y_2)(x_1\neq x_2)$,则

(1) $|AB|=\sqrt{(x_1-x_2)^2+(y_1-y_2)^2}$,这是两点间的距离公式.

(2)若 AB 所在直线的方程为 $y=kx+b$,则 $|AB|=\sqrt{1+k^2}|x_1-x_2|$;若 AB 所在的直线方程为 $x=my+t$,则 $|AB|=\sqrt{1+m^2}|y_1-y_2|$.这是我们常说的弦长公式,其本质仍然是两点间的距离公式.但从这里我们可以看到"化斜为直"的影子,也就是说,$|AB|$ 的长可以看成是 $|x_1-x_2|$ 或 $|y_1-y_2|$ 的倍数.因此在处理线段比例关系时,斜线段的比值就等于相应的 $|x_1-x_2|$ 或 $|y_1-y_2|$ 之间的比值.这样可以达到化简的目的.

另外,在求三角形面积时,我们也可以用"化斜为直"的方式处理.如图,在求 $\triangle ABC$ 的面积时,可以过点 C 做垂直于 y 轴的直线与直线 AB 交于点 D,则 $S_{\triangle ABC}=\dfrac{1}{2}|CD||y_A-y_B|$,我们不妨对比研究一下.

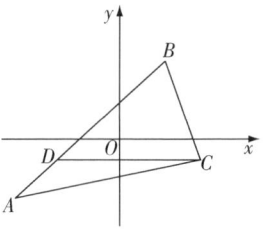

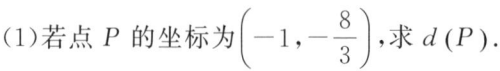
探究一 用"化斜为直"求线段最值或比例问题

(2019·上海春季高考·20)已知抛物线 $y^2=4x$,F 为焦点,P 为准线 l 上一点,线段 PF 与抛物线交于点 Q,定义:$d(P)=\dfrac{|FP|}{|FQ|}$.

(1)若点 P 的坐标为 $\left(-1,-\dfrac{8}{3}\right)$,求 $d(P)$.

(2)求证:存在常数 a,使得 $2d(P)=|FP|+a$ 恒成立.

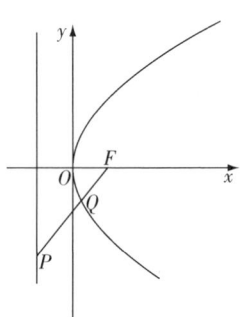

解:(1)易知 $k_{PF}=\dfrac{4}{3}$,设直线 $PF:x=\dfrac{3}{4}y+1$,代入抛物线方程得 $Q\left(\dfrac{1}{4},-1\right)$.此时,我们可以根据两点之间的距离公式或弦长公式得到 $|FP|=\dfrac{10}{3}$,$|FQ|=\dfrac{5}{4}$,所以 $d(P)=\dfrac{8}{3}$.我们也可以化斜为直,即:$\dfrac{|FP|}{|FQ|}=\dfrac{|x_P-x_F|}{|x_Q-x_F|}=\dfrac{2}{1-\dfrac{1}{4}}=\dfrac{8}{3}$.

(2)当 $y_P=0$ 时,$a=2d(P)-|PF|=2$.

当 $y_P\neq 0$ 时,不妨设 $y_P>0$,设直线 $PF:x=my+1$,代入抛物线,得 $y^2-4my-4=0$,得 $y_Q=2m+2\sqrt{1+m^2}$,则 $a=2d(P)-|PF|=\dfrac{2|y_P|}{|y_Q|}\sqrt{1+m^2}-\sqrt{1+m^2}\,|y_P|=-my_P=2$.(此处如果用两点之间的距离公式,会复杂很多)

综合可知,存在常数 $a=2$,使得 $2d(P)=|FP|+a$ 恒成立.

评析:从上面的解答过程可以看出,将斜线段的比值转化为相应横坐标或纵坐标的比值,可以适当减少计算量,尤其是线段端点在坐标轴上时,优势更明显.

探究二 用"化斜为直"求面积

设 F_1,F_2 为椭圆 $E:\dfrac{x^2}{a^2}+\dfrac{y^2}{b^2}=1(a>b>0)$ 的左、右焦点,过 $F_1(c,0)$ 的直线 $l:x=my-c$ 与 E 交于 A,B 两点,求 $\triangle ABF_2$ 的面积.

分析:联立直线 l 与椭圆 E 的方程,得
$(b^2m^2+a^2)y^2-2mcb^2y-b^4=0$.

思路一:用 $S_{\triangle ABF_2}=\dfrac{1}{2}|AB|d$.

因为 $|AB|=\sqrt{1+m^2}\,|y_1-y_2|$,且点 F_2 到直线 AB 的距离为 $d=\dfrac{2c}{\sqrt{1+m^2}}$,所以 $S_{\triangle ABF_2}=\dfrac{1}{2}|AB|d=\dfrac{1}{2}\sqrt{1+m^2}\,|y_1-y_2|\cdot\dfrac{2c}{\sqrt{1+m^2}}=|y_1-y_2|c$.

思路二:用化斜为直.

$S_{\triangle ABF_2}=\dfrac{1}{2}|F_1F_2||y_1-y_2|=|y_1-y_2|c$.

可得 $S_{\triangle ABF_2}=\dfrac{1}{2}|F_1F_2||y_1-y_2|=|y_1-y_2|c=\dfrac{2acb^2\sqrt{1+m^2}}{a^2+b^2m^2}$.

评析：面积的表达有多种形式，可以用坐标表示，可以用边长表示，也可以用边长和夹角表示等．除此之外，解析几何中的面积问题还要考虑"几何化"和"解析化"的特点，即既要考虑直观，又要考虑计算简便．"化斜为直"可以比较完善地综合这些因素，这是它的优越性．

二、战例展示

例12.1 如图，点 $P(x_0, y_0)(x_0 < -a)$ 是椭圆 $E: \dfrac{x^2}{a^2} + \dfrac{y^2}{b^2} = 1(a > b > 0)$ 外一点，PA、PB 为椭圆的两条切线，切点分别为 A, B，割线 PQ 交 E 于 C，D 两点，交线段 AB 于点 Q．求证：$\dfrac{1}{|PC|} + \dfrac{1}{|PD|} = \dfrac{2}{|PQ|}$．

证明：如图，设直线 PQ 的方程为：$y = k(x - x_0) + y_0$，$C(x_1, y_1), D(x_2, y_2), Q(x_3, y_3)$，则只需证 $\dfrac{1}{x_1 - x_0} + \dfrac{1}{x_2 - x_0} = \dfrac{2}{x_3 - x_0}$．（化斜为直）

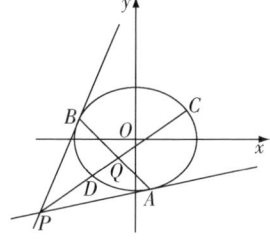

因为直线 AB 的方程为：$\dfrac{x_0 x}{a^2} + \dfrac{y_0 y}{b^2} = 1$，

由 $\begin{cases} \dfrac{x_0 x}{a^2} + \dfrac{y_0 y}{b^2} = 1, \\ y = k(x - x_0) + y_0, \end{cases}$ 得 $x_3 = \dfrac{a^2(b^2 + kx_0 y_0 - y_0^2)}{b^2 x_0 + ka^2 y_0}$．

所以 $\dfrac{2}{x_3 - x_0} = \dfrac{2(b^2 x_0 + ka^2 y_0)}{a^2 b^2 - a^2 y_0^2 - b^2 x_0^2}$．

又由 $\begin{cases} \dfrac{x^2}{a^2} + \dfrac{y^2}{b^2} = 1, \\ y = k(x - x_0) + y_0, \end{cases}$ 得 $(b^2 + a^2 k^2)x^2 + 2a^2(ky_0 - k^2 x_0)x + a^2(k^2 x_0^2 + y_0^2 - 2kx_0 y_0 - b^2) = 0$．

所以 $x_1 + x_2 = \dfrac{2a^2(k^2 x_0 - ky_0)}{b^2 + a^2 k^2}, x_1 x_2 = \dfrac{a^2(k^2 x_0^2 + y_0^2 - 2kx_0 y_0 - b^2)}{b^2 + a^2 k^2}$．

所以 $\dfrac{1}{x_1 - x_0} + \dfrac{1}{x_2 - x_0} = \dfrac{x_1 + x_2 - 2x_0}{x_1 x_2 - x_0(x_1 + x_2) + x_0^2} = \dfrac{2(b^2 x_0 + ka^2 y_0)}{a^2 b^2 - a^2 y_0^2 - b^2 x_0^2} = \dfrac{2}{x_3 - x_0}$，即 $\dfrac{1}{|PC|} + \dfrac{1}{|PD|} = \dfrac{2}{|PQ|}$．

例 12.2 （2016·全国Ⅲ卷理·20）已知抛物线 $C:y^2=2x$ 的焦点为 F，平行于 x 轴的两条直线 l_1,l_2 分别交 C 于 A,B 两点，交 C 的准线于 P,Q 两点.

(1)若 F 在线段 AB 上，R 是 PQ 的中点，证明 $AR/\!/FQ$.

(2)若 $\triangle PQF$ 的面积是 $\triangle ABF$ 的面积的 2 倍，求 AB 中点的轨迹方程.

解：(1)由题设知 $F\left(\dfrac{1}{2},0\right)$，设 $l_1:y=a$，$l_2:y=b$，则 $ab\neq 0$，且 $A\left(\dfrac{a^2}{2},a\right)$，$B\left(\dfrac{b^2}{2},b\right)$，$P\left(-\dfrac{1}{2},a\right)$，$Q\left(-\dfrac{1}{2},b\right)$，$R\left(-\dfrac{1}{2},\dfrac{a+b}{2}\right)$.

如图，记过 A,B 两点的直线为 l，则 l 的方程为 $2x-(a+b)y+ab=0$.

由于 F 在线段 AB 上，故 $1+ab=0$.

记 AR 的斜率为 k_1，FQ 的斜率为 k_2，则 $k_1=\dfrac{a-b}{1+a^2}=\dfrac{a-b}{a^2-ab}=\dfrac{1}{a}=\dfrac{-ab}{a}=-b=k_2$，所以 $AR/\!/FQ$.

(2)如图，设 l 与 x 轴的交点为 $D(x_1,0)$，则 $S_{\triangle ABF}=\dfrac{1}{2}\left|x_1-\dfrac{1}{2}\right||b-a|$，$S_{\triangle PQF}=\dfrac{1}{2}|a-b|$.

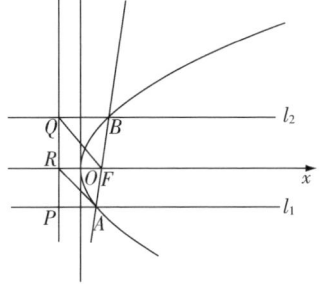

由题设，得 $2\times\dfrac{1}{2}|b-a|\left|x_1-\dfrac{1}{2}\right|=\dfrac{1}{2}|a-b|$，所以 $x_1=0$（舍去），$x_1=1$.

设满足条件的 AB 的中点为 $E(x,y)$，当 AB 与 x 轴不垂直时，由 $k_{AB}=k_{DE}$ 可得 $\dfrac{2}{a+b}=\dfrac{y}{x-1}(x\neq 1)$.

而 $\dfrac{a+b}{2}=y$，所以 $y^2=x-1(x\neq 1)$.

当 AB 与 x 轴垂直时，E 与 D 重合，所以，所求轨迹为 $y^2=x-1$.

三、战场点兵

1. 如图,点 P 为圆 $x^2+y^2=r^2$ 外一点,PA,PB 为圆的两条切线,切点分别为 A,B,割线 PD 交圆于 C,D 两点,交 AB 于点 Q. 求证: $\dfrac{1}{|PC|}+\dfrac{1}{|PD|}=\dfrac{2}{|PQ|}.$

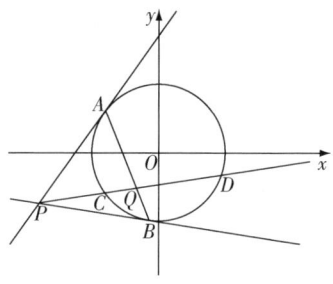

2. (2019·全国Ⅲ卷理·21)已知曲线 $C:y=\dfrac{x^2}{2}$,D 为直线 $y=-\dfrac{1}{2}$ 上的动点,过 D 作 C 的两条切线,切点分别为 A,B.

(1)证明:直线 AB 过定点.

(2)若以 $E\left(0,\dfrac{5}{2}\right)$ 为圆心的圆与直线 AB 相切,且切点为线段 AB 的中点,求四边形 $ADBE$ 的面积.

第十四计 仿射变换 化椭为圆

一、战法探究

我们经常会碰到一些椭圆的问题只能用解析几何的方法解决,即联立方程,根据题目给出的条件,按部就班地通过计算得到答案.这种解法在解题过程中,大量复杂的计算给我们带来一些困难.相反在解决圆的问题时,往往可以通过圆的几何性质和定理去解决问题,解答的过程往往简单很多.为了简化椭圆问题中的计算,我们尝试找到一种方法把椭圆转化为圆,用圆的理论解决问题.这就是我们接下来要研究的"化椭为圆"的方法——仿射变换.

探究一 仿射变换

首先,我们先了解一下什么叫仿射变换.

仿射变换的定义:平面(空间)的一个可逆变换,如果把共线点组变为共线点组,则称为平面(空间)的一个仿射变换.仿射变换包括平移变换、伸缩变换、旋转变换等,本文用到的是伸缩变换.

什么是伸缩变换呢?在《普通高中数学课程标准实验教科书·选修4—4》(A版)的第一讲中提到,设点 $P(x,y)$ 是平面直角坐标系中的任意一点,在变换 $\varphi: \begin{cases} x'=\lambda x, \lambda>0 \\ y'=\mu y, \mu>0 \end{cases}$ 的作用下,点 $P(x,y)$ 对应到点 $P(x',y')$,称 φ 为平面直角坐标系中的坐标伸缩变换,简称伸缩变换.对于伸缩变换 φ,有以下性质:

(1)斜率变换:$k'=\dfrac{\mu}{\lambda}k$;

(2)弦长变换:$|A'B'|=\sqrt{\dfrac{\lambda^2+\mu^2k^2}{1+k^2}}|AB|$;

(3)面积变换:$S'=\lambda\mu S$;

(4)位置、比例关系保持不变.

探究二　圆的仿射变换

根据仿射变换,容易得到:

(1)椭圆 $\dfrac{x^2}{a^2}+\dfrac{y^2}{b^2}=1(a>b>0)$ 在仿射变换 $\begin{cases}x'=x\\y'=\dfrac{a}{b}y\end{cases}$ 下变为

圆: $x'^2+y'^2=a^2$;

(2)椭圆 $\dfrac{x^2}{a^2}+\dfrac{y^2}{b^2}=1(a>b>0)$ 在仿射变换 $\begin{cases}x'=\dfrac{x}{a}\\y'=\dfrac{y}{b}\end{cases}$ 下变为

圆: $x'^2+y'^2=1$.

以上两种仿射变换都是比较常见的,大家可以根据题目的具体情况选择其中之一.接下来我们就利用仿射变换化椭为圆,解决椭圆中的具体问题.

二、战例展示

(一)斜率问题

例 14.1　椭圆 $C:\dfrac{x^2}{4}+y^2=1$ 上有三点 A,B,C,斜率为负数的直线 BC 与 y 轴交于 M,若原点 O 是 $\triangle ABC$ 的重心,且 $\triangle ABM$ 与 $\triangle CMO$ 的面积之比为 $\dfrac{3}{2}$,求直线 BC 的斜率.

方法一:常规解法

如图,设 $B(x_1,y_1),C(x_2,y_2),A(x_3,y_3),M(0,m)$,直线 BC 的方程为 $y=kx+m$.

因为原点 O 是 $\triangle ABC$ 的重心,所以 $\triangle ABM$ 与 $\triangle CMO$ 的高的比值为 3.又因为 $\triangle ABM$ 与 $\triangle CMO$ 的面积之比为 $\dfrac{3}{2}$,则 $2|MB|=|MC|$,

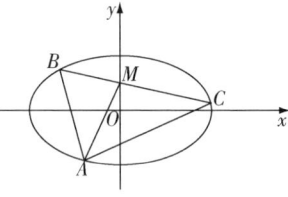

即 $2\overrightarrow{BM}=\overrightarrow{MC}$.所以 $2x_1+x_2=0(*)$,联立方程 $\begin{cases}y=kx+m,\\x^2+4y^2=4,\end{cases}$

整理得 $(4k^2+1)x^2+8mkx+4m^2-4=0$.

所以 $x_1+x_2=\dfrac{-8km}{1+4k^2},x_1x_2=\dfrac{4m^2-4}{1+4k^2}$.

结合(*)式,整理得 $36k^2m^2=1-m^2+4k^2$.

因为原点 O 是 $\triangle ABC$ 的重心,所以 $x_3=-(x_1+x_2)=\dfrac{8km}{1+4k^2}$.

$y_3=-(y_1+y_2)=-[k(x_1+x_2)+2m]=\dfrac{-2m}{1+4k^2}$.

因为 $x_3^2+4y_3^2=4$,所以 $\left(\dfrac{8km}{1+4k^2}\right)^2+4\left(\dfrac{-2m}{1+4k^2}\right)^2=4$.

化简得 $1+4k^2=4m^2$.又因为 $36k^2m^2=1-m^2+4k^2$.

解得 $k^2=\dfrac{1}{12}$.因为 $k<0$,所以 $k=-\dfrac{\sqrt{3}}{6}$.

方法二:仿射法

对椭圆 $C:\dfrac{x^2}{4}+y^2=1$ 进行伸缩变换:
$\begin{cases}x'=\dfrac{x}{2},\\ y'=y,\end{cases}$ 得到圆 $C':x'^2+y'^2=1$(如图).

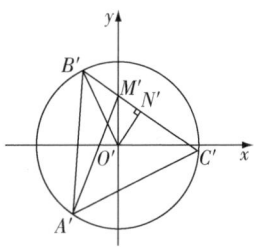

此时 O 既为 $\triangle A'B'C'$ 的外心,又为 $\triangle A'B'C'$ 的重心,所以 $\triangle A'B'C'$ 为等边三角形,所以 $S_{\triangle A'M'C'}=3S_{\triangle O'M'C'}$.又因为 $S_{\triangle A'B'M'}=\dfrac{3}{2}S_{\triangle O'M'C'}$,所以 $S_{\triangle A'M'C'}=2S_{\triangle A'M'B'}$,所以 $|C'M'|=2|M'B'|$.

设线段 $B'C'$ 的中点为 N'.因为 $\angle B'O'C'=\dfrac{2}{3}\pi$,所以 $|B'C'|=\sqrt{3}$,$|M'N'|=\dfrac{\sqrt{3}}{6}$,$|O'N'|=\dfrac{1}{2}$.

所以 $\tan\angle O'M'N'=\sqrt{3}$,此时直线 $B'C'$ 的斜率为 $k_{B'C'}=-\dfrac{\sqrt{3}}{3}$.

所以 $k_{BC}=\dfrac{1}{2}k_{B'C'}=-\dfrac{\sqrt{3}}{6}$.

评析:上述两种解法相比而言,前者的适用范围更广一些,可以处理更多类型的题目,但计算量偏大;后者适用范围小一些,只适用于仿射变换后,能用圆的知识处理的相关问题,但计算量会大大减少.所以我们两种方法都要掌握好,在解题时首先看能否通过"化椭为圆"解决问题,如果不行,再考虑用解析几何的常规方法解决.

(二)弦长问题

例 14.2 (2016·四川理·20)已知椭圆 $E: \dfrac{x^2}{a^2}+\dfrac{y^2}{b^2}=1(a>b>0)$ 的两个焦点与短轴的一个端点是直角三角形的三个顶点,直线 $l: y=-x+3$ 与椭圆 E 有且只有一个公共点 T.

(1)求椭圆 E 的方程及点 T 的坐标.

(2)设 O 是坐标原点,直线 l' 平行于 OT,与椭圆 E 交于不同的两点 A, B,且与直线 l 交于点 P.证明:存在常数 λ,使得 $|PT|^2=\lambda|PA|\cdot|PB|$,并求 λ 的值.

解:(1)$E: \dfrac{x^2}{6}+\dfrac{y^2}{3}=1$, $T(2,1)$ (过程略).

(2)由(1)问的结果,得 $k_{AB}=k_{OT}=\dfrac{1}{2}$, $k_{PT}=-1$.

对椭圆 $E: \dfrac{x^2}{6}+\dfrac{y^2}{3}=1$ 伸缩变换:$\begin{cases} x'=x, \\ y'=\sqrt{2}y, \end{cases}$ 得到圆 $E': x'^2+y'^2=6$. 由仿射前后弦长的变换公式,得 $\dfrac{|P'T'|^2}{|PT|^2}=\dfrac{3}{2}$, $\dfrac{|P'A'|}{|PA|}=\dfrac{|P'B'|}{|PB|}=\sqrt{\dfrac{6}{5}}$,所以 $\dfrac{|P'A'|\cdot|P'B'|}{|PA|\cdot|PB|}=\dfrac{6}{5}$.

由切割线定理,得 $|P'T'|^2=|P'A'|\cdot|P'B'|$,

所以 $\lambda=\dfrac{|PT|^2}{|PA|\cdot|PB|}=\dfrac{4}{5}$.

(三)面积问题

例 14.3 椭圆 $C_1: \dfrac{x^2}{a^2}+\dfrac{y^2}{b^2}=1(a>b>0)$ 经过点 $E(1,1)$ 且离心率为 $\dfrac{\sqrt{2}}{2}$,直线 l 与椭圆 C_1 交于 A,B 两点,且以 AB 为直径的圆过原点.

(1)求椭圆 C_1 的方程.

(2)若过原点的直线 m 与椭圆 C_1 交于 C,D 两点,且 $\overrightarrow{OC}=t(\overrightarrow{OA}+\overrightarrow{OB})$,求四边形 $ACBD$ 面积的最大值.

解:(1)$C_1: \dfrac{x^2}{3}+\dfrac{2y^2}{3}=1$ (过程略),如图.

(2)对椭圆 $C_1: \dfrac{x^2}{3}+\dfrac{2y^2}{3}=1$ 进行伸缩变换:

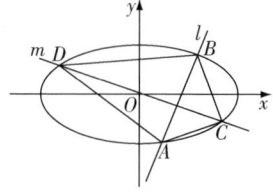

$\begin{cases} x'=x, \\ y'=\sqrt{2}\,y, \end{cases}$ 得到圆 C_1'：$x'^2+y'^2=3$.

设直线 l'：$x'=my'+n$ 与 C_1' 的交点为 $A'(x'_1,y'_1)$，$B'(x'_2,y'_2)$，联立 C_1' 与 l' 的方程，消去 y，得到方程：$(m^2+1)y'^2+2mny'+n^2-3=0$.

所以 $y'_1+y'_2=\dfrac{-2mn}{m^2+1}$，$y'_1 y'_2=\dfrac{n^2-3}{m^2+1}$. 又因为 $k_{OA}\cdot k_{OB}=-1$，即 $\dfrac{y_1 y_2}{x_1 x_2}=-1$，则 $\dfrac{y'_1 y'_2}{x'_1 x'_2}=\dfrac{2y_1 y_2}{x_1 x_2}=-2$，代入数据，整理得 $n^2=2m^2+1$.

由垂径定理得 $A'B'\perp C'D'$，所以 $S_{四边形 A'B'C'D'}=\dfrac{1}{2}|A'B'||C'D'|=\sqrt{3}|A'B'|$，所以 $|A'B'|=2\sqrt{r^2-d^2}=2\sqrt{3-\dfrac{n^2}{1+m^2}}=2\sqrt{1+\dfrac{1}{1+m^2}}\leqslant 2\sqrt{2}$（当且仅当 $m=0$ 时取等），所以四边形 $A'B'C'D'$ 的面积的最大值为 $2\sqrt{6}$，又因为 $S_{四边形 A'B'C'D'}=\sqrt{2}S_{四边形 ABCD}$，所以四边形 $ABCD$ 的面积最大值为 $2\sqrt{3}$.

(四)定点、定值问题

例 14.4　(2020·全国Ⅰ理·20)已知 A，B 分别为椭圆 E：$\dfrac{x^2}{a^2}+y^2=1(a>1)$ 的左右顶点，G 为 E 的上顶点，$\overrightarrow{AG}\cdot\overrightarrow{GB}=8$，$P$ 为直线 $x=6$ 上的动点，PA 与 E 的另一个交点为 C，PB 与 E 的另一个交点为 D.

(1)求 E 的方程；

(2)证明：直线 CD 过定点.

解：(1) $\dfrac{x^2}{9}+y^2=1$（过程略）.

(2)椭圆 E 与直线 $x=6$ 关于 x 轴对称，由对称性得直线 CD 若过定点，该点必在 x 轴上.

设直线 $x=6$ 与 x 轴的交点为 $N(6,0)$，直线 CD 与 x 轴的交点为 $M(m,0)$，仿射后该点坐标不变，则说明直线 CD 过定点.

对椭圆 E：$\dfrac{x^2}{9}+y^2=1$ 伸缩变换：$\begin{cases} x'=x, \\ y'=3y, \end{cases}$ 得到圆 C_1'：$x'^2+y'^2=9$，仿射后 A 对应 A'，其他点同样变换，连接 $C'B'$.

因为 $\triangle A'C'B'\backsim\triangle A'N'P'$，所以 $\dfrac{|A'C'|}{|A'N'|}=\dfrac{|C'B'|}{|N'P'|}$①.

因为 $\triangle A'D'B' \sim \triangle P'N'B'$，所以 $\dfrac{|D'B'|}{|N'B'|} = \dfrac{|A'D'|}{|P'N'|}$ ②.

①÷②，得 $\dfrac{|A'C'|}{|A'N'|} \cdot \dfrac{|N'B'|}{|D'B'|} = \dfrac{|C'B'|}{|A'D'|}$ ③.

又因为 $\triangle A'C'M' \sim \triangle D'B'M'$，所以 $\dfrac{|A'C'|}{|D'B'|} = \dfrac{|A'M'|}{|D'M'|}$ ④.

因为 $\triangle C'M'B' \sim \triangle A'M'D'$，所以 $\dfrac{|C'B'|}{|A'D'|} = \dfrac{|B'M'|}{|D'M'|}$ ⑤.

将④，⑤代入③得，$\dfrac{|A'M'|}{|D'M'|} \cdot \dfrac{|N'B'|}{|A'N'|} = \dfrac{|B'M'|}{|D'M'|}$.

所以 $\dfrac{3(m+3)}{9} = 3 - m$，解得 $m = \dfrac{3}{2}$.

故直线 CD 过定点 $\left(\dfrac{3}{2}, 0\right)$.

三、战场点兵

1. 已知椭圆 $E: \dfrac{x^2}{a^2} + \dfrac{y^2}{b^2} = 1(a > b > 0)$ 的离心率为 $\dfrac{\sqrt{6}}{3}$，F 为 E 的左焦点，B，C 是 E 上的两个动点，且当直线 BC 经过 E 的右焦点时，$\triangle FBC$ 的周长为 $4\sqrt{6}$.

   (1) 求 E 的标准方程.

   (2) 若点 D 在椭圆 $\dfrac{x^2}{24} + \dfrac{y^2}{8} = 1$ 上，且满足 $4\overrightarrow{OB} + 4\overrightarrow{OC} + \overrightarrow{OD} = \mathbf{0}$（其中 O 为坐标原点），证明：$\triangle BCD$ 的面积为定值.

第十四计 仿射变换 化椭为圆

2.已知椭圆 C 的中心在原点,离心率等于 $\dfrac{1}{2}$,它的一个短轴端点恰好是 $x^2 = 8\sqrt{3}y$ 的焦点.

(1)求椭圆 C 的方程.

(2)已知点 $P(2,3),Q(2,-3)$ 是椭圆上的两点,A,B 是椭圆上位于直线 PQ 两侧的动点,当 A,B 运动时,满足 $\angle APQ = \angle BPQ$,直线 AB 的斜率是否为定值?请说明理由.

第十五计　原理相同　形式可构

一、战法探究

在解析几何中,我们经常会遇到与两曲线有关的变量会呈现地位相同、可以轮换的情况.例如,两条直线与曲线相切或相交的问题,与两直线有关的变量(点坐标、斜率、截距等)呈现地位相同;此时,我们可以先研究其中一条直线的情况,然后利用另一条直线的变量整体替换即可得到两个结构特征相同的式子.我们把这样的对称对偶的两式称为同构式,即同构式是指除了变量不同,其余结构均相同的表达式.同构式的本质特征是可替换性,它在简化运算上往往出奇制胜,是"同理可得"的理论基础,是体现数学对称和谐之美的方法.

探究一　点坐标同构

利用同构及两点确定一条直线解决问题:(1)两相交圆的公共弦所在直线方程;(2)两共点直线与圆锥曲线相切,切点弦所在的直线方程.

下面以上述问题(1)为例,探究点坐标同构的处理方法.

若圆 $C_1:x^2+y^2+D_1x+E_1y+F_1=0$ 和圆 $C_2:x^2+y^2+D_2x+E_2y+F_2=0(D_1=D_2,E_1=E_2$ 不同时成立)相交于 $A(x_1,y_1),B(x_2,y_2)$ 两点,则点 $A(x_1,y_1)$ 满足 $\begin{cases}x_1^2+y_1^2+D_1x_1+E_1y_1+F_1=0,\\ x_1^2+y_1^2+D_2x_1+E_2y_1+F_2=0.\end{cases}$

两式相减,得 $(D_1-D_2)x_1+(E_1-E_2)y_1+F_1-F_2=0.$

同理可得 $(D_1-D_2)x_2+(E_1-E_2)y_2+F_1-F_2=0.$

所以 $A(x_1,y_1),B(x_2,y_2)$ 都在直线 $(D_1-D_2)x+(E_1-E_2)y+F_1-F_2=0$ 上,所以直线 AB 的方程为 $(D_1-D_2)x+(E_1-E_2)y+F_1-F_2=0.$

探究二　斜率同构

构造关于斜率的一元二次方程,结合韦达定理,可以解决两直线的斜率和、积问题.例如,(1)由圆锥曲线产生蒙日圆;(2)解析几何中的齐次化联立.

下面结合椭圆以上述问题(1)为例,探究斜率同构的处理方法.我们探究的问题是:$P(x_0,y_0)$为椭圆 $C:\dfrac{x^2}{a^2}+\dfrac{y^2}{b^2}=1(a>b>0)$ 外一动点,过 P 作 C 的两条切线 l_1,l_2.若 $l_1 \perp l_2$,求点 P 的轨迹.

解:当 l_1,l_2 的斜率(k_1,k_2)都存在时.

设 $l_1:y=k_1x+m_1$,则联立 $\begin{cases} y=k_1x+m_1, \\ \dfrac{x^2}{a^2}+\dfrac{y^2}{b^2}=1, \end{cases}$ 得 $(a^2k_1^2+b^2)x^2+2k_1m_1a^2x+a^2(m_1^2-b^2)=0$,由 $\Delta=0$,得 $a^2k_1^2+b^2-m_1^2=0$.

又因为 $m_1=y_0-k_1x_0$,所以 $(a^2-x_0^2)k_1^2+2x_0y_0k_1+b^2-y_0^2=0$.

同理可得 $(a^2-x_0^2)k_2^2+2x_0y_0k_2+b^2-y_0^2=0$.

所以 k_1,k_2 是方程 $(a^2-x_0^2)k^2+2x_0y_0k+b^2-y_0^2=0$ 的两根.

所以 $k_1 \cdot k_2=\dfrac{b^2-y_0^2}{a^2-x_0^2}=-1$,即 $x_0^2+y_0^2=a^2+b^2$.

当两条切线中有一条斜率不存在时,即 A,B 分别为椭圆长轴和短轴的端点,点的坐标也满足 $x_0^2+y_0^2=a^2+b^2$,所以点 P 的轨迹是以原点为圆心,$\sqrt{a^2+b^2}$ 为半径的圆,即蒙日圆.

有兴趣的读者可以继续探究"若 $k_1 \cdot k_2=\lambda$,求点 P 的轨迹".

二、战例展示

例 15.1 (2021·全国甲卷理·20)设 A_1,A_2,A_3 是抛物线 $C:y^2=x$ 上的三个点,直线 A_1A_2,A_1A_3 均与圆 $M:(x-2)^2+y^2=1$ 相切.判断直线 A_2A_3 与圆 M 的位置关系,并说明理由.

解:设 $A_1(x_1,y_1),A_2(x_2,y_2),A_3(x_3,y_3)$.

若 A_1A_2 斜率不存在,则 A_1A_2 方程为 $x=1$ 或 $x=3$.

若 A_1A_2 方程为 $x=1$,根据对称性不妨设 $A_1(1,1)$,则过 A_1 与圆 M 相切的另一条直线的方程为 $y=1$,此时该直线与抛物线只有一个交点,即不存在 A_3,不合题意.

若直线 A_1A_2 的方程为 $x=3$,根据对称性,不妨设 $A_1(3,\sqrt{3})$,$A_2(3,-\sqrt{3})$,则过 A_1 与圆 M 相切的直线 A_1A_3 为 $y-\sqrt{3}=\dfrac{\sqrt{3}}{3}(x-3)$,即 $y=\dfrac{\sqrt{3}}{3}x$,所以 $A_3(0,0)$,此时直线 A_1A_3,A_2A_3 关于 x 轴对称,所以直线

A_2A_3 与圆 M 相切.

方法一：点同构

若直线 A_1A_2, A_1A_3, A_2A_3 斜率均存在，则 $k_{A_1A_2} = \dfrac{y_1-y_2}{x_1-x_2} = \dfrac{y_1-y_2}{y_1^2-y_2^2} = \dfrac{1}{y_1+y_2}$，所以直线 A_1A_2 的方程为 $y - y_1 = \dfrac{1}{y_1+y_2}(x-x_1)$，整理得 $x - (y_1+y_2)y + y_1y_2 = 0$.

因为 A_1A_2 与圆 M 相切，所以 $\dfrac{|2+y_1y_2|}{\sqrt{1+(y_1+y_2)^2}} = 1$，整理得 $(y_1^2-1)x_2 + 2y_1y_2 + 3 - y_1^2 = 0$. 又因为 A_1A_3 与圆 M 相切，同理可得 $(y_1^2-1)x_3 + 2y_1y_3 + 3 - y_1^2 = 0$，所以 A_2, A_3 满足方程 $(y_1^2-1)x + 2y_1y + 3 - y_1^2 = 0$.

根据两点确定一条直线，所以直线 A_2A_3 的方程为 $(y_1^2-1)x + 2y_1y + 3 - y_1^2 = 0$，所以点 M 到直线 A_2A_3 的距离为 $\dfrac{|2(y_1^2-1)+3-y_1^2|}{\sqrt{(y_1^2-1)^2+4y_1^2}} = \dfrac{|y_1^2+1|}{\sqrt{(y_1^2+1)^2}} = 1$，所以直线 A_2A_3 与圆 M 相切.

综上所述，若直线 A_1A_2, A_1A_3 与圆 M 相切，则直线 A_2A_3 与圆 M 相切.

方法二：纵坐标同构

若直线 A_1A_2, A_1A_3, A_2A_3 斜率均存在，则 $k_{A_1A_2} = \dfrac{y_1-y_2}{x_1-x_2} = \dfrac{y_1-y_2}{y_1^2-y_2^2} = \dfrac{1}{y_1+y_2}$，所以直线 A_1A_2 的方程为 $y - y_1 = \dfrac{1}{y_1+y_2}(x-x_1)$，整理得 $x - (y_1+y_2)y + y_1y_2 = 0$. 同理可得直线 A_2A_3 的方程为 $x - (y_2+y_3)y + y_2y_3 = 0$.

因为 A_1A_2 与圆 M 相切，所以 $\dfrac{|2+y_1y_2|}{\sqrt{1+(y_1+y_2)^2}} = 1$，整理得 $(y_1^2-1)y_2^2 + 2y_1y_2 + 3 - y_1^2 = 0$. 又因为 A_1A_3 与圆 M 相切，同理可得 $(y_1^2-1)y_3^2 + 2y_1y_3 + 3 - y_1^2 = 0$.

所以 y_2, y_3 满足方程 $(y_1^2-1)y^2 + 2y_1y + 3 - y_1^2 = 0$.

所以 $y_2 + y_3 = -\dfrac{2y_1}{y_1^2-1}$，$y_2y_3 = \dfrac{3-y_1^2}{y_1^2-1}$.

所以点 M 到直线 A_2A_3 距离为 $\dfrac{|2+y_2y_3|}{\sqrt{1+(y_2+y_3)^2}} = \dfrac{\left|2+\dfrac{3-y_1^2}{y_1^2-1}\right|}{\sqrt{1+\left(-\dfrac{2y_1}{y_1^2-1}\right)^2}} = $

$$\frac{|y_1^2+1|}{\sqrt{(y_1^2-1)^2+4y_1^2}}=\frac{y_1^2+1}{\sqrt{(y_1^2+1)^2}}=1,$$ 所以直线 A_2A_3 与圆 M 相切.

综上所述,若直线 A_1A_2,A_1A_3 与圆 M 相切,则直线 A_2A_3 与圆 M 相切.

例 15.2 过点 $P(4,1)$ 的动直线 l 与椭圆 $C:\dfrac{x^2}{4}+\dfrac{y^2}{2}=1$ 相交于两不同点 A,B,在线段 AB 上取点 Q,满足 $|\overrightarrow{AP}||\overrightarrow{QB}|=|\overrightarrow{AQ}||\overrightarrow{PB}|$.证明:点 Q 总在某定直线上.

解:设点 $Q(x,y)$,$A(x_1,y_1)$,$B(x_2,y_2)$.

由题设,$|\overrightarrow{AP}|$,$|\overrightarrow{QB}|$,$|\overrightarrow{AQ}|$,$|\overrightarrow{PB}|$ 均不为零,且 $\dfrac{|\overrightarrow{AP}|}{|\overrightarrow{AQ}|}=\dfrac{|\overrightarrow{PB}|}{|\overrightarrow{QB}|}$.

因为 P,A,Q,B 四点共线,可设 $\overrightarrow{PA}=\lambda_1\overrightarrow{AQ}(\lambda_1\neq 0,\lambda_1\neq\pm 1)$,

$\overrightarrow{PB}=\lambda_2\overrightarrow{QB}$,则 $\lambda_1+\lambda_2=0$,且 $x_1=\dfrac{4+\lambda_1 x}{1+\lambda_1}$,$y_1=\dfrac{1+\lambda_1 y}{1+\lambda_1}$.

因为 $A(x_1,y_1)$ 在椭圆 $C:\dfrac{x^2}{4}+\dfrac{y^2}{2}=1$ 上,所以 $\left(\dfrac{4+\lambda_1 x}{1+\lambda_1}\right)^2+2\times\left(\dfrac{1+\lambda_1 y}{1+\lambda_1}\right)^2=4$.

整理得 $(x^2+2y^2-4)\lambda_1^2+4(2x+y-2)\lambda_1+14=0$.

同理可得 $(x^2+2y^2-4)\lambda_2^2+4(2x+y-2)\lambda_2+14=0$.

即 λ_1,λ_2 是方程 $(x^2+2y^2-4)\lambda^2+4(2x+y-2)\lambda+14=0$ 的两根.

所以 $\lambda_1+\lambda_2=-\dfrac{4(2x+y-2)}{x^2+2y^2-4}=0$,即 $2x+y-2=0$.

所以点 $Q(x,y)$ 总在定直线 $2x+y-2=0$ 上.

本题的常规解法如下:

若直线 l 的斜率不存在,则直线 l 的方程为 $x=4$,此时直线 l 与椭圆 C 无公共点,不合乎题意.

所以,直线 l 的斜率存在.

设直线 l 的方程为 $y-1=k(x-4)$,即 $y=kx+(1-4k)$.

联立方程 $\begin{cases}y=kx+(1-4k),\\x^2+2y^2=4,\end{cases}$ 得 $(1+2k^2)x^2+4k(1-4k)x+2(1-4k)^2-4=0$.由 $\Delta>0$,得 $12k^2-8k-1<0$.设 $A(x_1,y_1)$,$B(x_2,y_2)$,则 $x_1+x_2=-\dfrac{4k(1-4k)}{1+2k^2}$,$x_1x_2=\dfrac{2(1-4k)^2-4}{1+2k^2}$.

设 $Q(x_3,y_3)$,由 $|\vec{AP}||\vec{QB}|=|\vec{AQ}||\vec{PB}|$,得 $(4-x_1)(x_3-x_2)=(x_1-x_3)(4-x_2)$,所以 $8x_3=(4+x_3)(x_1+x_2)-2x_1x_2$.

即 $8x_3=(4+x_3)\left[-\dfrac{4k(1-4k)}{1+2k^2}\right]-2\times\dfrac{2(1-4k)^2-4}{1+2k^2}$.

整理得 $2x_3-1=(4-x_3)k$.

又因为 $k=\dfrac{1-y_3}{4-x_3}$,代入上式,得 $2x_3+y_3-2=0$.

所以点 $Q(x,y)$ 总在定直线 $2x+y-2=0$ 上.

例15.3 (2022·北京卷·19,节选)已知 $A(0,1)$,过点 $P(-2,1)$ 作斜率为 k 的直线与椭圆 $E:\dfrac{x^2}{4}+y^2=1$ 交于不同的两点 B,C,直线 AB,AC 分别与 x 轴交于点 M,N.当 $|MN|=2$ 时,求 k 的值.

解:由题意知,直线 BC 的方程为 $y=k(x+2)+1$.

设直线 AB,AC 的方程分别为 $y=k_1x+1,y=k_2x+1$,则 $x_M=-\dfrac{1}{k_1}$,$x_N=-\dfrac{1}{k_2}$,所以 $|MN|=\left|\dfrac{1}{k_1}-\dfrac{1}{k_2}\right|$.

由 $\begin{cases}y=k_1x+1,\\ y=k(x+2)+1,\end{cases}$ 得 $B\left(\dfrac{2k}{k_1-k},\dfrac{2kk_1}{k_1-k}+1\right)$.

代入椭圆 E 的方程得,$\left(\dfrac{2k}{k_1-k}\right)^2+4\times\left(\dfrac{2kk_1+k_1-k}{k_1-k}\right)^2=4$.

化简得 $4k(k+1)k_1^2-4k^2k_1+k^2=0$.

同理可得 $4k(k+1)k_2^2-4k^2k_2+k^2=0$.

所以 k_1,k_2 是方程 $4k(k+1)x^2-4k^2x+k^2=0$ 的两根.

所以 $k_1+k_2=\dfrac{k}{k+1},k_1k_2=\dfrac{k}{4(k+1)}$.

$|MN|=\left|\dfrac{k_2-k_1}{k_1k_2}\right|=\dfrac{\sqrt{(k_1+k_2)^2-4k_1k_2}}{|k_1k_2|}=\dfrac{4\sqrt{k^2-k(k+1)}}{|k|}$

$=\dfrac{4\sqrt{-k}}{|k|}=2$.

所以 $k=-4$.

本题的常规解法如下:

由题意知,直线 BC 的方程为 $y=k(x+2)+1$.

由 $\begin{cases}y=k(x+2)+1,\\ \dfrac{x^2}{4}+y^2=1,\end{cases}$ 消去 y 得 $(1+4k^2)x^2+(16k^2+8k)x+16k^2+$

$16k=0$，由 $\Delta>0$，得 $k<0$. 设 $B(x_1,y_1)$，$C(x_2,y_2)$，则 $x_1+x_2=-\dfrac{16k^2+8k}{1+4k^2}$，$x_1x_2=\dfrac{16k^2+16k}{1+4k^2}$.

直线 AB 的方程为 $y=\dfrac{y_1-1}{x_1}x+1$，令 $y=0$，解得 $x_M=\dfrac{x_1}{1-y_1}$.

同理可得 $x_N=\dfrac{x_2}{1-y_2}$.

所以 $|MN|=|x_M-x_N|=\left|\dfrac{x_1}{1-y_1}-\dfrac{x_2}{1-y_2}\right|=\left|\dfrac{x_1}{-k(x_1+2)}+\dfrac{x_2}{k(x_2+2)}\right|$

$=\dfrac{2|x_1-x_2|}{|k|(x_1+2)(x_2+2)}=2$.

所以 $|x_1-x_2|=|k|(x_1+2)(x_2+2)$.

即 $\sqrt{(x_1+x_2)^2-4x_1x_2}=|k|[x_1x_2+2(x_1+x_2)+4]$.

即 $\sqrt{\left(-\dfrac{16k^2+8k}{1+4k^2}\right)^2-4\times\dfrac{16k^2+16k}{1+4k^2}}=|k|\left[\dfrac{16k^2+16k}{1+4k^2}+2\left(-\dfrac{16k^2+8k}{1+4k^2}\right)+4\right]$，

整理得 $2\sqrt{-k}=|k|$，解得 $k=-4$.

评析：上述问题若用常规解法，思路清晰，但是计算量偏大，容易出错. 在计算过程中若能借助同构，得出一个表达式后，另一个直接同理可得，可大大简化运算，优势明显.

另外，我们常常遇到圆锥曲线内接一个三角形，研究其边所在的直线的斜率的和与积的问题. 例如，椭圆 $E:\dfrac{x^2}{a^2}+\dfrac{y^2}{b^2}=1$ 内接三角形 $\triangle ABC$，其中 $A(x_0,y_0)$，直线 AB,AC,BC 的方程分别为 $y=k_1(x-x_0)+y_0$，$y=k_2(x-x_0)+y_0$，$y=kx+m$，通常有两种构建斜率同构的途径：

(1) 先将直线与直线联立 $\begin{cases}y=k_1(x-x_0)+y_0,\\ y=kx+m,\end{cases}$ 求得交点 B. 再将交点 B 的坐标代入圆锥曲线 $E:\dfrac{x^2}{a^2}+\dfrac{y^2}{b^2}=1$ 中，从而得到以 k_1,k_2 为主元的同构式.

(2) 先将圆锥曲线与直线联立 $\begin{cases}y=k_1(x-x_0)+y_0,\\ \dfrac{x^2}{a^2}+\dfrac{y^2}{b^2}=1,\end{cases}$ 求得交点 B. 再将交点 B 的坐标代入直线方程 $y=kx+m$ 中，从而得到以 k_1,k_2 为主元的同构式.

三、战场点兵

1. 过椭圆 $C: \dfrac{x^2}{5} + y^2 = 1$ 的右焦点 F 作直线 l 交椭圆 C 于 A,B 两点,交 y 轴于 M 点.若 $\overrightarrow{MA} = \lambda_1 \overrightarrow{AF}, \overrightarrow{MB} = \lambda_2 \overrightarrow{BF}$,证明:$\lambda_1 + \lambda_2$ 为定值.

2. 过抛物线 $y^2 = x$ 上的一点 $P(x_0, y_0)(y_0 \geqslant 1)$ 作圆 $C:(x+1)^2 + y^2 = 1$ 的两条切线,与 y 轴分别相交于 A,B 两点.求 $\triangle ABP$ 面积的最小值.

3.(2022·全国乙卷理·20)已知椭圆 E 的中心为坐标原点,对称轴为 x 轴, y 轴,且过 $A(0,-2)$, $B\left(\dfrac{3}{2},-1\right)$ 两点.

(1)求 E 的方程.

(2)设过点 $P(1,-2)$ 的直线交 E 于 M,N 两点,过 M 且平行于 x 轴的直线与线段 AB 交于点 T,点 H 满足 $\overrightarrow{MT}=\overrightarrow{TH}$.证明:直线 HN 过定点.

4.(2020·全国新课标Ⅰ卷理·20)已知 A,B 分别为椭圆 $E:\dfrac{x^2}{9}+y^2=1$ 的左右顶点, P 为直线 $x=6$ 上的动点, PA 与 E 的另一交点为 C, PB 与 E 的另一交点为 D.

证明:直线 CD 过定点.

第十六计　平移齐化　巧用韦达

一、战法探究

在高考题中,我们经常会在圆锥曲线部分遇到求直线的斜率之和与积的问题.常规的方法是将直线方程代入圆锥曲线方程中,利用韦达定理化简与求值.这种方法虽然容易想到,但运算量较大,费时费力,有时难以算出结果.这类问题,我们可以借助"齐次化"将斜率转化为一元二次方程的两根,再利用韦达定理,获得斜率之和、积的关系,直接运算,简单易行.下面我们介绍这种方法在解题中的具体应用.

探究一　过原点的斜率之和、积

设不过原点 O 的直线 l 与圆锥曲线 $C: ax^2 + by^2 + cxy + dx + ey + f = 0$(可以是椭圆、双曲线和抛物线)交于 $A(x_1, y_1), B(x_2, y_2)$ 两点,求 $k_{OA} + k_{OB}$ 和 $k_{OA} \cdot k_{OB}$.

分析:因为直线 l 不过原点,故可设其方程为 $mx + ny = 1$.将直线方程代入曲线方程中,得 $ax^2 + by^2 + cxy + dx(mx+ny) + ey(mx+ny) + (mx+ny)^2 f = 0$.这是一个二次齐次式,每一项都除以 x^2 可化为 $A\left(\dfrac{y}{x}\right)^2 + B\left(\dfrac{y}{x}\right) + C = 0$ 这种形式,则其两根的几何意义即为 k_{OA} 和 k_{OB}.由韦达定理可得 $k_{OA} + k_{OB} = -\dfrac{B}{A}$, $k_{OA} \cdot k_{OB} = \dfrac{C}{A}$.

评析:这里的一个运算技巧是设直线 l 的方程为 $mx + ny = 1$,然后将曲线方程中的一次项都乘该式,常数项乘该式的平方,则这个式子的每一项都变成了二次项了.再将方程的根与其几何意义结合起来,便可以出奇制胜了.

探究二　不过原点的斜率之和、积

探究一涉及的是坐标原点与两交点连线的斜率问题,那么对于任意一点 $P(x_0, y_0)$ 与两交点的斜率 $k_{PA} = \dfrac{y_1 - y_0}{x_1 - x_0}, k_{PB} = \dfrac{y_2 - y_0}{x_2 - x_0}$,就不是此方程

$A\left(\dfrac{y}{x}\right)^2 + B\left(\dfrac{y}{x}\right) + C = 0$ 的两根了,其斜率之和、积问题如何求解呢? 此时可以平移圆锥曲线,将点 $P(x_0, y_0)$ 平移到坐标原点,或者平移坐标系,将坐标原点平移到点 P,则可以用探究一的方法解决问题.

我们以平移圆锥曲线,将点 $P(x_0, y_0)$ 平移到坐标原点为例进行探究.

在坐标系 xOy 中,我们将点 $P(x_0, y_0)$ 平移到坐标原点,则圆锥曲线 $f(x, y) = 0$ 上的点 (x, y) 对应的点变为 (x', y'),其对应关系为 $\begin{cases} x' = x - x_0, \\ y' = y - y_0, \end{cases}$ 即 $\begin{cases} x = x' + x_0, \\ y = y' + y_0, \end{cases}$ 因此,平移后的圆锥曲线方程为 $f(x' + x_0, y' + y_0) = 0$. 显然,曲线和点平移后,点的坐标和曲线方程会发生变化,但线段的长度、角度的大小和直线的斜率并不会发生改变,这样,坐标原点之外的一点 $P(x_0, y_0)$ 与交点的斜率问题,可以通过平移曲线和点,再齐次化联立解决.

二、战例展示

例 16.1 (2017·全国Ⅲ卷理·20,节选) 已知抛物线 $C: y^2 = 2x$,过点 $(2, 0)$ 的直线 l 交 C 于 A, B 两点,圆 M 是以线段 AB 为直径的圆.证明:坐标原点 O 在圆 M 上.

证明: 证坐标原点 O 在圆 M 上,即证 $k_{OA} \cdot k_{OB} = -1$.

显然,直线 l 不过原点,设 $l: mx + ny = 1$,其中 $m = \dfrac{1}{2}$.

代入抛物线方程,即 $y^2 - 2nxy - 2mx^2 = 0$.

等式两边同除以 x^2,得到 $\left(\dfrac{y}{x}\right)^2 - 2n \dfrac{y}{x} - 2m = 0$.

这样 $k_{OA} = \dfrac{y_1}{x_1}$ 与 $k_{OB} = \dfrac{y_2}{x_2}$ 是此方程的两个根.

则 $k_{OA} \cdot k_{OB} = -2m = -1$,即坐标原点 O 在圆 M 上.

评析: 上述齐次化联立的过程可以总结为两步:一是由直线与圆锥曲线方程得到齐次式 $y^2 = 2x(mx + ny)$,而不是消去 x 或 y,这是齐次化的关键一步;二是将齐次化变形为关于 $\dfrac{y}{x}$ 的一元二次方程,这样方程的两根即为 k_{OA} 与 k_{OB}.

本题的常规解法如下:

显然,当直线斜率为 0 时,直线与抛物线交于一点,不符合题意.

当直线斜率不为 0 时,

设 $l:x=my+2$,$A(x_1,y_1)$,$B(x_2,y_2)$.

联立 $\begin{cases} y^2=2x, \\ x=my+2, \end{cases}$ 得 $y^2-2my-4=0$.

因为 $\Delta=4m^2+16$ 恒大于 0,所以由韦达定理有 $y_1+y_2=2m$,$y_1y_2=-4$.

又因为 $\overrightarrow{OA}\cdot\overrightarrow{OB}=x_1x_2+y_1y_2=(my_1+2)(my_2+2)$
$=(m^2+1)y_1y_2+2m(y_1+y_2)+4$
$=-4(m^2+1)+2m(2m)+4=0$.

$\therefore \overrightarrow{OA}\perp\overrightarrow{OB}$,即 O 在圆 M 上.

例 16.2 (2022·全国新高考Ⅰ·21,节选)已知点 $A(2,1)$ 在双曲线 $C:\dfrac{x^2}{a^2}-\dfrac{y^2}{a^2-1}=1(a>1)$ 上,直线 l 交 C 于 P,Q 两点,直线 AP,AQ 的斜率之和为 0,求 l 的斜率.

解:易知双曲线 C 的方程为:$\dfrac{x^2}{2}-y^2=1$.

将题目中所涉及的双曲线和点(如图)向左平移 2 个单位,向下平移 1 个单位,

得到双曲线 $C':\dfrac{(x+2)^2}{2}-(y+1)^2=1$,

即 $x^2+4x-2y^2-4y=0$.

点 A,P,Q 变到 $A'(0,0),P',Q'$.

显然,直线 $P'Q'$ 不过原点.设直线 $P'Q'$ 的方程为 $mx+ny=1$,且与双曲线 C' 的方程联立,得 $x^2+4x(mx+ny)-2y^2-4y(mx+ny)=0$ ①.

方程①两边同时除以 x^2,整理得 $(2+4n)\left(\dfrac{y}{x}\right)^2+(4m-4n)\dfrac{y}{x}-(1+4m)=0$.所以 $k_{AP}+k_{AQ}=-\dfrac{4m-4n}{4n+2}=0$.

于是 $m=n$,直线 $l':mx+my=1$,所以 l 的斜率为 -1.

本题的常规解法如下:

设直线 l 的斜率存在,其方程为 $l:y=kx+m$,令 $P(x_1,y_1),Q(x_2,y_2)$.

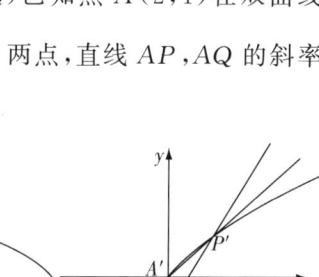

联立 $\begin{cases} y = kx + m, \\ \dfrac{x^2}{2} - y^2 = 1, \end{cases}$ 得 $(1-2k^2)x^2 - 4mkx - 2m^2 - 2 = 0.$

由 $\Delta = 16m^2k^2 - 4(2m^2+2)(2k^2-1) > 0$, 得 $m^2 - 1 + 2k^2 > 0.$

$\therefore x_1 + x_2 = -\dfrac{4mk}{2k^2-1}, x_1 x_2 = \dfrac{2m^2+2}{2k^2-1}.$

$\therefore$ 由 $k_{AP} + k_{AQ} = 0$, 得 $\dfrac{y_2-1}{x_2-2} + \dfrac{y_1-1}{x_1-2} = 0.$

即 $(x_1-2)(kx_2+m-1) + (x_2-2)(kx_1+m-1) = 0.$

$2kx_1x_2 + (m-1-2k)(x_1+x_2) - 4(m-1) = 0.$

$\therefore 2k \times \dfrac{2m^2+2}{2k^2-1} + (m-1-2k)\left(-\dfrac{4mk}{2k^2-1}\right) - 4(m-1) = 0.$

化简得 $8k^2 + 4k - 4 + 4m(k+1) = 0.$

即 $(k+1)(2k-1+m) = 0. \therefore k = -1$ 或 $m = 1-2k.$

当 $m = 1-2k$ 时, 直线 $l: y = kx+m = k(x-2)+1$ 过点 $A(2,1)$, 与题意不符, 舍去. 故 $k = -1.$

例 16.3 (2017·全国Ⅰ·20) 已知椭圆 $C: \dfrac{x^2}{a^2} + \dfrac{y^2}{b^2} = 1 (a > b > 0)$, 四点 $P_1(1,1), P_2(0,1), P_3\left(-1, \dfrac{\sqrt{3}}{2}\right), P_4\left(1, \dfrac{\sqrt{3}}{2}\right)$ 中恰有三点在椭圆 C 上.

(1) 求 C 的方程;

(2) 设直线 l 不经过 P_2 点且与 C 相交于 A, B 两点. 若直线 P_2A 与直线 P_2B 的斜率的和为 -1, 证明: l 过定点.

解: (1) $\dfrac{x^2}{4} + y^2 = 1$ (过程略).

(2) 将题目中所涉及的椭圆和点向下平移 1 个单位, 得到椭圆 $C': \dfrac{x^2}{4} + (y+1)^2 = 1$, 即 $x^2 + 4y^2 + 8y = 0.$

点 P_2, A, B 变到 $P_2'(0,0), A', B'.$

显然, 直线 $A'B'$ 不过原点. 设直线 $A'B'$ 的方程为 $mx + ny = 1$, 与椭圆 C' 的方程联立, 得 $x^2 + 4y^2 + 8y(mx+ny) = 0$①. 方程①两边同时除以 x^2, 整理得 $(4+8n)\left(\dfrac{y}{x}\right)^2 + 8m\dfrac{y}{x} + 1 = 0.$

所以 $k_{P_2A}+k_{P_2B}=-\dfrac{8m}{4+8n}=-1$,于是 $m=n+\dfrac{1}{2}$,即直线 l':
$\left(n+\dfrac{1}{2}\right)x+ny=1$,所以直线 l' 过定点 $(2,-2)$,即直线 l 过定点 $(2,-1)$.

本问的常规解法如下:

当直线 l 斜率不存在时,设 $l:x=m,A(m,y_A),B(m,-y_A)$.

$k_{P_2A}+k_{P_2B}=\dfrac{y_A-1}{m}+\dfrac{-y_A-1}{m}=\dfrac{-2}{m}=-1$,得 $m=2$.

此时 l 过椭圆右顶点,不存在两个交点,故不满足.

当直线 l 斜率存在时,设 $l:y=kx+b(b\neq 1),A(x_1,y_1),B(x_2,y_2)$.

联立 $\begin{cases}y=kx+b,\\ x^2+4y^2-4=0,\end{cases}$ 整理得 $(1+4k^2)x^2+8kbx+4b^2-4=0$.

所以 $x_1+x_2=\dfrac{-8kb}{1+4k^2},x_1\cdot x_2=\dfrac{4b^2-4}{1+4k^2}$.

则 $k_{P_2A}+k_{P_2B}=\dfrac{y_1-1}{x_1}+\dfrac{y_2-1}{x_2}$

$=\dfrac{x_2(kx_1+b)-x_2+x_1(kx_2+b)-x_1}{x_1x_2}$

$=\dfrac{8k(b-1)}{4(b+1)(b-1)}=-1$.

又 $\because b\neq 1,\therefore b=-2k-1$,此时 $\Delta=-64k$,存在 k 使得 $\Delta>0$ 成立.

$\therefore$ 直线 l 的方程为 $y=kx-2k-1$.

所以 l 过定点 $(2,-1)$.

评析:上面两道例题都需要将曲线或坐标进行平移才能利用齐次化联立,要注意变与不变.借助直线方程将曲线方程化为齐次方程.需要注意:(1)不过原点的直线方程才可以设为 $mx+ny=1$;(2)平移的目的是使最后的齐次化方程简单化,得到的定点还需要平移回去.

三、战场点兵

1.(2022·深圳市高二期末联考·21)已知抛物线 $C:y^2=2px(p>0)$ 上的点 M 与焦点 F 的距离为 $\dfrac{5}{2}$,且点 M 的纵坐标为 $2\sqrt{p}$.

(1) 求抛物线 C 的方程和点 M 的坐标.

(2) 若直线 l 与抛物线 C 相交于 A,B 两点,且 $MA \perp MB$,证明直线 l 过定点.

2.(2018·全国Ⅰ卷·19,改编)已知椭圆 $C:\dfrac{x^2}{2}+y^2=1$ 的右焦点为 F,过 F 的直线与 C 交于 A,B 两点,点 $M(2,0)$.设 O 为坐标原点,证明:$\angle OMA = \angle OMB$.

第十七计 中点之弦 点差首选

一、战法探究

在处理直线与圆锥曲线相交所得弦的中点和切线的相关问题时,我们经常会用到"点差法":设弦的两个端点坐标为$(x_1,y_1),(x_2,y_2)$,代入圆锥曲线的方程后,把所得的两个方程相减,得到弦的中点坐标与弦所在直线斜率的关系,使问题得到解决.此方法巧妙地将中点坐标公式和斜率公式结合起来,设而不求,代点作差,减少了计算量,优化了解题过程.点差法对解决此类问题有很好的效果.我们以椭圆为例来探究其表达形式和应用.

探究一 点差法与中点弦斜率

设l为不过原点O的直线,与椭圆$C:\dfrac{x^2}{a^2}+\dfrac{y^2}{b^2}=1(a>b>0)$相交于$A$,$B$两点,$M$为线段$AB$的中点,则$k_{AB}\cdot k_{OM}=-\dfrac{b^2}{a^2}=e^2-1$($e$为椭圆的离心率).

分析:设$A(x_1,y_1),B(x_2,y_2),M(x_0,y_0)$.

则$\begin{cases}\dfrac{x_1^2}{a^2}+\dfrac{y_1^2}{b^2}=1,\\ \dfrac{x_2^2}{a^2}+\dfrac{y_2^2}{b^2}=1,\end{cases}$两式相减,得$\dfrac{y_1-y_2}{x_1-x_2}=-\dfrac{b^2}{a^2}\cdot\dfrac{x_1+x_2}{y_1+y_2}=-\dfrac{b^2}{a^2}\cdot\dfrac{x_0}{y_0}$.

所以$k_{AB}\cdot k_{OM}=-\dfrac{b^2}{a^2}=e^2-1$.

说明:本篇后续例题练习直接引用该表达式,没有给出推导,正式解题作答时需要给出推导过程.

对于双曲线和抛物线可类似推导如下结论,有兴趣的读者可以自行推导.

(1)设l为不过原点O的直线,与双曲线$C:\dfrac{x^2}{a^2}-\dfrac{y^2}{b^2}=1(a>0,b>0)$相

交于 A,B 两点，M 为线段 AB 的中点，则 $k_{AB} \cdot k_{OM} = \dfrac{b^2}{a^2} = e^2 - 1$（$e$ 为双曲线的离心率）；

(2) 设点 $A(x_1, y_1), B(x_2, y_2)(x_1 \neq x_2)$ 是抛物线 $C: y^2 = 2px(p > 0)$ 上两点，则直线 AB 的斜率 $k_{AB} = \dfrac{y_1 - y_2}{x_1 - x_2} = \dfrac{2p}{y_1 + y_2}$.

探究二 点差法与切线斜率

设 $P(x_0, y_0)$ 为椭圆 $C: \dfrac{x^2}{a^2} + \dfrac{y^2}{b^2} = 1(a > b > 0)$ 上一个定点，过 P 点的切线记为 l，则 $l: \dfrac{x_0 x}{a^2} + \dfrac{y_0 y}{b^2} = 1$ 且 $k_l \cdot k_{OP} = -\dfrac{b^2}{a^2} = e^2 - 1$.

分析：设 $Q(x_1, y_1)$ 为椭圆 C 上不同于点 P 的任意一点，则 $\begin{cases} \dfrac{x_0^2}{a^2} + \dfrac{y_0^2}{b^2} = 1, \\ \dfrac{x_1^2}{a^2} + \dfrac{y_1^2}{b^2} = 1, \end{cases}$ 两式相减，得 $k_{PQ} = \dfrac{y_1 - y_0}{x_1 - x_0} = -\dfrac{b^2}{a^2} \cdot \dfrac{x_1 + x_0}{y_1 + y_0}$.

过 P 点的切线 l 可以看作割线 PQ 当 $Q \to P$ 时的极限位置.

① 若 $y_0 \neq 0$，当 $x_1 \to x_0, y_1 \to y_0$ 时，$k_{PQ} \to -\dfrac{b^2}{a^2} \cdot \dfrac{x_0 + x_0}{y_0 + y_0} = -\dfrac{b^2}{a^2} \cdot \dfrac{x_0}{y_0}$.

此时切线 l 的方程为 $y - y_0 = -\dfrac{b^2 x_0}{a^2 y_0}(x - x_0)$，化简得 $\dfrac{x_0 x}{a^2} + \dfrac{y_0 y}{b^2} = 1$，并且 $k_l \cdot k_{OP} = -\dfrac{b^2}{a^2} = e^2 - 1$.

② 若 $y_0 = 0$，容易验证切线 l 的方程为 $\dfrac{x_0 x}{a^2} + \dfrac{y_0 y}{b^2} = 1$.

综合①②，可知结论成立.

通过利用极限的思想结合点差法推导椭圆的切线方程，有助于更好地理解点差法，挖掘其本质，进一步说明点差法为什么能解决与中点弦相关的问题，对提升数学思维有很大的帮助.本结论也可以通过点差法推广到双曲线和抛物线，有兴趣的读者可以自行证明.

推论：(1) 设 $P(x_0, y_0)$ 为双曲线 $C: \dfrac{x^2}{a^2} - \dfrac{y^2}{b^2} = 1(a > 0, b > 0)$ 上一个定点，过 P 点的切线记为 l，则 $l: \dfrac{x_0 x}{a^2} - \dfrac{y_0 y}{b^2} = 1$ 且 $k_l \cdot k_{OP} = \dfrac{b^2}{a^2} = e^2 - 1$.

(2)设 $P(x_0,y_0)$ 为抛物线 $C:y^2=2px(p>0)$ 上一个定点,过 P 点的切线记为 l,则 $y_0y=p(x_0+x)$ 且 $k_l=\dfrac{p}{y_0}$.

二、战例展示

例 17.1 (2022·新高考Ⅱ卷·16)已知椭圆 $\dfrac{x^2}{6}+\dfrac{y^2}{3}=1$,直线 l 与椭圆在第一象限交于 A,B 两点,与 x 轴,y 轴分别交于 M,N 两点,且 $|MA|=|NB|$,$|MN|=2\sqrt{3}$.则直线 l 的方程为_____.

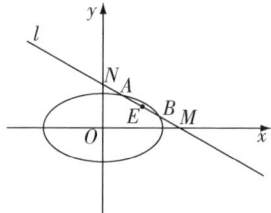

解:设 AB 的中点为 E,因为 $|MA|=|NB|$,所以 $|ME|=|NE|$.

则 $k_{OE} \cdot k_{AB}=-\dfrac{1}{2}$.设直线 $AB:y=kx+m,k<0,m>0$.

令 $x=0$,得 $y=m$.令 $y=0$,得 $x=-\dfrac{m}{k}$.即 $M\left(-\dfrac{m}{k},0\right),N(0,m)$.所以 $E\left(-\dfrac{m}{2k},\dfrac{m}{2}\right)$,即 $k\times\dfrac{\dfrac{m}{2}}{-\dfrac{m}{2k}}=-\dfrac{1}{2}$.解得 $k=-\dfrac{\sqrt{2}}{2}$ 或 $k=\dfrac{\sqrt{2}}{2}$(舍去).

又 $|MN|=2\sqrt{3}$,即 $|MN|=\sqrt{m^2+(\sqrt{2}m)^2}=2\sqrt{3}$,解得 $m=2$ 或 $m=-2$(舍去),所以直线 $AB:y=-\dfrac{\sqrt{2}}{2}x+2$,即 $x+\sqrt{2}y-2\sqrt{2}=0$.

例 17.2 (2022·淮北中学第一次联考·21)已知椭圆 $C:\dfrac{x^2}{a^2}+\dfrac{y^2}{b^2}=1$ $(a>b>0)$ 的右焦点为 $F(1,0)$,离心率为 $\dfrac{1}{2}$.

(1)求 C 的方程.

(2)若过 F 的直线 l 交 C 于 A,B 两点,线段 AB 的中点为 M,分别过 A,B 作 C 的切线 l_1,l_2 且 l_1 与 l_2 交于点 P.证明:O,M,P 三点共线.

解：(1) $\dfrac{x^2}{4}+\dfrac{y^2}{3}=1$（过程略）.

(2)当直线 l 的斜率不存在时，O,M,P 三点共线显然成立.

当直线 l 的斜率存在时，设斜率为 k（易知 $k\neq 0$），设 $A(x_1,y_1),B(x_2,y_2)$，则 $k\cdot k_{OM}=-\dfrac{b^2}{a^2}=-\dfrac{3}{4}$，即 $k_{OM}=-\dfrac{3}{4k}$.

由本计探究二的结论可知，$l_1:\dfrac{x_1 x}{4}+\dfrac{y_1 y}{3}=1$ ①.

$l_2:\dfrac{x_2 x}{4}+\dfrac{y_2 y}{3}=1$ ②.

由①②得 $\dfrac{x(x_1-x_2)}{4}=-\dfrac{y(y_1-y_2)}{3}$.

即 $k_{OP}=\dfrac{y}{x}=-\dfrac{3(x_1-x_2)}{4(y_1-y_2)}=-\dfrac{3}{4k}$.

于是 $k_{OM}=k_{OP}$，因此 O,M,P 三点共线.

评析：上述有关中点弦和曲线上一点的切线问题若借助点差法得到直线的斜率与中点到原点的斜率的关系式，能有效减少计算量.用点差法得到的切线的方程也简单易懂，也能让我们更好地欣赏到数学之美.

例 17.3 已知双曲线 $C:x^2-\dfrac{y^2}{2}=1$，是否存在过点 $M(1,1)$ 的直线 l，使 l 与双曲线交于 A,B 两点，且 M 是线段 AB 的中点？若存在，求出 l 的方程；若不存在，说明理由.

解：当直线 l 的斜率不存在时，显然不合题意.

当直线 l 的斜率存在时，设斜率为 k，设 $A(x_1,y_1),B(x_2,y_2)$，则
$k\cdot k_{OM}=2$，即 $k=2$，直线 l 的方程为 $y=2x-1$.

但若将 $y=2x-1$ 代入双曲线 $x^2-\dfrac{y^2}{2}=1$ 中，消去 y 整理得

$2x^2-4x+3=0$，此方程没有实数解.

所以满足题意的直线 l 不存在.

评析：解答例 17.3 的问题时，在用点差法求出直线方程后，认为已经"大功告成"，这就反应出解题过程中缺失理性思维.此例体现了点差法在应用中的特殊性和局限性，有助于我们更深入地理解数学.

三、战场点兵

1. (2013·高考课标Ⅰ卷·16)已知椭圆 $E: \dfrac{x^2}{a^2}+\dfrac{y^2}{b^2}=1(a>b>0)$ 的右焦点为 $F(3,0)$,过点 F 的直线交椭圆于 A,B 两点.若 AB 的中点坐标为 $(1,-1)$,则 E 的方程为( ).

A. $\dfrac{x^2}{45}+\dfrac{y^2}{36}=1$ B. $\dfrac{x^2}{36}+\dfrac{y^2}{27}=1$ C. $\dfrac{x^2}{27}+\dfrac{y^2}{18}=1$ D. $\dfrac{x^2}{18}+\dfrac{y^2}{9}=1$

2. 已知椭圆 $C: \dfrac{x^2}{a^2}+\dfrac{y^2}{b^2}=1(a>b>0)$ 的左、右焦点分别为 F_1,F_2,离心率为 $\dfrac{\sqrt{3}}{2}$,过点 F_1 且垂直于 x 轴的直线被椭圆 C 截得的线段长为 1.

(1)求 C 的方程.

(2) P 是椭圆 C 上除了长轴端点的任一点,过点 P 作斜率为 k 的直线 l,使得 l 与椭圆 C 有且只有一个公共点.设直线 PF_1, PF_2 的斜率分别为 k_1, k_2,若 $k \neq 0$,证明 $\dfrac{1}{k \cdot k_1}+\dfrac{1}{k \cdot k_2}$ 为定值,并求出这个定值.

3. 已知 M 是双曲线 $\dfrac{x^2}{a^2}-\dfrac{y^2}{b^2}=1(a>0,b>0)$ 上异于顶点的任意一点,过点 M 作双曲线的切线 l.若 $k_{OM} \cdot k_l = \dfrac{1}{3}$,则双曲线的离心率为_____.

第十八计　巧变方程　妙算斜率

一、战法探究

我们经常会遇到这样的问题:若点 A,B,C 是圆锥曲线上三点,直线 AB,AC 的斜率存在且满足某一条件,比如其和、差、积或商为定值,要证明直线 BC 过定点或斜率为定值(即定向).这类问题,我们可以借助"点差法"将曲线方程改写成斜率形式,直接运算,简单易行.我们以椭圆为例来探究其表达形式和应用:

探究一 直线斜率的两种表达式

设点 $P(x_0,y_0),A(x_1,y_1)(x_1\neq x_0)$ 是椭圆 $C:\dfrac{x^2}{a^2}+\dfrac{y^2}{b^2}=1(a>b>0)$ 上两点,则 $\begin{cases}\dfrac{x_0^2}{a^2}+\dfrac{y_0^2}{b^2}=1,\\ \dfrac{x_1^2}{a^2}+\dfrac{y_1^2}{b^2}=1,\end{cases}$ 两式相减,得 $\dfrac{y_1^2-y_0^2}{x_1^2-x_0^2}=-\dfrac{b^2}{a^2}$.

即 $\dfrac{y_1-y_0}{x_1-x_0}=-\dfrac{b^2}{a^2}\cdot\dfrac{x_1+x_0}{y_1+y_0}$.

所以直线 AP 的斜率 $k_{AP}=\dfrac{y_1-y_0}{x_1-x_0}=-\dfrac{b^2}{a^2}\cdot\dfrac{x_1+x_0}{y_1+y_0}$.

这表明,直线 AP 的斜率有两种表达式 $\dfrac{y_1-y_0}{x_1-x_0}$ 和 $-\dfrac{b^2}{a^2}\cdot\dfrac{x_1+x_0}{y_1+y_0}$(说明:本篇后续题目直接引用该表达式,没有给出推导,正式解题作答时需要给出推导过程).

因此,若已知斜率之间的关系,交叉代入这两种形式即可.

双曲线和抛物线的情形类似,表达式如下,有兴趣的读者可以自行推导.

(1)设点 $P(x_0,y_0),A(x_1,y_1)(x_1\neq x_0)$ 是双曲线 $C:\dfrac{x^2}{a^2}-\dfrac{y^2}{b^2}=1$ $(a>0,b>0)$ 上两点,则直线 AP 的斜率 $k_{AP}=\dfrac{y_1-y_0}{x_1-x_0}=\dfrac{b^2}{a^2}\cdot\dfrac{x_1+x_0}{y_1+y_0}$;

(2)设点 $P(x_0,y_0)$，$A(x_1,y_1)(x_1\neq x_0)$ 是抛物线 $C:y^2=2px(p>0)$ 上两点，则直线 AP 的斜率 $k_{AP}=\dfrac{y_1-y_0}{x_1-x_0}=\dfrac{2p}{y_1+y_0}$.

探究二 直线斜率两种表达式的应用

设 $P(x_0,y_0)$ 为椭圆 $C:\dfrac{x^2}{a^2}+\dfrac{y^2}{b^2}=1(a>b>0)$ 上一个定点，P_1，P_2 为 C 上两个动点，若直线 PP_1，PP_2 的斜率存在，且 $k_{PP_1}\cdot k_{PP_2}=\lambda$，试探究直线 P_1P_2 是否过定点或定向.

解：设 $P_1(x_1,y_1)$，$P_2(x_2,y_2)$. $x_1\neq x_0$，$x_2\neq x_0$，则 $k_{PP_1}=\dfrac{y_1-y_0}{x_1-x_0}=-\dfrac{b^2}{a^2}\cdot\dfrac{x_1+x_0}{y_1+y_0}$，$k_{PP_2}=\dfrac{y_2-y_0}{x_2-x_0}=-\dfrac{b^2}{a^2}\cdot\dfrac{x_2+x_0}{y_2+y_0}$.

所以 $k_{PP_1}\cdot k_{PP_2}=\dfrac{y_1-y_0}{x_1-x_0}\cdot\left(-\dfrac{b^2}{a^2}\right)\cdot\dfrac{x_2+x_0}{y_2+y_0}$. 同理 $k_{PP_1}\cdot k_{PP_2}=\left(-\dfrac{b^2}{a^2}\right)\cdot\dfrac{x_1+x_0}{y_1+y_0}\cdot\dfrac{y_2-y_0}{x_2-x_0}$，由合比性质知 $k_{PP_1}\cdot k_{PP_2}=\left(-\dfrac{b^2}{a^2}\right)\cdot\left[\dfrac{(x_1+x_0)\cdot(y_2-y_0)-(y_1-y_0)(x_2+x_0)}{(y_1+y_0)\cdot(x_2-x_0)-(x_1-x_0)(y_2+y_0)}\right]=\lambda$.

① 若 $\lambda=\dfrac{b^2}{a^2}$，则 $\dfrac{(x_1+x_0)\cdot(y_2-y_0)-(y_1-y_0)(x_2+x_0)}{(y_1+y_0)\cdot(x_2-x_0)-(x_1-x_0)(y_2+y_0)}=-1$.

化简得 $x_0(y_1-y_2)=-y_0(x_1-x_2)$，即 $k_{P_1P_2}=\dfrac{y_1-y_2}{x_1-x_2}=-\dfrac{y_0}{x_0}$，

此时直线 P_1P_2 斜率为定值；

② 若 $\lambda\neq\dfrac{b^2}{a^2}$，化简得 $x_1y_2+\dfrac{(\lambda a^2+b^2)y_0}{\lambda a^2-b^2}x_1-\dfrac{(\lambda a^2+b^2)x_0}{\lambda a^2-b^2}y_2=x_2y_1+\dfrac{(\lambda a^2+b^2)y_0}{\lambda a^2-b^2}x_2-\dfrac{(\lambda a^2+b^2)x_0}{\lambda a^2-b^2}y_1$.

设 $t_1=\dfrac{\lambda a^2+b^2}{\lambda a^2-b^2}x_0$，$t_2=\dfrac{\lambda a^2+b^2}{\lambda a^2-b^2}y_0$，则上式为 $x_1y_2+t_2x_1-t_1y_2=x_2y_1+t_2x_2-t_1y_1$，即 $\dfrac{y_1-y_2}{x_1-x_2}=\dfrac{y_1+t_2}{x_1-t_1}$.

所以直线 P_1P_2 过定点 $M(t_1,-t_2)$.

评析：这个过程虽然还有点复杂，但比联立直线方程与曲线方程少了很多计算，有兴趣的读者可以对比推导一下，也可以参考第三十六计"曲线系方程的妙用"。同时，若 $k_{PP_1}+k_{PP_2}=\lambda$，也有类似的结论，推广到双曲线和抛

物线,你将会有更多发现,这些一并都留给读者朋友前往寻宝吧!

二、战例展示

例 18.1 (2022·全国新高考Ⅰ·21 节选)已知点 $A(2,1)$ 在双曲线 $C: \dfrac{x^2}{a^2} - \dfrac{y^2}{a^2-1} = 1 (a>1)$ 上,直线 l 交 C 于 P,Q 两点,直线 AP,AQ 的斜率之和为 0,求 l 的斜率.

解:易知双曲线的方程为 $C: \dfrac{x^2}{2} - y^2 = 1$.

设 $P(x_1, y_1), Q(x_2, y_2)$,则

$$k_{AP} = \frac{y_1-1}{x_1-2} = \frac{1}{2} \cdot \frac{x_1+2}{y_1+1}, \quad k_{AQ} = \frac{y_2-1}{x_2-2} = \frac{1}{2} \cdot \frac{x_2+2}{y_2+1}.$$

所以 $k_{AP} + k_{AQ} = \dfrac{y_1-1}{x_1-2} + \dfrac{1}{2} \cdot \dfrac{x_2+2}{y_2+1} = 0$,即

$x_1 x_2 + 2 y_1 y_2 - 6 = 2(y_2 - y_1 + x_2 - x_1)$ ①.

同理,$k_{AP} + k_{AQ} = \dfrac{y_2-1}{x_2-2} + \dfrac{1}{2} \cdot \dfrac{x_1+2}{y_1+1} = 0$,即

$x_1 x_2 + 2 y_1 y_2 - 6 = 2(y_1 - y_2 + x_1 - x_2)$ ②.

所以 $y_2 - y_1 + x_2 - x_1 = y_1 - y_2 + x_1 - x_2$. 若 $x_1 = x_2$,则 $y_1 = y_2$,所以 $x_1 \neq x_2$,可得 $\dfrac{y_1-y_2}{x_1-x_2} = -1$,即 l 的斜率为 -1.

本题的常规解法如下:

设直线 l 的斜率存在,其方程为 $l: y = kx + m$,设 $P(x_1, y_1), Q(x_2, y_2)$.

联立 $\begin{cases} y = kx + m, \\ \dfrac{x^2}{2} - y^2 = 1, \end{cases}$ 得 $(1-2k^2)x^2 - 4mkx - 2m^2 - 2 = 0$.

由 $\Delta = 16 m^2 k^2 - 4(2m^2+2)(2k^2-1) > 0$,得 $m^2 - 1 + 2k^2 > 0$.

$\therefore x_1 + x_2 = -\dfrac{4mk}{2k^2-1}, x_1 x_2 = \dfrac{2m^2+2}{2k^2-1}$.

又由 $k_{AP} + k_{AQ} = 0$,得 $\dfrac{y_2-1}{x_2-2} + \dfrac{y_1-1}{x_1-2} = 0$.

即 $(x_1-2)(kx_2+m-1) + (x_2-2)(kx_1+m-1) = 0$.

即 $2k x_1 x_2 + (m-1-2k)(x_1+x_2) - 4(m-1) = 0$.

$\therefore 2k \times \dfrac{2m^2+2}{2k^2-1} + (m-1-2k)\left(-\dfrac{4mk}{2k^2-1}\right) - 4(m-1) = 0$.

化简得 $8k^2+4k-4+4m(k+1)=0$，即 $(k+1)(2k-1+m)=0$.

∴ $k=-1$ 或 $m=1-2k$.

当 $m=1-2k$ 时，直线 $l: y=kx+m=k(x-2)+1$ 过点 $A(2,1)$，与题意不符，舍去.故 $k=-1$.

例 18.2 （2017·全国Ⅰ·20）已知椭圆 $C: \dfrac{x^2}{a^2}+\dfrac{y^2}{b^2}=1(a>b>0)$，四点 $P_1(1,1), P_2(0,1), P_3\left(-1,\dfrac{\sqrt{3}}{2}\right), P_4\left(1,\dfrac{\sqrt{3}}{2}\right)$ 中恰有三点在椭圆 C 上.

(1) 求椭圆 C 的方程.

(2) 设直线 l 不经过 P_2 点且与 C 相交于 A, B 两点.若直线 P_2A 与直线 P_2B 的斜率的和为 -1，证明：l 过定点.

解：(1) $\dfrac{x^2}{4}+y^2=1$（过程略）.

(2) 设 $A(x_1,y_1), B(x_2,y_2)$，则 $k_{AP_2}=\dfrac{y_1-1}{x_1}=-\dfrac{1}{4}\cdot\dfrac{x_1}{y_1+1}$，$k_{BP_2}=\dfrac{y_2-1}{x_2}=-\dfrac{1}{4}\cdot\dfrac{x_2}{y_2+1}$.

由 $k_{AP_2}+k_{BP_2}=\dfrac{y_1-1}{x_1}-\dfrac{1}{4}\cdot\dfrac{x_2}{y_2+1}=-1$，得 $4y_1y_2-x_1x_2-4=4(y_2-y_1-x_1-x_1y_2)$①.

同理可得 $4y_1y_2-x_1x_2-4=4(y_1-y_2-x_2-x_2y_1)$②.

由①②，得 $(x_1-x_2)(y_1+1)=(x_1-2)(y_1-y_2)$.

所以直线 l 过定点 $(2,-1)$.

本题的常规解法如下：

当直线 l 斜率不存在时，设 $l: x=m, A(m,y_A), B(m,-y_A)$，则 $k_{P_2A}+k_{P_2B}=\dfrac{y_A-1}{m}+\dfrac{-y_A-1}{m}=\dfrac{-2}{m}=-1$，得 $m=2$.

此时 l 过椭圆右顶点，不存在两个交点，故不满足.

当直线 l 斜率存在时，设 $l: y=kx+b(b\neq 1), A(x_1,y_1), B(x_2,y_2)$.

联立 $\begin{cases} y=kx+b, \\ x^2+4y^2-4=0, \end{cases}$ 整理得 $(1+4k^2)x^2+8kbx+4b^2-4=0$.

所以 $x_1+x_2=\dfrac{-8kb}{1+4k^2}, x_1\cdot x_2=\dfrac{4b^2-4}{1+4k^2}$.

则 $k_{P_2A}+k_{P_2B}=\dfrac{y_1-1}{x_1}+\dfrac{y_2-1}{x_2}=\dfrac{x_2(kx_1+b)-x_2+x_1(kx_2+b)-x_1}{x_1x_2}=$

$$\frac{8k(b-1)}{4(b+1)(b-1)}=-1.$$

又 $\because b\neq 1,\therefore b=-2k-1$. 此时 $\Delta=-64k$, 存在 k 使得 $\Delta>0$ 成立.

$\therefore$ 直线 l 的方程为 $y=kx-2k-1$. 故 l 过定点 $(2,-1)$.

评析：上述两类问题若借助"点差法"将方程先改写成斜率表达式，再将斜率之间的运算转变为这两种形式进行，尤其是可以借助同构，得出一个表达式后，另一个直接同理可得即可，大大简化了运算，优势明显，如例 18.2，由①可以同理得到②．后续找定点时，可以将式子写成 $(x_1-x_2)(y_1-n)=(x_1-m)(y_1-y_2)$ 的形式，则易看出定点 (m,n)．若用常规解法，思路清晰，但是计算量偏大，后续得到关于参数 k,m 的二次方程后的因式分解，技巧性比较强．

三、战场点兵

1. (2022·深圳市高二期末联考·21) 已知抛物线 $C:y^2=2px(p>0)$ 上的点 M 与焦点 F 的距离为 $\frac{5}{2}$，且点 M 的纵坐标为 $2\sqrt{p}$．

   (1) 求抛物线 C 的方程和点 M 的坐标；

   (2) 若直线 l 与抛物线 C 相交于 A,B 两点，且 $MA\perp MB$，证明直线 l 过定点．

2. 已知椭圆 $C:\dfrac{x^2}{a^2}+\dfrac{y^2}{b^2}=1(a>b>0)$ 的左、右顶点分别为 A,B，点 P,Q 是椭圆上异于点 A,B 的两个动点，且满足 $\dfrac{k_{PA}}{k_{QB}}=\lambda(\lambda\neq-1)$，求证直线 PQ 过 x 轴上定点 $\left(\dfrac{1-\lambda}{1+\lambda}a,0\right)$．

第十九计　升级点差　定比有法

一、战法探究

在处理解析几何"中点弦"问题时,我们常用的方法是"点差法".该法模式化强,能够大大简化计算,是每个学生都需要掌握的方法.但在实际问题中,往往都不是线段 AB 的中点这么简单,但只要是在同一条直线上的点,都可以利用向量来求出他们的坐标关系,这类问题称为定比分点问题.作为处理定比分点问题的主要方法,点差法的升级版"定比点差法"便应运而生."定比点差法"能够直接建立定比分点与交点之间的关系,从而大大提升运算效率.

定比分点的定义:若 $\overrightarrow{AP} = \lambda \overrightarrow{PB}$,则称点 P 为线段 AB 的定比分点,λ 为点 P 分线段 AB 的比.设 $A(x_1, y_1)$,$B(x_2, y_2)$,$P(x_0, y_0)$,利用向量的运算不难求出:

$$x_0 = \frac{x_1 + \lambda x_2}{1 + \lambda}, y_0 = \frac{y_1 + \lambda y_2}{1 + \lambda}. \quad ①$$

即 P 的坐标为 $\left(\dfrac{x_1 + \lambda x_2}{1 + \lambda}, \dfrac{y_1 + \lambda y_2}{1 + \lambda} \right)$.

①式便是定比分点公式,当 $\lambda = 1$ 时,定比分点公式就变成了中点坐标公式,说明中点坐标公式是定比分点的一种特殊情况.利用"定比点差法"解题时,需要先将两点的坐标代入圆锥曲线的方程,同时对得到的第二个式子两边同时乘 λ^2,然后两式作差变形,并结合问题中的其他条件以及解方程组的思想可顺利求解目标问题.

探究一　定比点差法

设点 $A(x_1, y_1)$,$B(x_2, y_2)$ 在椭圆 $C: \dfrac{x^2}{a^2} + \dfrac{y^2}{b^2} = 1 (a > b > 0)$ 上,且点 $P(x_0, y_0)$ 满足 $\overrightarrow{AP} = \lambda \overrightarrow{PB}$,则

$$\begin{cases} \dfrac{x_1^2}{a^2}+\dfrac{y_1^2}{b^2}=1 \text{①},\\ \dfrac{x_2^2}{a^2}+\dfrac{y_2^2}{b^2}=1 \text{②}, \end{cases} \text{②}\times\lambda^2 \text{ 得到 } \dfrac{\lambda^2 x_2^2}{a^2}+\dfrac{\lambda^2 y_2^2}{b^2}=\lambda^2 \text{③}.$$

①$-$③,整理得 $\dfrac{(x_1+\lambda x_2)(x_1-\lambda x_2)}{a^2(1+\lambda)(1-\lambda)}+\dfrac{(y_1+\lambda y_2)(y_1-\lambda y_2)}{b^2(1+\lambda)(1-\lambda)}=1$.

即 $x_0\dfrac{(x_1-\lambda x_2)}{a^2(1-\lambda)}+y_0\dfrac{(y_1-\lambda y_2)}{b^2(1-\lambda)}=1$.

由推导过程看出,该法是"点差法"的一般推广.当 $\lambda=1$ 时,"定比点差法"即为"点差法".

双曲线和抛物线的情形类似,表达如下,有兴趣的读者可以自行推导.

(1)设点 $A(x_1,y_1),B(x_2,y_2)$ 在双曲线 $C:\dfrac{x^2}{a^2}-\dfrac{y^2}{b^2}=1(a,b>0)$ 上,且点 $P(x_0,y_0)$ 满足 $\overrightarrow{AP}=\lambda\overrightarrow{PB}$,则 $x_0\dfrac{(x_1-\lambda x_2)}{a^2(1-\lambda)}-y_0\dfrac{(y_1-\lambda y_2)}{b^2(1-\lambda)}=1$.

(2)设点 $A(x_1,y_1),B(x_2,y_2)$ 在抛物线 $y^2=2px(p>0)$ 上,且点 $P(x_0,y_0)$ 满足 $\overrightarrow{AP}=\lambda\overrightarrow{PB}$,则 $(1+\lambda)(y_1-\lambda y_2)y_0=2p(x_1-\lambda^2 x_2)$.

探究二 定比点差法与调和分割

若 $\overrightarrow{AP}=\lambda\overrightarrow{PB}$ 且 $\overrightarrow{AQ}=-\lambda\overrightarrow{QB}$,则称点 P,Q 调和分割线段 AB.设 A,B 为有心二次曲线 $\dfrac{x^2}{a^2}\pm\dfrac{y^2}{b^2}=1$ 上的两点,若存在两点 P,Q 满足 $\overrightarrow{AP}=\lambda\overrightarrow{PB}$, $\overrightarrow{AQ}=-\lambda\overrightarrow{QB}$,则有 $\dfrac{x_P x_Q}{a^2}\pm\dfrac{y_P y_Q}{b^2}=1$.

分析:设点 $A(x_1,y_1),B(x_2,y_2)$,则由 $\overrightarrow{AP}=\lambda\overrightarrow{PB}$,可得点 P 的坐标为 $\left(\dfrac{x_1+\lambda x_2}{1+\lambda},\dfrac{y_1+\lambda y_2}{1+\lambda}\right)$;由 $\overrightarrow{AQ}=-\lambda\overrightarrow{QB}$,得点 Q 的坐标为 $\left(\dfrac{x_1-\lambda x_2}{1-\lambda},\dfrac{y_1-\lambda y_2}{1-\lambda}\right)$.

代入 A,B 的坐标有 $\begin{cases} \dfrac{x_1^2}{a^2}\pm\dfrac{y_1^2}{b^2}=1 \text{①},\\ \dfrac{x_2^2}{a^2}\pm\dfrac{y_2^2}{b^2}=1 \text{②}, \end{cases}$ ②$\times\lambda^2$ 得到 $\dfrac{\lambda^2 x_2^2}{a^2}\pm\dfrac{\lambda^2 y_2^2}{b^2}=\lambda^2$ ③.

①$-$③,整理可得 $\dfrac{(x_1+\lambda x_2)(x_1-\lambda x_2)}{a^2(1+\lambda)(1-\lambda)}\pm\dfrac{(y_1+\lambda y_2)(y_1-\lambda y_2)}{b^2(1+\lambda)(1-\lambda)}=1$.

即 $\dfrac{x_P x_Q}{a^2}\pm\dfrac{y_P y_Q}{b^2}=1$.

一方面,本命题的逆命题也成立,同时此结论与极点极线有着密切的联系.另一方面,两个调和定比分点式子结合在一起才能更好地解决问题,这是"定比点差法"的核心!

二、战例展示

例 19.1 (2018·浙江)已知点 $P(0,1)$,椭圆 $\dfrac{x^2}{4}+y^2=m(m>1)$ 上两点 A,B,满足 $\overrightarrow{AP}=2\overrightarrow{PB}$,当 $m=$ _____ 时,点 B 横坐标的绝对值最大.

解:设点 $A(x_1,y_1),B(x_2,y_2)$,则由 $\overrightarrow{AP}=2\overrightarrow{PB}$,得 $\dfrac{x_1+2x_2}{3}=0$,$\dfrac{y_1+2y_2}{3}=1$.

将 A,B 代入椭圆的方程,得 $\begin{cases}\dfrac{x_1^2}{4}+y_1^2=m,\\[4pt] \dfrac{4x_2^2}{4}+4y_2^2=4m,\end{cases}$

两式相减,得 $\dfrac{(x_1+2x_2)(x_1-2x_2)}{4}+(y_1+2y_2)(y_1-2y_2)=-3m$.

将定比分点代入,得 $y_1-2y_2=-m$.

又 $\dfrac{y_1+2y_2}{3}=1$,从而 $y_2=\dfrac{m+3}{4}$.

因为点 B 在椭圆上,代入,得 $x_2^2=4m-4y_2^2=4m-\dfrac{(m+3)^2}{4}=\dfrac{-(m-5)^2+16}{4}$.

故当 $m=5$ 时,点 B 横坐标的绝对值最大.

例 19.2 (2008·安徽)已知椭圆 $C:\dfrac{x^2}{a^2}+\dfrac{y^2}{b^2}=1(a>b>0)$ 过点 $M(\sqrt{2},1)$,左焦点为 $F_1(-\sqrt{2},0)$.

(1)求 C 的方程.

(2)当过点 $P(4,1)$ 的直线 l 与 C 相交于 A,B 两点,在线段 AB 上取点 Q 满足 $|\overrightarrow{AP}|\cdot|\overrightarrow{QB}|=|\overrightarrow{AQ}|\cdot|\overrightarrow{PB}|$,证明:$Q$ 在某定直线上.

解:(1) $\dfrac{x^2}{4}+\dfrac{y^2}{2}=1$(过程略).

(2)因为 $|\overrightarrow{AP}|\cdot|\overrightarrow{QB}|=|\overrightarrow{AQ}|\cdot|\overrightarrow{PB}|$,所以 $\dfrac{|\overrightarrow{AP}|}{|\overrightarrow{PB}|}=\dfrac{|\overrightarrow{AQ}|}{|\overrightarrow{QB}|}$,从而存

在实数 λ,使得 $\overrightarrow{AP}=\lambda\overrightarrow{PB}$ 且 $\overrightarrow{AQ}=-\lambda\overrightarrow{QB}$.由探究二的结论可知 $\dfrac{4x_Q}{4}+\dfrac{y_Q}{2}=1$(证明略),即 $2x_Q+y_Q-2=0$,这表明点 Q 在直线 $2x+y-2=0$ 上.

评析:如果本题是非解答题,可直接利用调和分割定理,由题设条件可知点 P,Q 调和分割线段 AB,所以根据调和分割定理即得 $\dfrac{4x_Q}{4}+\dfrac{y_Q}{2}=1$,从而得出答案.

三、战场点兵

1.(2020·全国Ⅰ卷理,节选)已知 A,B 分别是椭圆 $E:\dfrac{x^2}{9}+y^2=1$ 的左右顶点,P 为直线 $x=6$ 上的动点,PA 与 E 的另一交点为 C,PB 与 E 的另一交点为 D.证明:直线 CD 过定点.

2.(2018·全国Ⅰ卷)设椭圆 $C:\dfrac{x^2}{2}+y^2=1$ 的右焦点为 F_2,过 F_2 的直线 l 与 C 交于 A,B 两点,点 M 的坐标为 $(2,0)$.
  (1)当 l 与 x 轴垂直时,求直线 AM 的方程;
  (2)设 O 为坐标原点,证明:$\angle OMA=\angle OMB$.

第二十计　几何搭台　内积唱戏

一、战法探究

向量是几何和代数的桥梁,平面向量在解析几何中应用很广泛,其中数量积可以转化解析几何中的角度问题,把角度问题转化为代数问题,从而可以有效减少分析过程和计算量.本文从三个方面探究数量积在解析几何中有关角的应用.

探究一　用数量积刻画角度范围

已知椭圆 $C: \dfrac{x^2}{4}+y^2=1$,F_1,F_2 分别为椭圆的左、右焦点,点 P 在椭圆 C 上,若 $\angle F_1PF_2$ 为钝角,求点 P 横坐标的范围.

分析:在三角形中刻画钝角,有些学生会想到余弦定理,但用余弦定理,涉及边长运算,计算量很大.可以考虑用数量积刻画角度范围,则 $\angle F_1PF_2$ 为钝角等价于 $\overrightarrow{PF_1} \cdot \overrightarrow{PF_2}<0$.

解:设 $P(x_0,y_0)$,结合 $\overrightarrow{PF_1} \cdot \overrightarrow{PF_2}<0$ 和 $\dfrac{x_0^2}{4}+y_0^2=1$,解得 $-\dfrac{2\sqrt{6}}{3}<x_0<\dfrac{2\sqrt{6}}{3}$.

评析:用数量积刻画角度范围,把几何问题转化为代数问题,最终转化为坐标运算,计算量较小.在三角形中,用数量积刻画角度范围有三种形式:

(1)$\angle F_1PF_2$ 为锐角等价于 $\overrightarrow{PF_1} \cdot \overrightarrow{PF_2}>0$.

(2)$\angle F_1PF_2$ 为直角等价于 $\overrightarrow{PF_1} \cdot \overrightarrow{PF_2}=0$.

(3)$\angle F_1PF_2$ 为钝角等价于 $\overrightarrow{PF_1} \cdot \overrightarrow{PF_2}<0$.

已知椭圆 $C: \dfrac{x^2}{4}+y^2=1$,$P\left(1,\dfrac{\sqrt{3}}{2}\right)$ 在椭圆 C 上,过 P 点作两个相互垂直的直线,分别交椭圆于 A,B 两点.证明直线 AB 过一定点.

分析:由题意可知 $PA \perp PB$.在解析几何中,一般可以用斜率乘积为 -

1,或者向量数量积为 0 来刻画垂直关系.设 $A(x_1,y_1),B(x_2,y_2)$,如果用斜率乘积为 -1 转化,则要讨论直线斜率是否存在.当 PA,PB 的斜率都存在时,得 $\dfrac{y_1-\dfrac{\sqrt{3}}{2}}{x_1-1} \times \dfrac{y_2-\dfrac{\sqrt{3}}{2}}{x_2-1}=-1$,转化为整式为 $(x_2-1)\times(x_1-1)+\left(y_1-\dfrac{\sqrt{3}}{2}\right)\times\left(y_2-\dfrac{\sqrt{3}}{2}\right)=0$.如果用向量积转化,则不需要讨论.由 $\overrightarrow{PA}\cdot\overrightarrow{PB}=0$,得

$$(x_2-1)\times(x_1-1)+\left(y_1-\dfrac{\sqrt{3}}{2}\right)\times\left(y_2-\dfrac{\sqrt{3}}{2}\right)=0.$$

评析:用向量数量积刻画垂直关系(即特殊的角度问题),把几何问题转化为代数问题,可以不用讨论直线斜率是否存在,而且可以直接得到关于坐标的整式,减少运算步骤.

已知椭圆 $C:\dfrac{x^2}{4}+\dfrac{y^2}{3}=1$,点 F 为椭圆 C 右焦点,过点 $P(3,1)$ 作椭圆 C 的两条切线,切点分别为 A,B.证明:$\angle PFA=\angle PFB$.

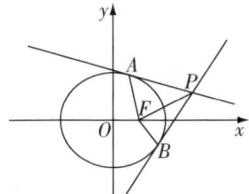

分析:易知 $F(1,0)$,设 $A(x_1,y_1),B(x_2,y_2)$,将 $\angle PFA=\angle PFB$ 转化,有两个思路.一个思路是到角公式,$\angle PFA=\angle PFB$ 等价于 $\dfrac{k_{FA}-k_{FP}}{1+k_{FA}\cdot k_{FP}}=\dfrac{k_{FP}-k_{FB}}{1+k_{FP}\cdot k_{FB}}$,然后转化为坐标运算,计算量较大.另一个思路是用数量积转化角度,$\angle PFA=\angle PFB$ 等价于 $\cos\angle AFP=\cos\angle BFP$.

即 $\dfrac{\overrightarrow{FA}\cdot\overrightarrow{FP}}{|\overrightarrow{FA}|\cdot|\overrightarrow{FP}|}=\dfrac{\overrightarrow{FB}\cdot\overrightarrow{FP}}{|\overrightarrow{FB}|\cdot|\overrightarrow{FP}|}$,化简得 $\dfrac{\overrightarrow{FA}\cdot\overrightarrow{FP}}{|\overrightarrow{FA}|}=\dfrac{\overrightarrow{FB}\cdot\overrightarrow{FP}}{|\overrightarrow{FB}|}$ ①.

又 $\overrightarrow{FA}=(x_1-1,y_1),\overrightarrow{FB}=(x_2-1,y_2),\overrightarrow{FP}=(2,1)$.

$|FA|=a-ex_1=2-\dfrac{1}{2}x_1,|FB|=a-ex_2=2-\dfrac{1}{2}x_2$.

代入①式,得 $\dfrac{2x_1-2+y_1}{2-\dfrac{1}{2}x_1}=\dfrac{2x_2-2+y_2}{2-\dfrac{1}{2}x_2}$ ②.

将点 $P(3,1)$ 半代入椭圆方程得切点弦 AB 的方程为 $\dfrac{3x}{4}+\dfrac{y}{3}=1$.

所以 $y_1 = 3 - \dfrac{9x_1}{4}, y_2 = 3 - \dfrac{9x_2}{4}$.

代入②式,得 $\dfrac{1 - \dfrac{x_1}{4}}{2 - \dfrac{1}{2}x_1} = \dfrac{1 - \dfrac{x_2}{4}}{2 - \dfrac{1}{2}x_2} = \dfrac{1}{2}$.所以 $\angle PFA = \angle PFB$.

评析:本题用向量数量积证明两角相等,把几何问题转化为向量数量积问题,结合第二定义和切点弦方程,再转化坐标运算,减少了计算量.

探究二 数量积几何意义的应用

如图,$P(x_0, y_0)$ 是圆 $E: x^2 + y^2 = r^2$ 外一点,PF, PG 是圆的切线,切点分别为 F, G,则点 F, G 所在的直线 l 方程为 $xx_0 + yy_0 = r^2$.

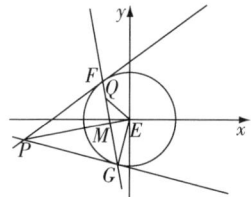

证明:设 $Q(x, y)$ 是 l 上一点,则 $\overrightarrow{EQ} \cdot \overrightarrow{EP} = EP \cdot EM = EG^2 = r^2$,即 $xx_0 + yy_0 = r^2$.证毕.

评析:利用向量的数量积处理本题的问题,一步到位,充分体现了数量积几何意义的魅力.

二、战例展示

例 20.1 (2022·全国新高考Ⅱ卷)已知 O 为坐标原点,过抛物线 $C: y^2 = 2px (p > 0)$ 焦点 F 的直线与 C 交于 A, B 两点,其中 A 在第一象限,点 $M(p, 0)$. 若 $|AF| = |AM|$,则( ).

A. 直线 AB 的斜率为 $2\sqrt{6}$ B. $|OB| = |OF|$

C. $|AB| > 4|OF|$ D. $\angle OAM + \angle OBM < 180°$

解:由题意知 $F\left(\dfrac{p}{2}, 0\right)$.设 FM 的中点为 N,则

$x_A = x_N = \dfrac{\dfrac{p}{2} + p}{2} = \dfrac{3}{4}p$,又点 A 在抛物线上.

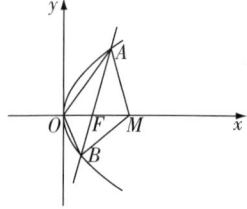

所以 $y_A^2 = 2px_A = 2p \cdot \dfrac{3}{4}p = \dfrac{3}{2}p^2 (y_A > 0)$.

所以 $y_A = \dfrac{\sqrt{6}}{2}p$,故 $k_{AB} = \dfrac{\dfrac{\sqrt{6}}{2}p}{\dfrac{3}{4}p - \dfrac{p}{2}} = 2\sqrt{6}$.故 A 正确.

易知 $\dfrac{1}{|AF|} + \dfrac{1}{|BF|} = \dfrac{2}{p}$(二级结论),$|AF| = x_A + \dfrac{p}{2} = \dfrac{3}{4}p + \dfrac{p}{2}$.

所以 $\dfrac{1}{\dfrac{3}{4}p + \dfrac{p}{2}} + \dfrac{1}{|BF|} = \dfrac{2}{p}$.

所以 $|BF| = \dfrac{5}{6}p$.易知 $|BF| = x_B + \dfrac{p}{2}$,所以 $x_B = \dfrac{p}{3}$.

又点 B 在抛物线 C 上,所以 $y_B^2 = 2px_B = 2p \cdot \dfrac{p}{3} = \dfrac{2}{3}p^2$.

所以 $|OB|^2 = x_B^2 + y_B^2 = \left(\dfrac{p}{3}\right)^2 + \dfrac{2}{3}p^2 = \dfrac{7}{9}p^2 \neq \dfrac{p^2}{4} = |OF|^2$.故 B 错误.

$|AB| = x_A + x_B + p = \dfrac{3}{4}p + \dfrac{p}{3} + p = \dfrac{25}{12}p > 2p = 4|OF|$.故 C 正确.

易得 $A\left(\dfrac{3}{4}p, \dfrac{\sqrt{6}}{2}p\right), B\left(\dfrac{p}{3}, -\dfrac{\sqrt{6}}{3}p\right)$.

所以 $\overrightarrow{OA} \cdot \overrightarrow{OB} = -\dfrac{3}{4}p^2 < 0$.又 O, A, B 三点不共线,所以 $\angle AOB$ 为钝角.

$\overrightarrow{MA} \cdot \overrightarrow{MB} = \left(-\dfrac{p}{4}, \dfrac{\sqrt{6}}{2}p\right) \cdot \left(-\dfrac{2}{3}p, -\dfrac{\sqrt{6}}{3}p\right) = -\dfrac{5}{6}p^2 < 0$.

又 M, A, B 三点不共线,所以 $\angle AMB$ 为钝角,所以 $\angle OAM + \angle OBM = 360° - \angle AMB - \angle AOB < 180°$.故 D 正确.故选 ACD.

例 20.2 在平面直角坐标系中,已知两点 $M(-\sqrt{3}, 0), N(\sqrt{3}, 0)$,动点 Q 到点 M 的距离为 4,线段 NQ 的垂直平分线交线段 MQ 于 K 点.设点 K 的轨迹为曲线 C.

(1)求曲线 C 的方程.

(2)点 $P(-2, 0), A, B$ 为曲线 C 上的动点.当 $PA \perp PB$ 时,求证:直线 AB 恒过一个定点,并求出该定点的坐标.

解:(1)$\because$ 线段 NQ 的垂直平分线交 MQ 于 K 点,$\therefore |KN| = |KQ|$.

∴ $|KM|+|KN|=|KM|+|KQ|=|MQ|=4>2\sqrt{3}=|MN|$.

∴ 点 K 的轨迹是中心在原点,以 M,N 为焦点,长轴在 x 轴上的椭圆,其中 $2a=4, c=\sqrt{3}$.

设椭圆方程为 $\dfrac{x^2}{a^2}+\dfrac{y^2}{b^2}=1$,则 $a=2, c=\sqrt{3}, b=1$.

∴ C 的轨迹方程为 $\dfrac{x^2}{4}+y^2=1$.

(2) 当直线 l 不垂直于 x 轴时,设 $AB: y=kx+m, A(x_1, y_1), B(x_2, y_2)$,

联立 $\begin{cases} x^2+4y^2=4 \\ y=kx+m, \end{cases}$ 得 $(1+4k^2)x^2+8kmx+4(m^2-1)=0$.

$\Delta=64k^2m^2-16(1+4k^2)(m^2-1)>0$,化简得 $m^2<4k^2+1$.

$\overrightarrow{PA} \cdot \overrightarrow{PB}=(x_1+2)(x_2+2)+y_1y_2=(1+k^2)x_1x_2+(2+km)(x_1+x_2)+m^2+4=(1+k^2)\dfrac{4(m^2-1)}{1+4k^2}+(2+km)\dfrac{-8km}{1+4k^2}+m^2+4=0$.

∴ $12k^2+5m^2-16km=0$,∴ $(6k-5m)(2k-m)=0$.

∴ $m=\dfrac{6}{5}k$ 或 $m=2k$.

当 $m=\dfrac{6}{5}k$ 时,$AB: y=kx+\dfrac{6}{5}k$,恒过定点 $\left(-\dfrac{6}{5}, 0\right)$.

当 $m=2k$ 时,$AB: y=kx+2k$,恒过定点 $(-2, 0)$,不符合题意,舍去.

当直线 l 垂直于 x 轴时,若直线 $AB: x=-\dfrac{6}{5}$,则 AB 与椭圆 C 相交于 $A\left(-\dfrac{6}{5}, -\dfrac{4}{5}\right), B\left(-\dfrac{6}{5}, \dfrac{4}{5}\right)$.

$\overrightarrow{PA} \cdot \overrightarrow{PB}=\left(\dfrac{4}{5}, -\dfrac{4}{5}\right) \cdot \left(\dfrac{4}{5}, \dfrac{4}{5}\right)=\left(\dfrac{4}{5}\right)^2-\left(\dfrac{4}{5}\right)^2=0$.

∴ $PA \perp PB$,满足题意.

综上可知,直线 AB 恒过定点,且定点坐标为 $\left(-\dfrac{6}{5}, 0\right)$.

例 20.3 已知抛物线 $C: y^2=4x$,点 F 为抛物线 C 的焦点,过点 $P(-1,1)$ 作抛物线 C 的两条切线,切点分别为 A, B.证明:$\angle PFA=\angle PFB$.

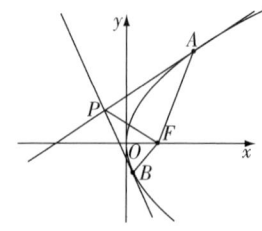

解：易知 $F(1,0)$.设 $A(x_1,y_1),B(x_2,y_2)$.

$\angle PFA = \angle PFB$ 等价于 $\cos\angle AFP = \cos\angle BFP$.

即 $\dfrac{\overrightarrow{FA}\cdot\overrightarrow{FP}}{|\overrightarrow{FA}|\cdot|\overrightarrow{FP}|} = \dfrac{\overrightarrow{FB}\cdot\overrightarrow{FP}}{|\overrightarrow{FB}|\cdot|\overrightarrow{FP}|}$，化简得 $\dfrac{\overrightarrow{FA}\cdot\overrightarrow{FP}}{|\overrightarrow{FA}|} = \dfrac{\overrightarrow{FB}\cdot\overrightarrow{FP}}{|\overrightarrow{FB}|}$ ①.

又 $\overrightarrow{FA}=(x_1-1,y_1),\overrightarrow{FB}=(x_2-1,y_2),\overrightarrow{FP}=(-2,1),|FA|=x_1+1$，$|FB|=x_2+1$.

代入①式,得 $\dfrac{-2x_1+2+y_1}{x_1+1} = \dfrac{-2x_2+2+y_2}{x_2+1}$ ②.

将点 $P(-1,1)$ 半代入抛物线方程,得切点弦 AB 方程为 $y=2(x-1)$.

所以 $y_1=2(x_1-1),y_2=2(x_2-1)$.

代入②式得 $\dfrac{0}{x_1+1}=\dfrac{0}{x_2+1}$，显然成立.

所以 $\angle PFA=\angle PFB$.

例 20.4 （2017·全国Ⅱ卷理·20）设 O 为坐标原点,动点 M 在椭圆 $C:\dfrac{x^2}{2}+y^2=1$ 上,过 M 做 x 轴的垂线,垂足为 N,点 P 满足 $\overrightarrow{NP}=\sqrt{2}\overrightarrow{NM}$.

(1)求点 P 的轨迹方程.

(2)设点 Q 在直线 $x=-3$ 上,且 $\overrightarrow{OP}\cdot\overrightarrow{PQ}=1$.证明:过点 P 且垂直于 OQ 的直线 l 过 C 的左焦点 F.

解：(1)设 $P(x,y)$,易知 $N(x,0),\overrightarrow{NP}=(0,y)$.又 $\overrightarrow{NM}=\dfrac{1}{\sqrt{2}}\overrightarrow{NP}=\left(0,\dfrac{y}{\sqrt{2}}\right)$，

$\therefore M\left(x,\dfrac{1}{\sqrt{2}}y\right)$.又 M 在椭圆上.$\therefore \dfrac{x^2}{2}+\left(\dfrac{y}{\sqrt{2}}\right)^2=1$,即 $x^2+y^2=2$.

(2)C 的左焦点为 $F(-1,0)$, $\overrightarrow{FP}\cdot\overrightarrow{OQ}=\overrightarrow{FO}\cdot\overrightarrow{OQ}+\overrightarrow{OP}\cdot(\overrightarrow{OP}+\overrightarrow{PQ})=-3+2+1=0$,所以过点 P 且垂直于 OQ 的直线 l 过 C 的左焦点 F.证毕.

本题的常规解法如下：

设点 $Q(-3,y_Q),P(x_P,y_P),(y_Q\neq 0)$.

由已知, $\overrightarrow{OP}\cdot\overrightarrow{PQ}=(x_P,y_P)\cdot(-3-y_P,y_Q-y_P)=1$.

$\overrightarrow{OP}\cdot(\overrightarrow{OQ}-\overrightarrow{OP})=\overrightarrow{OP}\cdot\overrightarrow{OQ}-|\overrightarrow{OP}|^2=1$,

$\therefore \overrightarrow{OP}\cdot\overrightarrow{OQ}=|\overrightarrow{OP}|^2+1=3, \therefore x_Px_Q+y_Py_Q=-3x_P+y_Py_Q=3$.

设直线 $OQ:y=\dfrac{y_Q}{-3}\cdot x$.

∵直线 l 与 l_{OQ} 垂直,∴$k_l = \dfrac{3}{y_Q}$.

故直线 l 方程为 $y = \dfrac{3}{y_Q}(x - x_P) + y_P$.

令 $y = 0$,得 $-y_P y_Q = 3(x - x_P)$,$-\dfrac{1}{3} \cdot y_P y_Q = x - x_P$.

∴$x = -\dfrac{1}{3} y_P \cdot y_Q + x_P$.

∵$y_P y_Q = 3 + 3x_P$,∴$x = -\dfrac{1}{3}(3 + 3x_P) + x_P = -1$.

若 $y_Q = 0$,则 $-3x_P = 3$,$x_P = -1$,$y_P = \pm 1$,直线 OQ 的方程为 $y = 0$,直线 l 的方程为 $x = -1$,直线 l 过点 $(-1, 0)$,该点为椭圆 C 的左焦点.

评析:本题题干中给出了数量积,我们可以将条件和结论联系起来,借助数量积的几何意义,则问题迎刃而解.

三、战场点兵

1. 已知 $M(x_0, y_0)$ 是双曲线 $C: \dfrac{x^2}{2} - y^2 = 1$ 上的一点,F_1, F_2 分别是 C 的两个焦点.若 $\angle F_1 M F_2$ 为锐角,则 y_0 的取值范围是_____.

2. 已知 F 是抛物线 $C: y^2 = 2px (p > 0)$ 的焦点,点 $M(x_0, 4)$ 在抛物线上,且 $|MF| = \dfrac{5}{4} x_0$.

   (1)求抛物线 C 的标准方程.
   (2)若 A, B 是抛物线 C 上的两个动点,且 $OA \perp OB$,O 为坐标原点,求证:直线 AB 过定点.

3. 已知双曲线 $C: \dfrac{x^2}{3} - y^2 = 1$，点 F 为双曲线 C 的右焦点，过点 $P\left(1, \dfrac{1}{2}\right)$ 向双曲线 C 的右支作两条切线，切点分别为 A, B. 证明：$\angle PFA = \angle PFB$.

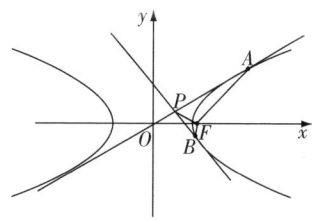

第二十一计　变用韦达　对称转化

一、战法探究

在解决直线与圆锥曲线位置关系的问题时,我们往往需要联立直线方程和圆锥曲线方程,消去 x 或 y,得到一个二次方程.不妨假设消去 y,得到关于 x 的二次方程 $Ax^2+Bx+C=0$.$\Delta>0$ 时,设两根分别为 x_1,x_2,由韦达定理,有 $x_1+x_2=-\dfrac{B}{A}$,$x_1x_2=\dfrac{C}{A}$.借此我们可以快速求出如 $x_1^2+x_2^2$,$|x_1-x_2|$,$\dfrac{x_1}{x_2}+\dfrac{x_2}{x_1}$,$\dfrac{1}{x_2}+\dfrac{1}{x_1}$ 之类的式子,这类式子的结构特点是交换 x_1 和 x_2,结果不会发生改变,即具有对称性,所以把这样的问题归类为"对称型韦达定理".

但在有些问题中,比如求 $\dfrac{x_1}{x_2}$,x_1+2x_2,$\dfrac{kx_1x_2+x_1+2x_2}{kx_1x_2-x_1+x_2}$ 之类的问题,x_1 和 x_2 前面的系数不相同,不能直接应用韦达定理,我们把这类问题归类为"非对称韦达定理".下面我们以椭圆为例,介绍几种此类问题的解决方法.

设直线 $y=kx+m$ 和椭圆 $\dfrac{x^2}{a^2}+\dfrac{y^2}{b^2}=1$ 联立后得到关于 x 的二次方程 $Ax^2+Bx+C=0$.

当 $\Delta>0$ 时,两根分别为 x_1,x_2,由韦达定理,有 $x_1+x_2=-\dfrac{B}{A}$,$x_1x_2=\dfrac{C}{A}$.

探究一　比值型

若题目中给出条件 $\dfrac{x_1}{x_2}=\lambda$ 时,我们有两种处理方法:

第一种,此时 $\dfrac{x_1}{x_2}+\dfrac{x_2}{x_1}=\lambda+\dfrac{1}{\lambda}$,即 $\dfrac{(x_1+x_2)^2-2x_1x_2}{x_1x_2}=\lambda+\dfrac{1}{\lambda}$,即

$\dfrac{(x_1+x_2)^2}{x_1 x_2}=\lambda+\dfrac{1}{\lambda}+2$.通过取倒数然后求和,将其变为对称式,从而利用韦达定理求解.

第二种,此时 $x_1=\lambda x_2$,则 $\begin{cases} x_1+x_2=(\lambda+1)x_2=-\dfrac{B}{A}. \\ x_1 x_2=\lambda x_2^2=\dfrac{C}{A}. \end{cases}$

所以 $\dfrac{[(\lambda+1)x_2]^2}{\lambda x_2^2}=\dfrac{(\lambda+1)^2}{\lambda}=\dfrac{B^2}{AC}$.

探究二 **分式上下不对称型**

当我们遇到圆锥曲线中求比值、乘积、横坐标或纵坐标为定值的问题时,我们往往会先将这个定值用含参数的式子表示出来.

已知椭圆 $\dfrac{x^2}{a^2}+\dfrac{y^2}{b^2}=1(a>b>0)$ 的左右顶点分别为 C,D,过右焦点 F 的直线 l 和椭圆交于 A,B 两点,则直线 AC 和直线 BD 的交点的横坐标为定值 $\dfrac{a^2}{c}$.

证明:当直线 l 的斜率不为 0 时,设 l 的方程为 $x=my+c$,$A(x_1,y_1)$,$B(x_2,y_2)$.

联立 $\begin{cases} \dfrac{x^2}{a^2}+\dfrac{y^2}{b^2}=1, \\ x=my+c, \end{cases}$ 得 $(b^2 m^2+a^2)y^2+2b^2 mcy-b^4=0$.

由韦达定理,$y_1+y_2=\dfrac{2b^2 mc}{b^2 m^2+a^2}$,$y_1 y_2=\dfrac{-b^4}{b^2 m^2+a^2}$.

所以 $l_{AC}:y=\dfrac{y_1}{x_1+a}(x+a)$,$l_{BD}:y=\dfrac{y_2}{x_2-a}(x-a)$.

两式相除,得:

$\dfrac{x+a}{x-a}=\dfrac{y_2(x_1+a)}{y_1(x_2-a)}=\dfrac{y_2(my_1+c+a)}{y_1(my_2+c-a)}=\dfrac{my_1 y_2+(c+a)y_2}{my_1 y_2+(c-a)y_1}$

$=\dfrac{\dfrac{(a^2-c^2)}{2c}(y_1+y_2)+(c+a)y_2}{\dfrac{(a^2-c^2)}{2c}(y_1+y_2)+(c-a)y_1}=\dfrac{a+c}{a-c}\cdot\left[\dfrac{(a-c)y_1+(a+c)y_2}{(a-c)y_1+(a+c)y_2}\right]$

$=\dfrac{a+c}{a-c}$.

解得：$x=\dfrac{a^2}{c}$.

当直线 l 的斜率为 0 时，直线 AC 和直线 BD 均为 x 轴，显然过点 $\left(\dfrac{a^2}{c},0\right)$.

综上，所以直线 AC 和直线 BD 的交点的横坐标为定值 $\dfrac{a^2}{c}$.

此结论也可以推广到更一般的形式：已知椭圆 $\dfrac{x^2}{a^2}+\dfrac{y^2}{b^2}=1(a>b>0)$ 的左、右顶点分别为 C,D. $F(n,0)$，过点 F 的直线与椭圆交于 A,B 两点，则直线 AC 和直线 BD 的交点的横坐标为定值 $\dfrac{a^2}{n}$.

当我们遇到求直线过定点的问题时，偶尔也可以用上面类似的方法，特别是当我们可以根据对称性或者其他方式判断该定点在 x 轴或者 y 轴上时.

二、战例展示

例 21.1 设直线 l 过点 $P(0,3)$，和椭圆 $\dfrac{x^2}{9}+\dfrac{y^2}{4}=1$ 顺次交于 A,B 两点，求 $\dfrac{AP}{PB}$ 的取值范围.

解：当直线 l 斜率不存在时，可得 $\dfrac{AP}{PB}=\dfrac{1}{5}$；

当直线 l 斜率存在时，设 l 的方程为：$y=kx+3$，$A(x_1,y_1),B(x_2,y_2)$.

联立 $\begin{cases}\dfrac{x^2}{9}+\dfrac{y^2}{4}=1,\\ y=kx+3,\end{cases}$ 得 $(9k^2+4)x^2+54kx+45=0$.

由 $\Delta>0$，得 $k^2>\dfrac{5}{9}$.

由韦达定理，得 $x_1+x_2=-\dfrac{54k}{9k^2+4}$，$x_1 x_2=\dfrac{45}{9k^2+4}$.

注意到 $\dfrac{AP}{PB}=\dfrac{|x_1|}{|x_2|}=\dfrac{x_1}{x_2}$，令 $\dfrac{x_1}{x_2}=\lambda$，则 $\dfrac{x_1}{x_2}+\dfrac{x_2}{x_1}=\lambda+\dfrac{1}{\lambda}=\dfrac{x_1^2+x_2^2}{x_1 x_2}$.

所以 $\dfrac{(x_1+x_2)^2}{x_1 x_2}=\lambda+\dfrac{1}{\lambda}+2$.

因此 $\dfrac{(\lambda+1)^2}{\lambda}=\dfrac{\left(-\dfrac{54k}{9k^2+4}\right)^2}{\dfrac{45}{9k^2+4}}=\dfrac{324k^2}{45k^2+20}$.

因为 $k^2>\dfrac{5}{9}$,从而有 $4<\dfrac{324k^2}{45k^2+20}<\dfrac{36}{5}$,所以 $4<\lambda+\dfrac{1}{\lambda}+2<\dfrac{36}{5}$.

解得 $\dfrac{1}{5}<\lambda<5$,所以 $\dfrac{1}{5}<\lambda<1$.

综上,$\dfrac{1}{5}\leqslant\lambda<1$,即 $\dfrac{1}{5}\leqslant\dfrac{AP}{PB}<1$.

还有如下方法可以得到关于 λ 和 k 的方程:

注意到 $\dfrac{AP}{PB}=\dfrac{|x_1|}{|x_2|}=\dfrac{x_1}{x_2}$,令 $\dfrac{x_1}{x_2}=\lambda(0<\lambda<1)$,则 $x_1=\lambda x_2$,代入韦达定理,得 $\begin{cases}x_1+x_2=(\lambda+1)x_2\\ x_1x_2=\lambda x_2^2,\end{cases}$ 所以 $\dfrac{(x_1+x_2)^2}{x_1x_2}=\dfrac{(\lambda+1)^2}{\lambda}=\dfrac{\left(-\dfrac{54k}{9k^2+4}\right)^2}{\dfrac{45}{9k^2+4}}$.

整理,$\lambda+\dfrac{1}{\lambda}+2=\dfrac{324k^2}{45k^2+20}$.后面的方法是相同的.

评析:通过取倒数后,两式相加,将非对称的式子转化成对称的式子,然后用韦达定理.此方法在求比值的非对称形式中,经常用到.

例 21.2 如图,在平面直角坐标系 xOy 中,点 A 和点 B 分别为 y 轴和 x 轴上的两个动点,点 P 为线段 AB 延长线上的一点,且 $|BP|=|AB|=1$.

(1)求点 P 的轨迹方程.

(2)若点 P 的轨迹与 x 轴交于 C,D 两点,且 C 点在 y 轴右侧,点 P 的轨迹与过点 $(1,0)$ 的直线 l 交于 M,N(异于 C,D)两点,直线 DM,CN 交于点 G.求证:点 G 的横坐标为定值.

解:(1)设 $A(0,b),B(a,0),P(x,y)$.

因为 $|BP|=|AB|=1$,所以 B 为线段 AP 中点.

则 $a^2+b^2=1,y=-b,2a=x$.

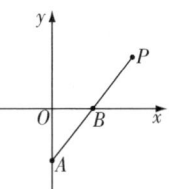

将 $a=\dfrac{x}{2},b=-y$ 代入 $a^2+b^2=1$,即得 $\dfrac{x^2}{4}+y^2=1$.

(2)设 $l_{MN}:x=my+1,M(x_1,y_1),N(x_2,y_2)$.

联立 $\begin{cases}\dfrac{x^2}{4}+y^2=1,\\ x=my+1,\end{cases}$ 得 $(m^2+4)y^2+2my-3=0$.

由韦达定理,得 $y_1+y_2=\dfrac{-2m}{m^2+4}, y_1y_2=\dfrac{-3}{m^2+4}$.所以 $\dfrac{y_1y_2}{y_1+y_2}=\dfrac{3}{2m}$.

因为 $D(-2,0),C(2,0)$,

所以 $l_{DM}:y=\dfrac{y_1}{x_1+2}(x+2), l_{CN}:y=\dfrac{y_2}{x_2-2}(x-2)$.

两式相比,得 $\dfrac{x+2}{x-2}=\dfrac{(x_1+2)y_2}{(x_2-2)y_1}=\dfrac{x_1y_2+2y_2}{x_1y_1-2y_1}=\dfrac{(my_1+1)y_2+2y_2}{(my_2+1)y_1-2y_1}$

$=\dfrac{my_1y_2+3y_2}{my_1y_2-y_1}=\dfrac{\frac{3}{2}(y_1+y_2)+3y_2}{\frac{3}{2}(y_1+y_2)-y_1}=\dfrac{\frac{3}{2}y_1+\frac{9}{2}y_2}{\frac{1}{2}y_1+\frac{3}{2}y_2}$

$=3$.

解得 $x=4$.

所以点 G 的横坐标为定值 4.

例 21.3 (2011・四川卷理)如图,椭圆上有两顶点 $A(-1,0),B(1,0)$,过其焦点 $F(0,1)$ 的直线 l 与椭圆交与 C,D 两点,并与 x 轴交于点 P,直线 AC 与直线 BD 交于点 Q.

(1)当 $|CD|=\dfrac{3}{2}\sqrt{2}$ 时,求直线 l 的方程.

(2)当 P 点异于 A,B 两点时,求证:$\overrightarrow{OP}\cdot\overrightarrow{OQ}$ 为定值.

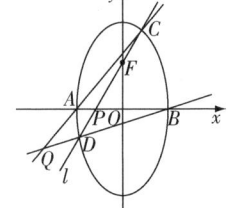

解:(1)由题可得椭圆方程为:$x^2+\dfrac{y^2}{2}=1$.

设直线 l 的方程为:$y=kx+1, C(x_1,y_1), D(x_2,y_2)$.

联立 $\begin{cases} x^2+\dfrac{y^2}{2}=1 \\ y=kx+1 \end{cases}$,得 $(2+k^2)x^2+2kx-1=0(*)$.

$\Delta=8+8k^2$.

由弦长公式,得 $|CD|=\sqrt{1+k^2}\dfrac{\sqrt{8+8k^2}}{2+k^2}=\dfrac{3}{2}\sqrt{2}$.解得 $k=\pm\sqrt{2}$.

所以直线 l 的方程为:$-y\pm\sqrt{2}x+1=0$.

(2)**方法 1**:由(*)式可得:$x_1+x_2=\dfrac{-2k}{2+k^2}, x_1x_2=\dfrac{-1}{2+k^2}$.

所以 $\dfrac{x_1x_2}{x_1+x_2}=\dfrac{1}{2k}$,即 $x_1x_2=\dfrac{1}{2k}(x_1+x_2)$.

由(1)解可得:$P\left(-\dfrac{1}{k},0\right)$,$l_{AC}:y=\dfrac{y_1}{x_1+1}(x+1)$,$l_{BD}:y=\dfrac{y_2}{x_2-1}(x-1)$.

联立直线 AC 与直线 BD 方程,可得点的横坐标为:

$$\begin{aligned}x_Q&=\dfrac{2kx_1x_2+x_1+x_2+k(x_1-x_2)}{x_1-x_2+k(x_1+x_2)+2}\\&=\dfrac{2(x_1+x_2)+k(x_1-x_2)}{x_1-x_2+k(x_1+x_2)+2}\\&=\dfrac{(k+2)(x_1+x_2)-2kx_1}{(k-1)(x_1+x_2)+2+2x_1}\\&=\dfrac{\dfrac{-2k^2-4k}{2+k^2}-2kx_1}{\dfrac{2k+4}{2+k^2}+2x_1}=-k.\end{aligned}$$

所以 $\overrightarrow{OP}\cdot\overrightarrow{OQ}=\left(-\dfrac{1}{k},0\right)\cdot(-k,y_Q)=1$ 为定值.

求定值问题中,最后对分式型非对称式的化简,一部分直接用韦达定理,另一部分则选择只保留 x_1 或者 x_2.

同样,也可借用(2)问中的比值方法,但后来会面对同样的化简问题,我们也可以采用方法 2.

方法 2:由(*)式可得:$x_1+x_2=\dfrac{-2k}{2+k^2}$,$x_1x_2=\dfrac{-1}{2+k^2}$.

所以 $\dfrac{x_1x_2}{x_1+x_2}=\dfrac{1}{2k}$,即 $x_1x_2=\dfrac{1}{2k}(x_1+x_2)$.

由(1)解可得:$P\left(-\dfrac{1}{k},0\right)$,$l_{AC}:y=\dfrac{y_1}{x_1+1}(x+1)$,$l_{BD}:y=\dfrac{y_2}{x_2-1}(x-1)$.

两式相比,可得:$\dfrac{x-1}{x+1}=\dfrac{y_1(x_2-1)}{y_2(x_1+1)}=\dfrac{kx_1x_2+x_2-kx_1-1}{kx_1x_2+x_1+kx_2+1}$

$$=\dfrac{\dfrac{-k}{2+k^2}+x_2-k\left(\dfrac{-2k}{2+k^2}-x_2\right)-1}{\dfrac{-k}{2+k^2}+\left(\dfrac{-2k}{2+k^2}-x_2\right)+kx_2+1}$$

$$=\dfrac{k^2-k-2+(1+k)(2+k^2)x_2}{k^2-3k+2+(k-1)(2+k^2)x_2},$$

$$=\dfrac{k+1}{k-1}.$$

解得 $x=-k$,即 $x_Q=-k$.所以 $\overrightarrow{OP}\cdot\overrightarrow{OQ}=\left(-\dfrac{1}{k},0\right)\cdot(-k,y_Q)=1$ 为定值.

三、战场点兵

1. 已知椭圆 $C: \dfrac{x^2}{a^2}+\dfrac{y^2}{b^2}=1(a>b>0)$ 的左焦点为 F，过点 F 的直线 l 与椭圆 C 相交于 A,B 两点，直线 l 的倾斜角为 $\dfrac{\pi}{4}$，$\overrightarrow{AF}=3\overrightarrow{FB}$，求椭圆 C 的离心率.

2. 已知椭圆 $C: \dfrac{x^2}{a^2}+\dfrac{y^2}{b^2}=1(a>b>0)$ 过点 $P(2,\sqrt{2})$，且离心率为 $\dfrac{\sqrt{2}}{2}$.

(1) 求椭圆 C 的方程.

(2) 椭圆 C 的上、下顶点分别为 A,B，过点 $C(0,4)$ 且斜率为 k 的直线与椭圆 C 交于 M,N 两点，证明直线 BM 与 AN 的交点 G 在定直线上，并求出该定直线的方程.

第二十二计　最值范围　最后一里

一、战法探究

我们经常会遇到这样的问题:若直线 l 与圆锥曲线交于 A,B 两点,已知平面中的另一个点 P,求 $\triangle PAB$ 的面积或斜率的取值范围等.这类问题,我们可以借助三角形的面积公式及割补法直接运算,步骤简单易行,我们以椭圆、双曲线为例来探究其表达形式和应用.

探究　面积表达式的常见模型

设直线 $y=kx+b$ 与曲线 $C:mx^2+ny^2=1$ 相交于 $A(x_1,y_1),B(x_2,y_2)$ 两点,点 $P(x_0,y_0)$ 是平面中一点,则 $\begin{cases}mx^2+ny^2=1\\y=kx+b\end{cases}\Rightarrow(m+nk^2)x^2+2nkbx+nb^2-1=0.$

由 $\Delta=(2nkb)^2-4(m+nk^2)(nb^2-1)=4(nk^2+m-mnb^2)>0$,

及 $\begin{cases}x_1+x_2=-\dfrac{2nkb}{m+nk^2},\\x_1x_2=\dfrac{nb^2-1}{m+nk^2},\end{cases}$ 有

$$|AB|=\sqrt{1+k^2}\sqrt{(x_1+x_2)^2-4x_1x_2}$$

$$=\sqrt{1+k^2}\sqrt{\left(-\dfrac{2nkb}{m+nk^2}\right)^2-\dfrac{4(nb^2-1)}{m+nk^2}}$$

$$=\sqrt{1+k^2}\dfrac{2\sqrt{nk^2+m-mnb^2}}{(m+nk^2)}.$$

设 $P(x_0,y_0)$,P 到 AB 的距离为 $d=\dfrac{|kx_0-y_0+b|}{\sqrt{k^2+1}}.$

故 $\triangle PAB$ 的面积 $S=\dfrac{1}{2}\cdot|AB|\times d$

$$=\dfrac{1}{2}\sqrt{1+k^2}\dfrac{2\sqrt{nk^2+m-mnb^2}}{(m+nk^2)}\dfrac{|kx_0-y_0+b|}{\sqrt{k^2+1}}$$

$$= \frac{2|kx_0 - y_0 + b|\sqrt{nk^2 + m - mnb^2}}{(m + nk^2)}.$$

求该结果的范围或最值时,有以下两种常见的函数模型:

模型 1:$f(x) = \frac{\sqrt{ax^2 + b}}{(cx^2 + d)}$.该模型可以利用换元法,令 $t = \sqrt{ax^2 + b}$,将模型转化为对勾函数,利用基本不等式解决最值及范围.

模型 2:$f(x) = \frac{mx\sqrt{ax^2 + b}}{(cx^2 + d)}$.该模型可以做如下处理:

$$f(x) = \sqrt{\frac{(mx)^2(ax^2 + b)}{(cx^2 + d)^2}},\ 令\ t = x^2,\ 变形为\ g(t) = \sqrt{\frac{a_1 t^2 + b_1}{c_1 t^2 + d_1}}.$$

再进行分离常数转化为反比例函数类型.

除此以外,我们常常还会利用函数的单调性、三角换元、参数方程等方式求最值及范围.

二、战例展示

例 22.1 (2014·全国 I 卷·20,节选)已知点 $A(0, -2)$,椭圆 $E: \frac{x^2}{a^2} + \frac{y^2}{b^2} = 1(a > b > 0)$ 的离心率为 $\frac{\sqrt{3}}{2}$,F 是椭圆 E 的右焦点,直线 AF 的斜率为 $\frac{2\sqrt{3}}{3}$,O 为坐标原点.设过点 A 的动直线 l 与 E 相交于 P, Q 两点.当 $\triangle OPQ$ 的面积最大时,求直线 l 的方程.

解:易知椭圆 E 的方程为 $\frac{x^2}{4} + y^2 = 1$,设 $P(x_1, y_1), Q(x_2, y_2)$.

由题意可设直线 l 的方程为:$y = kx - 2$.

联立 $\begin{cases} \frac{x^2}{4} + y^2 = 1, \\ y = kx - 2, \end{cases}$ 消去 y,得 $(1 + 4k^2)x^2 - 16kx + 12 = 0$.

有 $\Delta = 16(4k^2 - 3) > 0$,得 $k^2 > \frac{3}{4}$,即 $k < -\frac{\sqrt{3}}{2}$ 或 $k > \frac{\sqrt{3}}{2}$.

由韦达定理,得 $x_1 + x_2 = \frac{16k}{1 + 4k^2}, x_1 x_2 = \frac{12}{1 + 4k^2}$.

所以 $|PQ| = \sqrt{1 + k^2}\sqrt{(x_1 + x_2)^2 - 4x_1 x_2}$

$= \sqrt{1 + k^2}\sqrt{\left(\frac{16k}{1 + 4k^2}\right)^2 - \frac{48}{1 + 4k^2}} = \frac{4\sqrt{1 + k^2}\sqrt{4k^2 - 3}}{1 + 4k^2}.$

又点 O 到直线 l 的距离 $d=\dfrac{2}{\sqrt{k^2+1}}$,

所以 $S_{\triangle OPQ}=\dfrac{1}{2}d|PQ|=\dfrac{4\sqrt{4k^2-3}}{1+4k^2}$.

设 $\sqrt{4k^2-3}=t>0$,则 $4k^2=t^2+3$.

$S_{\triangle OPQ}=\dfrac{4t}{t^2+4}=\dfrac{4}{t+\dfrac{4}{t}}\leqslant \dfrac{4}{2\sqrt{4}}=1$,当且仅当 $t=2$,即 $\sqrt{4k^2-3}=2$ 时,取等号,解得 $k=\pm\dfrac{\sqrt{7}}{2}$,满足 $k^2>\dfrac{3}{4}$.

所以 $\triangle OPQ$ 的面积最大时直线 l 的方程为:

$y=\dfrac{\sqrt{7}}{2}x-2$ 或 $y=-\dfrac{\sqrt{7}}{2}x-2$.

评析:本题是一道很常规的求最值问题,当直线 $l\perp x$ 轴时,不合题意;当直线 l 斜率存在时,设直线 $l:y=kx-2$,联立直线方程和椭圆方程,由判别式大于零求得 k 的范围,再由弦长公式求得 $|PQ|$,由点到直线的距离公式求得 O 到 l 的距离,代入三角形面积公式,化简后换元,利用基本不等式求得最值,进一步求出 k 值,则直线方程可求.

例 22.2 (2021·全国乙卷理·21,节选)已知抛物线 $C:x^2=2py$ ($p>0$)的焦点为 F,且 F 与圆 $M:x^2+(y+4)^2=1$ 上点的距离的最小值为 4.若点 P 在 M 上,PA,PB 是 C 的两条切线,A,B 是切点,求 $\triangle PAB$ 面积的最大值.

解:易知抛物线的方程为 $x^2=4y$.

设切点 A,B 的坐标分别为 $A\left(x_1,\dfrac{x_1^2}{4}\right)$,$B\left(x_2,\dfrac{x_2^2}{4}\right)$.

设 $l_{AB}:y=kx+b$,联立 l_{AB} 和抛物线 C 的方程得 $\begin{cases}y=kx+b\\x^2=4y\end{cases}$.

整理得 $x^2-4kx-4b=0$.

判别式 $\Delta=16k^2+16b>0$,即 $k^2+b>0$,且 $x_1+x_2=4k$,$x_1x_2=-4b$.

抛物线 C 的方程为 $x^2=4y$,即 $y=\dfrac{x^2}{4}$,有 $y'=\dfrac{x}{2}$.

则 $l_{PA}:y-\dfrac{x_1^2}{4}=\dfrac{x_1}{2}(x-x_1)$.整理得 $y=\dfrac{x_1}{2}\cdot x-\dfrac{x_1^2}{4}$.

同理可得 $l_{PB}:y=\dfrac{x_2}{2}\cdot x-\dfrac{x_2^2}{4}$.

联立方程 $\begin{cases} y = \dfrac{x_1}{2} \cdot x - \dfrac{x_1^2}{4}, \\ y = \dfrac{x_2}{2} \cdot x - \dfrac{x_2^2}{4}, \end{cases}$ 可得点 P 的坐标为 $P\left(\dfrac{x_1+x_2}{2}, \dfrac{x_1 x_2}{4}\right)$,
即 $P(2k, -b)$.

将点 P 的坐标代入圆 M 的方程,得 $(2k)^2 + (-b+4)^2 = 1$. 整理得
$k^2 = \dfrac{1-(b-4)^2}{4}$.

又 $|AB| = \sqrt{1+k^2}\,|x_1 - x_2| = \sqrt{1+k^2} \cdot \sqrt{(x_1+x_2)^2 - 4x_1 x_2} = \sqrt{1+k^2} \cdot \sqrt{16k^2 + 16b}$,点 P 到直线 AB 的距离为 $d = \dfrac{|2k^2 + 2b|}{\sqrt{k^2+1}}$.

所以 $S_{\triangle PAB} = \dfrac{1}{2}|AB| d = \dfrac{1}{2}\sqrt{16k^2+16b} \cdot |2k^2+2b| = 4\sqrt{(k^2+b)^3} = 4\sqrt{\left[\dfrac{1-(b-4)^2}{4}+b\right]^3} = 4\sqrt{\left(\dfrac{-b^2+12b-15}{4}\right)^3}$.

其中 $y_P = -b \in [-5, -3]$,即 $b \in [3, 5]$.

当 $b=5$ 时,$(S_{\triangle PAB})_{\max} = 20\sqrt{5}$.

直接设直线 $l_{AB}: y = kx + b$,联立直线 AB 和抛物线 C 的方程,利用韦达定理判别式得到 $k^2 + b > 0$,且 $x_1 + x_2 = 4k$,$x_1 x_2 = -4b$. 利用点 P 在圆 M 上,求得 k, b 的关系. 然后利用导数求得两切线方程,解方程组求得 P 的坐标 $P(2k, -b)$. 进而利用弦长公式和点到直线距离公式求得面积关于 b 的函数表达式,然后利用二次函数的性质求得最大值.

本题的其他解法如下.

方法一:

易知抛物线的方程为 $x^2 = 4y$,即 $y = \dfrac{x^2}{4}$,对该函数求导得 $y' = \dfrac{x}{2}$.

设点 $A(x_1, y_1)$,$B(x_2, y_2)$,$P(x_0, y_0)$.

直线 PA 的方程为 $y - y_1 = \dfrac{x_1}{2}(x - x_1)$,即 $y = \dfrac{x_1 x}{2} - y_1$,即 $x_1 x - 2y_1 - 2y = 0$. 同理可知,直线 PB 的方程为 $x_2 x - 2y_2 - 2y = 0$.

由于点 P 为直线 PA,PB 的公共点,则 $\begin{cases} x_1 x_0 - 2y_1 - 2y_0 = 0, \\ x_2 x_0 - 2y_2 - 2y_0 = 0. \end{cases}$

所以,点 A, B 的坐标满足方程 $x_0 x - 2y - 2y_0 = 0$.

所以,直线 AB 的方程为 $x_0 x - 2y - 2y_0 = 0$.

联立 $\begin{cases} x_0 x - 2y - 2y_0 = 0, \\ y = \dfrac{x^2}{4}, \end{cases}$ 可得 $x^2 - 2x_0 x + 4y_0 = 0$.

由韦达定理,得 $x_1 + x_2 = 2x_0, x_1 x_2 = 4y_0$.

所以,$|AB| = \sqrt{1 + \left(\dfrac{x_0}{2}\right)^2} \cdot \sqrt{(x_1+x_2)^2 - 4x_1 x_2}$

$= \sqrt{(x_0^2 + 4)(x_0^2 - 4y_0)}$.

点 P 到直线 AB 的距离为 $d = \dfrac{|x_0^2 - 4y_0|}{\sqrt{x_0^2 + 4}}$.

所以,$S_{\triangle PAB} = \dfrac{1}{2}|AB| \cdot d = \dfrac{1}{2}\sqrt{(x_0^2+4)(x_0^2-4y_0)} \cdot \dfrac{|x_0^2 - 4y_0|}{\sqrt{x_0^2+4}}$

$= \dfrac{1}{2}(x_0^2 - 4y_0)^{\frac{3}{2}}$.

∵ $x_0^2 - 4y_0 = 1 - (y_0+4)^2 - 4y_0 = -y_0^2 - 12y_0 - 15 = -(y_0+6)^2 + 21$,

由已知可得 $-5 \leqslant y_0 \leqslant -3$. 所以,当 $y_0 = -5$ 时,$\triangle PAB$ 的面积取最大值 $\dfrac{1}{2} \times 20^{\frac{3}{2}} = 20\sqrt{5}$.

方法二:

同方法一,得到 $x_1 + x_2 = 2x_0, x_1 x_2 = 4y_0$.

过 P 作 y 轴的平行线交 AB 于 Q,则 $Q\left(x_0, \dfrac{x_0^2}{2} - y_0\right)$.

$S_{\triangle PAB} = \dfrac{1}{2}|PQ| \cdot |x_1 - x_2| = \dfrac{1}{2}\left(\dfrac{1}{2}x_0^2 - 2y_0\right) \cdot \sqrt{4x_0^2 - 16y_0}$

$= \dfrac{1}{2}(x_0^2 - 4y_0)^{\frac{3}{2}}$.

点 P 在圆 M 上,则 $\begin{cases} x_0 = \cos \alpha, \\ y_0 = -4 + \sin \alpha. \end{cases}$

$S_{\triangle PAB} = \dfrac{1}{2}(x_0^2 - 4y_0)^{\frac{3}{2}} = \dfrac{1}{2}(\cos^2 \alpha - 4\sin \alpha + 16)^{\frac{3}{2}}$

$= \dfrac{1}{2}[-(\sin \alpha + 2)^2 + 21]^{\frac{3}{2}}$.

故当 $\sin \alpha = -1$ 时 $\triangle PAB$ 的面积最大,最大值为 $20\sqrt{5}$.

评析: 方法一设点 $A(x_1, y_1), B(x_2, y_2), P(x_0, y_0)$,利用导数求得两切线方程.由切点弦方程思想得到直线 AB 的坐标满足方程 $x_0 x - 2y - $

$2y_0=0$,然后与抛物线方程联立.由韦达定理可得 $x_1+x_2=2x_0$,$x_1x_2=4y_0$,利用弦长公式求得 $|AB|$ 的长,进而得到面积关于 $P(x_0,y_0)$ 坐标的表达式,利用圆的方程转化得到关于 y_0 的二次函数最值问题.由方法二同方法一的部分得到 $x_1+x_2=2x_0$,$x_1x_2=4y_0$,过 P 作 y 轴的平行线交 AB 于 Q,则 $Q\left(x_0,\dfrac{x_0^2}{2}-y_0\right)$.由 $S_{\triangle PAB}=\dfrac{1}{2}|PQ|\cdot|x_1-x_2|$,求得面积 S 关于 $P(x_0,y_0)$ 的表达式,并利用三角函数换元求得面积最大值.方法灵活,计算简洁.

三、战场点兵

1. (2022·四川广安模拟)已知 P 为椭圆 $\dfrac{x^2}{a^2}+\dfrac{y^2}{b^2}=1(a>b>0)$ 上一点,F_1,F_2 分别是椭圆的左、右焦点,$|PF_1|+|PF_2|=4\sqrt{2}$,且椭圆离心率为 $\dfrac{\sqrt{2}}{2}$.

   (1) 求椭圆的标准方程.

   (2) 过 F_1 的直线 l 交椭圆于 A,B 两点,点 C 与点 B 关于 x 轴对称.求 $\triangle AF_1C$ 面积的最大值.

2. (2022·四川模拟)已知椭圆 $C: \dfrac{x^2}{a^2}+\dfrac{y^2}{b^2}=1$ 的上顶点到右顶点的距离为 $\sqrt{7}$,离心率为 $\dfrac{1}{2}$.过椭圆左焦点 F_1 作不与 x 轴重合的直线,与椭圆 C 相交于 M,N 两点.直线 m 的方程为 $x=-2a$,过点 M 作 ME 垂直于直线 m 交直线 m 于点 E.

(1)求椭圆 C 的标准方程.

(2)若点 O 为坐标原点,求 $\triangle OEN$ 面积的最大值.

3. (2022·青海模拟)已知抛物线 $C: x^2=2py\,(p>0)$ 的焦点为 F,点 $M(4,y_0)$ 在抛物线 C 上,且 $|MF|=4+\dfrac{p}{2}$.

(1)求抛物线 C 的方程.

(2)过点 F 的直线 l 与抛物线 C 交于 A,B 两点,分别过点 A,B 作抛物线 C 的切线,记两切线的交点为 P.求 $\triangle PAB$ 面积的最小值.

第二十三计　动中有静　相辅相成

一、战法探究

定点问题在近几年的高考中都有出现,常以解答题形式考查,且难度较大,它能综合应用函数、三角、不等式等有关知识.解题时要紧紧抓住圆锥曲线的定义与性质进行转化,充分展现数形结合、函数与方程、化归转化等数学思想在解题中的应用.在解析几何中,有些几何量,如斜率、距离、面积、比值等基本量和动点坐标或动线中的参变量无关,这类问题统称为定值问题,对学生逻辑思维能力、计算能力等要求很高,这些问题重点考查学生方程思想、函数思想、转化与化归思想的应用.为了提高同学们的解题效率,特别是高考备考效率,本文列举了一些典型的定点问题,以起到抛砖引玉的作用.

探究一　直线或曲线过定点问题

在解决定点问题时主要以参数法最为常见,其具体可以分为直线过定点和曲线过定点问题.

1.动直线 l 过定点问题.设动直线(斜率存在)方程为 $y=kx+m$,由题设条件将 m 用 k 表示为 $m=kt$,得 $y=k(x+t)$,故动直线过定点 $(-t,0)$.

该方法有一个难点是"由题设条件将 m 用 k 表示为 $m=kt$",该处可以选择主元进行因式分解得到,如:$5m^2-4k^2-8km=0$,将方程看成是以 m 为主元,以 k 为参数的一元二次方程,即 $5m^2-8km-4k^2=0$,进行因式分解得 $(m-2k)(5m+2k)=0$,所以 $m=2k$ 或 $m=-\dfrac{2}{5}k$.

2.动曲线 C 过定点问题.引入参变量建立曲线 C 的方程;再根据其对参变量恒成立,令其系数等于零,得出定点.

【知识拓展】设点 $P(m,n)$ 是圆锥曲线 C 上一定点,点 A,B 是 C 上不同于 P 的两点,若 $k_{PA}+k_{PB}=$ 定值,$k_{AP}\cdot k_{BP}=$ 定值,则直线 AB 过定点.

探究二　由特殊到一般的探索思想

引入参数求过定点问题常常会遇到大量计算,甚至无法完成运算,此时我们可以采用由特殊到一般法求解定点问题,常根据动点或动直线的特殊情况探索出定点,再证明该定点与变量无关.该方法的妙用常常可以事半功倍.

二、战例展示

例 23.1 (2020·新课标全国Ⅰ理·20)已知 A,B 分别为椭圆 $E: \dfrac{x^2}{a^2}+y^2=1(a>1)$ 的左、右顶点,G 为 E 的上顶点,$\overrightarrow{AG} \cdot \overrightarrow{GB}=8$,$P$ 为直线 $x=6$ 上的动点,PA 与 E 的另一交点为 C,PB 与 E 的另一交点为 D.

(1)求 E 的方程.

(2)证明:直线 CD 过定点.

解:(1)由椭圆 $E: \dfrac{x^2}{a^2}+y^2=1(a>1)$,得 $A(-a,0),B(a,0),G(0,1)$.

$\therefore \overrightarrow{AG}=(a,1),\overrightarrow{GB}=(a,-1)$. $\therefore \overrightarrow{AG} \cdot \overrightarrow{GB}=a^2-1=8$. $\therefore a^2=9$. $\therefore$ 椭圆方程 E 为 $\dfrac{x^2}{9}+y^2=1$.

(2)**方法一:设点求线**

设 $P(6,y_0)$,则直线 AP 的方程为:$y=\dfrac{y_0-0}{6-(-3)}(x+3)$,即:$y=\dfrac{y_0}{9}(x+3)$.

联立直线 AP 的方程与椭圆 E 的方程,得 $\begin{cases} \dfrac{x^2}{9}+y^2=1, \\ y=\dfrac{y_0}{9}(x+3). \end{cases}$

整理得 $(y_0^2+9)x^2+6y_0^2 x+9y_0^2-81=0$. 解得:$x=-3$ 或 $x=\dfrac{-3y_0^2+27}{y_0^2+9}$.

将 $x=\dfrac{-3y_0^2+27}{y_0^2+9}$ 代入直线 $y=\dfrac{y_0}{9}(x+3)$,得 $y=\dfrac{6y_0}{y_0^2+9}$.

所以点 C 的坐标为 $\left(\dfrac{-3y_0^2+27}{y_0^2+9},\dfrac{6y_0}{y_0^2+9}\right)$.

同理可得:点 D 的坐标为 $\left(\dfrac{3y_0^2-3}{y_0^2+1},\dfrac{-2y_0}{y_0^2+1}\right)$.

当 $y_0^2 \neq 3$ 时,直线 CD 的方程为:

$$y-\left(\frac{-2y_0}{y_0^2+1}\right)=\frac{\frac{6y_0}{y_0^2+9}-\left(\frac{-2y_0}{y_0^2+1}\right)}{\frac{-3y_0^2+27}{y_0^2+9}-\frac{3y_0^2-3}{y_0^2+1}}\left(x-\frac{3y_0^2-3}{y_0^2+1}\right).$$

整理得 $y+\dfrac{2y_0}{y_0^2+1}=\dfrac{8y_0(y_0^2+3)}{6(9-y_0^4)}\left(x-\dfrac{3y_0^2-3}{y_0^2+1}\right)=\dfrac{8y_0}{6(3-y_0^2)}\left(x-\dfrac{3y_0^2-3}{y_0^2+1}\right).$

整理得 $y=\dfrac{4y_0}{3(3-y_0^2)}x+\dfrac{2y_0}{y_0^2-3}=\dfrac{4y_0}{3(3-y_0^2)}\left(x-\dfrac{3}{2}\right).$

所以直线 CD 过定点 $\left(\dfrac{3}{2},0\right).$

当 $y_0^2=3$ 时,直线 $CD:x=\dfrac{3}{2}$,过点 $\left(\dfrac{3}{2},0\right).$

故直线 CD 过定点 $\left(\dfrac{3}{2},0\right).$

方法二:数形结合

设 $C(x_1,y_1),D(x_2,y_2),P(6,t).$

若 $t\neq 0$,设直线 CD 的方程为 $x=my+n.$ 由题意,知 $-3<n<3.$

由于直线 PA 的方程为 $y=\dfrac{t}{9}(x+3)$,所以 $y_1=\dfrac{t}{9}(x_1+3).$

直线 PB 的方程为 $y=\dfrac{t}{3}(x-3)$,所以 $y_2=\dfrac{t}{3}(x_2-3).$

可得 $3y_1(x_2-3)=y_2(x_1+3).$

由于 $\dfrac{x_2^2}{9}+y_2^2=1$,故 $y_2^2=1-\dfrac{x_2^2}{9}=-\dfrac{(x_2+3)(x_2-3)}{9}.$

可得 $27y_1y_2=-(x_1+3)(x_2+3).$

即 $(27+m^2)y_1y_2+m(n+3)(y_1+y_2)+(n+3)^2=0.$ ①

由 $\begin{cases}x=my+n,\\ \dfrac{x^2}{9}+y^2=1,\end{cases}$ 得 $(m^2+9)y^2+2mny+n^2-9=0.$

所以 $y_1+y_2=-\dfrac{2mn}{m^2+9},y_1y_2=\dfrac{n^2-9}{m^2+9},$

代入①,得 $(m^2+27)(n^2-9)-2m(n+3)mn+(n+3)^2(m^2+9)=0.$

解得 $n=-3$(舍去)$,n=\dfrac{3}{2}.$

故直线 CD 的方程为 $x=my+\dfrac{3}{2}$，即直线 CD 恒过点 $\left(\dfrac{3}{2},0\right)$.

若 $t=0$，直线 CD 的方程为 $y=0$，过点 $\left(\dfrac{3}{2},0\right)$.

综上，直线 CD 恒过点 $\left(\dfrac{3}{2},0\right)$.

例 23.2 （2022·全国乙理·20）已知椭圆 E 的中心为坐标原点，对称轴为 x 轴、y 轴，且过 $A(0,-2)$，$B\left(\dfrac{3}{2},-1\right)$ 两点.

(1) 求 E 的方程.

(2) 设过点 $P(1,-2)$ 的直线交 E 于 M，N 两点，过 M 且平行于 x 轴的直线与线段 AB 交于点 T，点 H 满足 $\overrightarrow{MT}=\overrightarrow{TH}$. 证明：直线 HN 过定点.

解：(1) 设椭圆 E 的方程为 $mx^2+ny^2=1$，过 $A(0,-2)$，$B\left(\dfrac{3}{2},-1\right)$，则
$\begin{cases}4n=1,\\ \dfrac{9}{4}m+n=1,\end{cases}$ 解得 $m=\dfrac{1}{3}$，$n=\dfrac{1}{4}$，所以椭圆 E 的方程为：$\dfrac{y^2}{4}+\dfrac{x^2}{3}=1$.

(2) 因为 $A(0,-2)$，$B\left(\dfrac{3}{2},-1\right)$，所以 $AB:y+2=\dfrac{2}{3}x$.

① 若过点 $P(1,-2)$ 的直线斜率不存在，把直线 $x=1$ 代入 $\dfrac{x^2}{3}+\dfrac{y^2}{4}=1$，可得 $M\left(1,-\dfrac{2\sqrt{6}}{3}\right)$，$N\left(1,\dfrac{2\sqrt{6}}{3}\right)$.

代入 AB 的方程 $y=\dfrac{2}{3}x-2$，可得 $T\left(-\sqrt{6}+3,-\dfrac{2\sqrt{6}}{3}\right)$.

由 $\overrightarrow{MT}=\overrightarrow{TH}$ 得到 $H\left(-2\sqrt{6}+5,-\dfrac{2\sqrt{6}}{3}\right)$，求得 HN 的方程：$y=\left(2+\dfrac{2\sqrt{6}}{3}\right)x-2$ 过点 $(0,-2)$.

② 若过点 $P(1,-2)$ 的直线斜率存在，设 $kx-y-(k+2)=0$，$M(x_1,y_1)$，$N(x_2,y_2)$.

联立 $\begin{cases}kx-y-(k+2)=0,\\ \dfrac{x^2}{3}+\dfrac{y^2}{4}=1,\end{cases}$ 得 $(3k^2+4)x^2-6k(2+k)x+3k(k+4)=0$.

可得 $\begin{cases} x_1+x_2=\dfrac{6k(2+k)}{3k^2+4}, \\ x_1x_2=\dfrac{3k(4+k)}{3k^2+4}, \end{cases}$ $\begin{cases} y_1+y_2=\dfrac{-8(2+k)}{3k^2+4}, \\ y_2y_2=\dfrac{4(4+4k-2k^2)}{3k^2+4}, \end{cases}$ 且

$x_1y_2+x_2y_1=\dfrac{-24k}{3k^2+4}$ ($*$).

联立 $\begin{cases} y=y_1, \\ y=\dfrac{2}{3}x-2, \end{cases}$ 可得 $T\left(\dfrac{3y_1}{2}+3, y_1\right)$, $H(3y_1+6-x_1, y_1)$.

可求得此时 $HN: y-y_2=\dfrac{y_1-y_2}{3y_1+6-x_1-x_2}(x-x_2)$.

将 $(0,-2)$ 代入,整理得 $2(x_1+x_2)-6(y_1+y_2)+x_1y_2+x_2y_1-3y_1y_2-12=0$.

将($*$)式代入,得 $24k+12k^2+96+48k-24k-48-48k+24k^2-36k^2-48=0$,显然成立.综上,可得直线 HN 过定点 $(0,-2)$.

评析:这两题主要考查了椭圆的简单性质及方程思想,还考查了计算能力及转化思想、推理论证能力,属于难题.其中例 23.1 第(2)问的方法一最直接,但对运算能力要求很高;方法二曲线系的应用更多地体现了几何与代数结合的思想,二次曲线系的应用使得计算更为简单.例 23.2 则是利用特殊到一般的方法,先求出定点再验证其正确性,大大减少了计算量.由此可以看出求定点、定值问题常见的方法有两种:①从特殊入手,求出定值,再证明这个值与变量无关;②直接推理、计算,并在计算推理的过程中消去变量,从而得到定值.

三、战场点兵

1.(2022·山东青岛·二模)已知点 $P(1,1)$ 在椭圆 $C: \dfrac{x^2}{a^2}+\dfrac{y^2}{b^2}=1(a>b>0)$

上,椭圆 C 的左右焦点分别为 F_1, F_2, $\triangle PF_1F_2$ 的面积为 $\dfrac{\sqrt{6}}{2}$.

(1)求椭圆 C 的方程.

(2)设点 A, B 在椭圆 C 上,直线 PA, PB 均与圆 $O: x^2+y^2=r^2(0<r<1)$ 相切,记直线 PA, PB 的斜率分别为 k_1, k_2.

(ⅰ)证明:$k_1 k_2 = 1$.

(ⅱ)证明:直线 AB 过定点.

2.(2022·上海·华东师范大学附属东昌中学)已知椭圆 $C: \dfrac{x^2}{4} + \dfrac{y^2}{b^2} = 1$ ($0 < b < 2$)的离心率为 $\dfrac{\sqrt{3}}{2}$,左顶点和上顶点分别为 A,B.

(1)求 b 的值.

(2)点 P 在椭圆上,求线段 BP 的长度 $|BP|$ 的最大值及取最大值时点 P 的坐标.

(3)不过点 A 的直线 l 交椭圆 C 于 M,N 两点,记直线 l,AM,AN 的斜率分别为 k,k_1,k_2.若 $k(k_1 + k_2) = 1$,证明:直线 l 过定点,并求出定点的坐标.

第二十四计 但凡弦长 皆为距离

一、战法探究

在高考中,圆锥曲线的综合问题,常以直线与圆锥曲线的性质及其位置关系的有关知识为主体,而直线与圆锥曲线的弦长问题是圆锥曲线中常见的题型,弦长问题的探究更是高考的热点,是我们关注的重点,这里我们将以椭圆、双曲线为例来探究其表达形式和应用.

探究一 一般弦长问题

求解直线与圆锥曲线相交的一般弦长,根据具体情况,通常要分类讨论.

(1)当直线的斜率不存在时:求出点的坐标,进而求出弦长.

(2)当直线斜率存在时:设直线斜率为 k,直线与圆锥曲线相交于 $A(x_1, y_1)$,$B(x_2, y_2)$ 两点,弦长 $|AB| = \sqrt{1+k^2}\sqrt{(x_1+x_2)^2 - 4x_1x_2} = \sqrt{1+k^2}\dfrac{\sqrt{\Delta}}{|a'|}$($a'$ 为直线与曲线联立后的二次项系数).

答题模板:联立法解题思路(以给定椭圆、双曲线和直线斜率为例,抛物线同理)

第一步:设点 $A(x_1, y_1)$,$B(x_2, y_2)$.

第二步:①当直线斜率不存在时:直接求出点的坐标,进而求出弦长.

②当直线斜率存在时:设直线 $l: y = kx + b$(这里的 k 为已知量,当给定条件为过已知定点时,设点斜式).

第三步:联立方程组 $\begin{cases} mx^2 + ny^2 = 1 \\ y = kx + b \end{cases} \Rightarrow (m + nk^2)x^2 + 2nkbx + nb^2 - 1 = 0.$

第四步:判别式 $\Delta > 0$(对于涉及求取值范围的题型,该步骤为关键步骤).

第五步:韦达定理,$x_1 + x_2 = -\dfrac{2nkb}{m + nk^2}$,$x_1 x_2 = \dfrac{nb^2 - 1}{m + nk^2}$.

第六步:将韦达定理代入弦长公式即可求解.

当然，在设直线方程及消元时也可以有如下的处理方式：

(1)直线方程与圆锥曲线方程联立消去 x，根据具体情况，可推导出弦长公式 $|AB| = \sqrt{1+\left(\dfrac{1}{k}\right)^2}\sqrt{(y_1+y_2)^2-4y_1y_2}$.

(2)联立方程组 $\begin{cases} mx^2+ny^2=1, \\ y=kx+b, \end{cases}$ 消去 y 得一元二次方程，不妨记为 $Ax^2+Bx+C=0$，可推导出弦长公式 $|AB|=\sqrt{1+k^2}\,\dfrac{\sqrt{\Delta}}{|A|}$（其中 $\Delta=B^2-4AC$）.

探究二 利用直线参数方程求弦长

过点 $M_0(x_0,y_0)$，倾斜角为 α 的直线 l 的参数方程为 $\begin{cases} x=x_0+t\cos\alpha, \\ y=y_0+t\sin\alpha, \end{cases}$ (t 是参数). 其中，参数 t 的几何意义是：$|t|$ 是直线 l 上任意一点 $M(x,y)$ 到 $M_0(x_0,y_0)$ 的距离，即 $|MM_0|=|t|$. 当 $\overrightarrow{MM_0}$ 方向向上时，$t>0$；当 $\overrightarrow{MM_0}$ 方向向下时，$t<0$；当 $\overrightarrow{MM_0}=\mathbf{0}$ 时，$t=0$.

直线 l（参数方程）与曲线（普通方程）相交于 A,B 两点的对应参数分别为 t_1,t_2，则 $|M_0A|=|t_1|$，$|M_0B|=|t_2|$，$|AB|=|t_1-t_2|=\sqrt{(t_1+t_2)^2-4t_1t_2}$.

二、战例展示

例 24.1 (2021·全国新高考Ⅱ·20)已知椭圆 C 的方程为 $\dfrac{x^2}{a^2}+\dfrac{y^2}{b^2}=1$ ($a>b>0$)，右焦点为 $F(\sqrt{2},0)$，且离心率为 $\dfrac{\sqrt{6}}{3}$.

(1)求椭圆 C 的方程.

(2)设 M,N 是椭圆 C 上的两点，直线 MN 与曲线 $x^2+y^2=b^2$ ($x>0$) 相切. 证明：M,N,F 三点共线的充要条件是 $|MN|=\sqrt{3}$.

解：(1)由题意，椭圆半焦距 $c=\sqrt{2}$ 且 $e=\dfrac{c}{a}=\dfrac{\sqrt{6}}{3}$，所以 $a=\sqrt{3}$，又因为 $b^2=a^2-c^2=1$，所以椭圆方程为 $\dfrac{x^2}{3}+y^2=1$.

(2)由(1)得，曲线为 $x^2+y^2=1$ ($x>0$).

当直线 MN 的斜率不存在时，直线 $MN:x=1$，不合题意.

当直线 MN 的斜率存在时，设 $M(x_1,y_1)$，$N(x_2,y_2)$.

①必要条件：

若 M,N,F 三点共线，可设直线 MN：$y=k(x-\sqrt{2})$，即 $kx-y-\sqrt{2}k=0$.

由直线 MN 与曲线 $x^2+y^2=1(x>0)$ 相切，得 $\dfrac{|\sqrt{2}k|}{\sqrt{k^2+1}}=1$. 解得 $k=\pm 1$.

联立 $\begin{cases} y=\pm(x-\sqrt{2}), \\ \dfrac{x^2}{3}+y^2=1, \end{cases}$ 可得 $4x^2-6\sqrt{2}\,x+3=0$. 所以 $x_1+x_2=\dfrac{3\sqrt{2}}{2}$，

$x_1 \cdot x_2=\dfrac{3}{4}$. 所以 $|MN|=\sqrt{1+1} \cdot \sqrt{(x_1+x_2)^2-4x_1 \cdot x_2}=\sqrt{3}$.

所以必要成立；

②充分条件：

设直线 MN：$y=kx+b(kb<0)$，即 $kx-y+b=0$.

由直线 MN 与曲线 $x^2+y^2=1(x>0)$ 相切，可得 $\dfrac{|b|}{\sqrt{k^2+1}}=1$，所以 $b^2=k^2+1$. 联立 $\begin{cases} y=kx+b, \\ \dfrac{x^2}{3}+y^2=1, \end{cases}$ 得 $(1+3k^2)x^2+6kbx+3b^2-3=0$.

所以 $x_1+x_2=-\dfrac{6kb}{1+3k^2}$，$x_1 \cdot x_2=\dfrac{3b^2-3}{1+3k^2}$.

所以 $|MN|=\sqrt{1+k^2} \cdot \sqrt{(x_1+x_2)^2-4x_1 \cdot x_2}$

$=\sqrt{1+k^2}\sqrt{\left(-\dfrac{6kb}{1+3k^2}\right)^2-4\cdot\dfrac{3b^2-3}{1+3k^2}}$

$=\sqrt{1+k^2} \cdot \dfrac{\sqrt{24k^2}}{1+3k^2}=\sqrt{3}$.

化简得 $3(k^2-1)^2=0$，所以 $k=\pm 1$.

所以 $\begin{cases} k=1, \\ b=-\sqrt{2}, \end{cases}$ 或 $\begin{cases} k=-1, \\ b=\sqrt{2}, \end{cases}$ 所以直线 MN：$y=x-\sqrt{2}$ 或 $y=-x+\sqrt{2}$.

所以直线 MN 过点 $F(\sqrt{2},0)$，即 M,N,F 三点共线. 充分性成立；

所以 M,N,F 三点共线的充要条件是 $|MN|=\sqrt{3}$.

例 24.2 设圆 A：$x^2+y^2+2x-15=0$，直线 l 过点 $B(1,0)$ 且与 x 轴不重合，l 交圆 A 于 C,D 两点，过 B 作 AC 的平行线交 AD 于点 E.

(1) 证明 $|EA|+|EB|$ 为定值，并写出点 E 的轨迹方程.

(2)设点 E 的轨迹为曲线 C_1,直线 l 交 C_1 于 M,N 两点,过 B 且与 l 垂直的直线与圆 A 交于 P,Q 两点.求四边形 $MPNQ$ 面积的取值范围.

解:(1)如图,因为 $|AD|=|AC|$,EB∥AC,故 $\angle EBD=\angle ACD=\angle ADC$.
所以 $|EB|=|ED|$.故 $|EA|+|EB|=|EA|+|ED|=|AD|$.
又因为圆 A 的标准方程为 $(x+1)^2+y^2=16$.
所以 $|AD|=4$,所以 $|EA|+|EB|=4$.
由题设得 $A(-1,0)$,$B(1,0)$,$|AB|=2$.
由椭圆定义可得点 E 的轨迹是椭圆,$2a=4$,$2c=2$,∴$a=2$,$c=1$,$b=\sqrt{3}$.

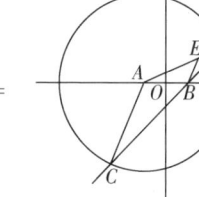

其方程为:$\dfrac{x^2}{4}+\dfrac{y^2}{3}=1(y\neq 0)$.

(2)如图,①直线 MN 的参数方程为 $\begin{cases}x=1+t\cos\alpha,\\ y=t\sin\alpha,\end{cases}$($t$ 是参数),代入 $3x^2+4y^2-12=0$,

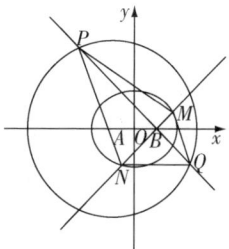

得 $3(\cos^2\alpha\cdot t^2+2\cos\alpha\cdot t+1)+4\sin^2\alpha\cdot t^2-12=0$,
即 $(\sin^2\alpha+3)t^2+6\cos\alpha\cdot t-9=0$.

∴$t_1+t_2=-\dfrac{6\cos\alpha}{\sin^2\alpha+3}$,$t_1t_2=-\dfrac{9}{\sin^2\alpha+3}$.

$|PQ|=|t_1-t_2|=\sqrt{(t_1+t_2)^2-4t_1t_2}$
$=\sqrt{\dfrac{36\cos^2\alpha}{(\sin^2\alpha+3)^2}+\dfrac{36}{\sin^2\alpha+3}}=\dfrac{12}{\sin^2\alpha+3}$.

②直线 PQ 的参数方程为 $\begin{cases}x=1+t\cos\left(\dfrac{\pi}{2}+\alpha\right),\\ y=t\sin\left(\dfrac{\pi}{2}+\alpha\right),\end{cases}$ 即 $\begin{cases}x=1-t\sin\alpha,\\ y=t\cos\alpha,\end{cases}$

(t 是参数).代入 $(x+1)^2+y^2=16$,得 $(\sin^2\alpha\cdot t^2-4\sin\alpha\cdot t+4)+\cos^2\alpha\cdot t^2=16$,即 $t^2-4\sin\alpha\cdot t-12=0$.

∴$t_1+t_2=4\sin\alpha$,$t_1t_2=-12$.

$|MN|=|t_1-t_2|=\sqrt{(t_1+t_2)^2-4t_1t_2}=\sqrt{16\sin^2\alpha+48}=4\sqrt{\sin^2\alpha+3}$.

∴四边形 $MPNQ$ 的面积 $S=\dfrac{1}{2}|MN|\cdot|PQ|=\dfrac{1}{2}\cdot 4\sqrt{\sin^2\alpha+3}\cdot\dfrac{12}{\sin^2\alpha+3}=\dfrac{24}{\sqrt{\sin^2\alpha+3}}$.

∵$\alpha\in\left(0,\dfrac{\pi}{2}\right]$,∴$\sin^2\alpha\in(0,1]$,∴$S\in[12,8\sqrt{3})$.

故四边形 $MPNQ$ 面积的取值范围为 $[12,8\sqrt{3})$.

评析：解决直线与抛物线、椭圆、双曲线相交的一般弦长问题，一般利用根与系数关系采用"设而不求，整体代入"的解法，但要注意直线斜率是否存在的讨论，也要根据条件确认怎样设直线方程便于求解结果，其计算量很大，过程繁冗，稍微不注意就会出现计算错误．若尝试以参数方程为工具巧妙解决圆锥曲线的弦长问题，或许能让计算过程更加简洁．

三、战场点兵

1. (2022·河南开封·模拟预测（理）)已知椭圆 $\Omega:\dfrac{x^2}{a^2}+\dfrac{y^2}{b^2}=1(a>b>0)$ 的离心率为 $\dfrac{1}{2}$，Ω 上的点 P 与 Ω 外的点 $Q(4,0)$ 距离的最小值为 2.
   (1) 求椭圆 Ω 的方程.
   (2) 若直线 l 与椭圆 Ω 交于点 A,B，当直线 l 被圆 $O:x^2+y^2=a^2$ 截得的弦长为 $2b$ 时，求 $\triangle OAB$ 面积的取值范围.

2. (2016·新课标 Ⅱ 文·20) 已知 A 是椭圆 $E:\dfrac{x^2}{4}+\dfrac{y^2}{3}=1$ 的左顶点，斜率为 $k(k>0)$ 的直线交 E 于 A,M 两点，点 N 在 E 上，$MA\perp NA$.
   (1) 当 $|AM|=|AN|$ 时，求 $\triangle AMN$ 的面积.
   (2) 当 $2|AM|=|AN|$ 时，证明：$\sqrt{3}<k<2$.

第二十五计　多款面积　因地制宜

一、战法探究

在圆锥曲线问题中,我们经常会碰到涉及三角形或四边形面积的问题,比如求面积的范围、面积的最值、面积之比,求证面积为定值等.

探究一　三角形的面积公式

1.常用的三角形面积公式

$S = \dfrac{1}{2} a \cdot h_a$.

$S = \dfrac{1}{2} ab \sin C$.

2.利用铅垂高和水平宽

$S_{\triangle AOB} = \dfrac{1}{2} |OC| \cdot |y_A - y_B|$.

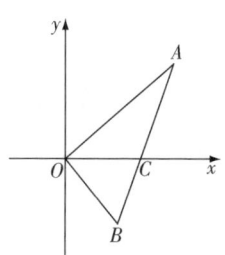

(3) $\overrightarrow{AB} = (x_1, y_1)$, $\overrightarrow{AC} = (x_2, y_2)$, 则 $S_{\triangle ABC} = \dfrac{1}{2} |x_1 y_2 - x_2 y_1|$.

证明: $S_{\triangle ABC} = \dfrac{1}{2} |\overrightarrow{AB}| \cdot |\overrightarrow{AC}| \sin \angle BAC$

$= \dfrac{1}{2} |\overrightarrow{AB}| \cdot |\overrightarrow{AC}| \sqrt{1 - \cos^2 \angle BAC}$

$= \dfrac{1}{2} |\overrightarrow{AB}| \cdot |\overrightarrow{AC}| \sqrt{1 - \left(\dfrac{\overrightarrow{AB} \cdot \overrightarrow{AC}}{|\overrightarrow{AB}| \cdot |\overrightarrow{AC}|} \right)^2}$

$= \dfrac{1}{2} \sqrt{|\overrightarrow{AB}|^2 \cdot |\overrightarrow{AC}|^2 - (\overrightarrow{AB} \cdot \overrightarrow{AC})^2}$

$= \dfrac{1}{2} \sqrt{(x_1^2 + y_1^2)(x_2^2 + y_2^2) - (x_1 x_2 + y_1 y_2)^2}$

$= \dfrac{1}{2} |x_1 y_2 - x_2 y_1|$.

(4)若已知 $\triangle ABC$ 三点坐标 $A=(x_1,y_1), B=(x_2,y_2), C=(x_3,y_3)$，则 $\triangle ABC$ 的面积也可用 3 阶行列式表示为 $S_{\triangle ABC}=\dfrac{1}{2}\begin{vmatrix} 1 & x_1 & y_1 \\ 1 & x_2 & y_2 \\ 1 & x_3 & y_3 \end{vmatrix}$.

探究二 求四边形面积的常见方法

1.已知四边形 $ABCD$ 的对角线 AC, BD 的夹角为 θ，则四边形的面积 $S=\dfrac{1}{2}|AC|\cdot|BD|\sin\theta$. 特别地，如果对角线 $AC \perp BD$，则 $S=\dfrac{1}{2}|AC|\cdot|BD|$.

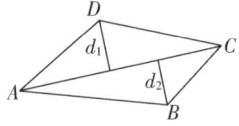

2.$S_{ABCD}=S_{\triangle ABC}+S_{\triangle ACD}=\dfrac{1}{2}|AC|\cdot(d_1+d_2)$.

探究三 椭圆中内接多边形和外切多边形的面积最大值

我们有时会遇到求椭圆内接多边形或外切多边形面积的最大值，这里给出三个公式，但是没有证明。其中内接三角形的面积最大值和外切 n 边形的面积最大值可以利用仿射变换证明.

1.椭圆 $\dfrac{x^2}{a^2}+\dfrac{y^2}{b^2}=1(a>b>0)$ 的内接三角形面积的最大值为 $\dfrac{3\sqrt{3}}{4}ab$.

2.椭圆 $\dfrac{x^2}{a^2}+\dfrac{y^2}{b^2}=1(a>b>0)$ 的内接 n 边形面积的最大值为 $\dfrac{1}{2}nab\sin\dfrac{2\pi}{n}$.

3.椭圆 $\dfrac{x^2}{a^2}+\dfrac{y^2}{b^2}=1(a>b>0)$ 的外切 n 边形面积的最大值为 $3\sqrt{3}ab$.

二、战例展示

例 25.1 已知抛物线 $C: x^2=2py(p>0)$ 的焦点为 F，且 F 与圆 $M: x^2+(y+4)^2=1$ 上点的距离的最小值为 4.

(1)求 p.

(2)若点 P 在 M 上，PA, PB 是 C 的两条切线，A, B 是切点. 求 $\triangle PAB$ 面积的最大值.

解：(1) $p=2$（过程略）.

(2)设 $P(x_0,y_0)$,则 $x_0x=2(y+y_0)$,即 $x_0x-2y-2y_0=0$(由半代入方法求出).

所以点 P 到直线 l_{AB} 的距离 $d=\dfrac{|x_0^2-4y_0|}{\sqrt{x_0^2+4}}$.

联立 $\begin{cases} x^2=4y, \\ x_0x-2y-2y_0=0, \end{cases}$ 得: $x^2-2x_0x+4y_0=0$.

$\Delta=4x_0^2-16y_0>0$,即 $x_0^2>4y_0$.

由弦长公式,$|AB|=\sqrt{1+\dfrac{x_0^2}{4}}\sqrt{4x_0^2-16y_0}$.

则 $S_{\triangle PAB}=\dfrac{1}{2}|AB|\cdot d=\dfrac{1}{2}\sqrt{1+\dfrac{x_0^2}{4}}\sqrt{4x_0^2-16y_0}\cdot\dfrac{|x_0^2-4y_0|}{\sqrt{x_0^2+4}}=\dfrac{1}{2}|x_0^2-4y_0|^{\frac{3}{2}}$.

因为点 P 在圆上,所以满足 $x_0^2=1-(y_0+4)^2$,且 $-5\leqslant y_0\leqslant-3$.

所以 $x_0^2-4y_0=-y_0^2-12y_0-15=-(y_0+6)^2+21$.

因此,当 $y_0=-5$ 时,$\triangle PAB$ 的面积取最大值 $\dfrac{1}{2}\times 20^{\frac{3}{2}}=20\sqrt{5}$.

例 25.2 已知在椭圆 $\dfrac{x^2}{a^2}+y^2=1(a>1)$ 中,左顶点为点 A,右顶点为点 B,且离心率为 $\dfrac{\sqrt{3}}{2}$.

(1)求椭圆的标准方程.

(2)点 E 是椭圆上一动点(第一象限内),过点 O 作直线 $MP\parallel AE$(直线 MP 与椭圆交于点 M,P),过点 O 作直线 $NQ\parallel BE$(直线 NQ 与椭圆交于点 N,Q).试问:以 M,N,P,Q 为顶点的四边形的面积是否为定值?若为定值,求出该定值;若不是定值,请求出该四边形的面积的取值范围.

解:(1)$\dfrac{x^2}{4}+y^2=1$(过程略).

(2)设 $l_{MD}:y=k_1x$,$l_{NQ}:y=k_2x$.

$\because MP\parallel AE, NQ\parallel BE, k_{EA}\cdot k_{EB}=-\dfrac{b^2}{a^2}=-\dfrac{1}{4}, \therefore k_1\cdot k_2=-\dfrac{b^2}{a^2}=-\dfrac{1}{4}$.

联立 $\begin{cases} \dfrac{x^2}{4}+y^2=1, \\ y=k_1x, \end{cases}$ 得 $(1+4k_1^2)x^2-4=0$.

解得:$x=\pm\dfrac{2}{\sqrt{1+4k_1^2}}$.

所以 $P\left(\dfrac{2}{\sqrt{1+4k_1^2}},\dfrac{2k_1}{\sqrt{1+4k_1^2}}\right)$.同理可得:$Q\left(\dfrac{2}{\sqrt{1+4k_2^2}},\dfrac{2k_2}{\sqrt{1+4k_2^2}}\right)$.

则 $S_{\triangle POQ}=\dfrac{1}{2}|x_P y_Q - x_Q y_P|=\dfrac{1}{2}\dfrac{4|k_1-k_2|}{\sqrt{(1+4k_1^2)(1+4k_2^2)}}$.

$$=2\sqrt{\dfrac{k_1^2+k_2^2-2k_1 k_2}{16k_1^2 k_2^2+4(k_1^2+k_2^2)+1}}$$

$$=2\sqrt{\dfrac{k_1^2+k_2^2+\dfrac{1}{2}}{4(k_1^2+k_2^2)+2}}=1.$$

所以 $S_{四边形MNPQ}=4S_{\triangle POQ}=4$.

因此以 M,N,P,Q 为顶点的四边形的面积为定值 4.

例 25.3 设圆 $x^2+y^2+2x-15=0$ 的圆心为 A,直线 l 过点 $B(1,0)$ 且与 x 轴不重合,l 交圆 A 于 C,D 两点,过 B 作 AC 的平行线交 AD 于点 E.

(1)写出点 E 的轨迹方程.

(2)设点 E 的轨迹为曲线 C_1,直线 l 交 C_1 于点 M,N,过 B 且与 l 垂直的直线与圆 A 交于 P,Q 两点.求四边形 $MNPQ$ 面积的取值范围.

解:(1)轨迹方程为:$\dfrac{x^2}{4}+\dfrac{y^2}{3}=1(y\neq 0)$.

(2)设 $l:x=my+1$.因为 $PQ\perp l$,则 l_{PQ} 的斜率为 $-m$.

设 $l_{PQ}:y=-m(x-1)$.

联立 l 与椭圆 C_1 的方程,得 $\begin{cases} x=my+1, \\ \dfrac{x^2}{4}+\dfrac{y^2}{3}=1. \end{cases}$

则 $(3m^2+4)y^2+6my-9=0,\Delta=144(1+m^2)$.

因此 $|MN|=\sqrt{1+m^2}\dfrac{\sqrt{144(1+m^2)}}{3m^2+4}=\dfrac{12(1+m^2)}{3m^2+4}$.

圆心 A 到 PQ 的距离 $d=\dfrac{|-m(-1-1)|}{\sqrt{1+m^2}}=\dfrac{|2m|}{\sqrt{1+m^2}}$.

所以 $|PQ|=2\sqrt{|AQ|^2-d^2}=2\sqrt{16-\dfrac{4m^2}{1+m^2}}=\dfrac{4\sqrt{3m^2+4}}{\sqrt{1+m^2}}$.

$$S_{四边形MPNQ} = \frac{1}{2}|MN| \cdot |PQ| = \frac{1}{2} \cdot \frac{12(1+m^2)}{3m^2+4} \cdot \frac{4\sqrt{3m^2+4}}{\sqrt{1+m^2}}$$

$$= 24\sqrt{\frac{m^2+1}{3m^2+4}}.$$

令 $t = m^2 + 1 (t \geqslant 1)$,则 $S_{MPNQ} = 24\sqrt{\frac{t}{3t+1}} = 24\sqrt{\frac{1}{3+\frac{1}{t}}} \in [12, 8\sqrt{3})$.

所以四边形 $MNPQ$ 面积的取值范围为 $[12, 8\sqrt{3})$.

例 25.4 已知 A, B 分别为椭圆 $E: \frac{x^2}{a^2} + \frac{y^2}{3} = 1 (a > \sqrt{3})$ 的左右顶点,Q 为椭圆 E 的上顶点,$\overrightarrow{AQ} \cdot \overrightarrow{QB} = 1$.

(1) 求椭圆 E 的方程.

(2) 已知在椭圆 E 上动点 P,两定点 $M\left(-1, \frac{3}{2}\right), N\left(1, -\frac{3}{2}\right)$.

① 求 $\triangle PMN$ 的面积的最大值.

② 若直线 MP 与 NP 分别与直线 $x = 3$ 交于 C, D 两点,问:是否存在点 P,使得 $\triangle PMN$ 与 $\triangle PCD$ 的面积相等? 若存在,求出点 P 的坐标;若不存在,请说明理由.

解: (1) $\frac{x^2}{4} + \frac{y^2}{3} = 1$ (过程略).

(2) ① 设 $P(2\cos\theta, \sqrt{3}\sin\theta)$,直线 $l_{MN}: y = -\frac{3}{2}x$,即 $3x + 2y = 0$.

点 P 到直线 l_{MN} 的距离 $d = \frac{|6\cos\theta + 2\sqrt{3}\sin\theta|}{\sqrt{13}} = \frac{4\sqrt{3}\left|\sin\left(\theta + \frac{\pi}{3}\right)\right|}{\sqrt{13}} \leqslant \frac{4\sqrt{39}}{13}$.

又 $|MN| = \sqrt{13}$,则 $S_{\triangle PMN} = \frac{1}{2}|MN| \cdot d \leqslant 2\sqrt{3}$,所以面积最大值为 $2\sqrt{3}$.

② 设 $P(x_0, y_0)$.则 $S_{\triangle PMN} = \frac{1}{2}|PM| \cdot |PN|\sin\angle MPN$,$S_{\triangle PCD} = \frac{1}{2}|PC| \cdot |PD|\sin\angle CPD$.

所以$|PM|\cdot|PN|=|PC|\cdot|PD|$,即$\dfrac{|PN|}{|PD|}=\dfrac{|PC|}{|PM|}$.

所以$\dfrac{|x_0-x_N|}{|x_0-x_D|}=\dfrac{|x_0-x_C|}{|x_0-x_M|}$,即$\dfrac{|x_0-1|}{|3-x_0|}=\dfrac{|3-x_0|}{|x_0+1|}$.

解得$x_0=\dfrac{5}{3}$.因为$P(x_0,y_0)$在椭圆上,所以代入得$y_0=\pm\dfrac{\sqrt{33}}{6}$.

故存在点P,使得$\triangle PMN$与$\triangle PCD$的面积相等,此时点P的坐标为$\left(\dfrac{5}{3},\dfrac{\sqrt{33}}{6}\right)$或$\left(\dfrac{5}{3},-\dfrac{\sqrt{33}}{6}\right)$.

上述方法充分利用了三角形的相似,化斜为直.此题的一般做法如下.

②设$P(x_0,y_0)$.$|MN|=\sqrt{13}$,点P到直线MN的距离$d_1=\dfrac{|3x_0+2y_0|}{\sqrt{13}}$,$S_{\triangle PMN}=\dfrac{1}{2}|MN|\cdot d_1=\dfrac{1}{2}|3x_0+2y_0|$.

直线$l_{MP}:y=\dfrac{y_0-\dfrac{3}{2}}{x_0+1}(x+1)+\dfrac{3}{2}$,令$x=3$,可得$C\left(3,\dfrac{4y_0-6}{x_0+1}+\dfrac{3}{2}\right)$.

直线$l_{PN}:y=\dfrac{y_0+\dfrac{3}{2}}{x_0-1}(x-1)-\dfrac{3}{2}$,令$x=3$,可得$D\left(3,\dfrac{2y_0+3}{x_0-1}-\dfrac{3}{2}\right)$.

所以$|CD|=\left|\dfrac{(3x_0+2y_0)(x_0-3)}{x^2-1}\right|$,点$P$到直线$CD$的距离为$d_2=|3-x_0|$,所以$S_{\triangle PCD}=\dfrac{1}{2}|CD|\cdot d_2=\dfrac{1}{2}\left|\dfrac{3x_0+2y_0}{x_0^2-1}\right|(3-x_0)^2$.

因为$\triangle MPN$与$\triangle PCD$面积相等,所以$\dfrac{1}{2}|3x_0+2y_0|=\dfrac{1}{2}\left|\dfrac{3x_0+2y_0}{x_0^2-1}\right|(3-x_0)^2$.

故$3x_0+2y_0=0$(舍)或$|x_0^2-1|=(3-x_0)^2$.

解得$x_0=\dfrac{5}{3}$,代入椭圆方程得$y_0=\pm\dfrac{\sqrt{33}}{6}$.

故点P的坐标为$\left(\dfrac{5}{3},\dfrac{\sqrt{33}}{6}\right)$或$\left(\dfrac{5}{3},-\dfrac{\sqrt{33}}{6}\right)$.

三、战场点兵

1. 已知点 $A(1,0)$,点 B 是圆 $O_1:(x+1)^2+y^2=16$ 上的动点,线段 AB 的垂直平分线与 BO_1 相交于点 C,点 C 的轨迹为曲线 E.
   (1) 求 E 的方程.
   (2) 过点 O_1 作倾斜角互补的两条直线 l_1,l_2.若直线 l_1 与曲线 E 交于 M,N 两点,直线 l_2 与圆 O_1 交于 P,Q 两点.当 M,N,P,Q 四点构成四边形,且四边形 $MNPQ$ 的面积为 $8\sqrt{3}$ 时,求直线 l_1 的方程.

2. 已知椭圆 $C:\dfrac{x^2}{a^2}+\dfrac{y^2}{b^2}=1(a>b>0)$ 的离心率为 $\dfrac{\sqrt{3}}{2}$,且 C 的左右焦点与短轴的两个端点构成的四边形的面积为 $8\sqrt{3}$.
   (1) 求椭圆 C 的方程.
   (2) 若直线 $l:x-my-1=0$ 与 x 轴交于点 M,与椭圆 C 交于 P,Q 两点,过点 P 与 x 轴垂直的直线与椭圆 C 的另一个交点为 N,求 $\triangle MNQ$ 面积的最大值.

第二十六计 角度相等 转化为本

一、战法探究

遇到角度作为条件或证明角度的等量关系时,我们往往借助图像将角度关系转化为直线的位置关系或者角度的正切值去进行计算.

探究一 圆锥曲线的等角定理

1.椭圆的等角定理

过椭圆 $\dfrac{x^2}{a^2}+\dfrac{y^2}{b^2}=1(a>b>0)$ 长轴上任意一点 $N(t,0)$ 的一条弦的端点与点 $G\left(\dfrac{a^2}{t},0\right)$ 的连线所成的角被焦点所在直线平分,即 $\angle OGA=\angle OGB$.

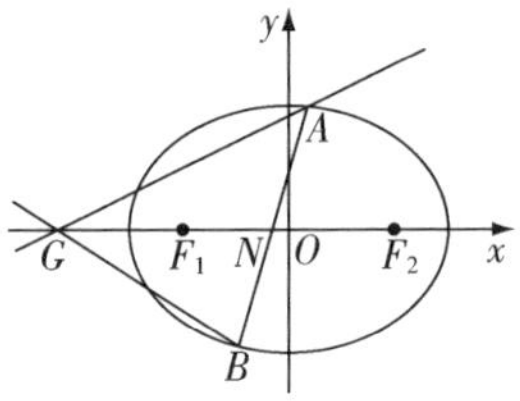

证明: 如图,只需证明 $k_{GA}=-k_{GB}$,即 $k_{GA}+k_{GB}=0$.

设 AB 所在的直线方程为:$x=my+t$,$A(x_1,y_1)$,$B(x_2,y_2)$,即证

$$\dfrac{y_1}{x_1-\dfrac{a^2}{t}}+\dfrac{y_2}{x_2-\dfrac{a^2}{t}}=0.$$

联立 $\begin{cases} x=my+t, \\ \dfrac{x^2}{a^2}+\dfrac{y^2}{b^2}=1, \end{cases}$ 得 $(b^2m^2+a^2)y^2+2mtb^2y+b^2t^2-a^2b^2=0.$

由韦达定理,得 $y_1+y_2=\dfrac{-2mtb^2}{b^2m^2+a^2}$,$y_1y_2=\dfrac{b^2t^2-a^2b^2}{b^2m^2+a^2}$.

因为 $\dfrac{x_1-\dfrac{a^2}{t}}{y_1}+\dfrac{x_2-\dfrac{a^2}{t}}{y_2}=\dfrac{my_1+t-\dfrac{a^2}{t}}{y_1}+\dfrac{my_2+t-\dfrac{a^2}{t}}{y_2}=2m+$

$\dfrac{\left(t-\dfrac{a^2}{t}\right)(y_1+y_2)}{y_1y_2}=2m+\left(t-\dfrac{a^2}{t}\right)\dfrac{-2mtb^2}{b^2t^2-a^2b^2}=2m-2m=0,$

所以 $k_{GA}+k_{GB}=0$.

说明：题目中证明角度相等，转化为斜率问题，可操作性较强；证明分式和为 0，转化成证明它们的倒数的和为 0，使分母更加简单，大大简化了计算.

双曲线和抛物线有类似的结论，证明的过程和椭圆类似，读者可以试着证明.

2.双曲线的等角定理

过双曲线 $\dfrac{x^2}{a^2}-\dfrac{y^2}{b^2}=1(a>0,b>0)$ 的实轴上任意一点 $N(t,0)$ 的一条弦的端点与对应点 $G\left(\dfrac{a^2}{t},0\right)$ 的连线所成的角被焦点所在直线平分，即 $\angle NGA=\angle NGB$.如图 1 所示.

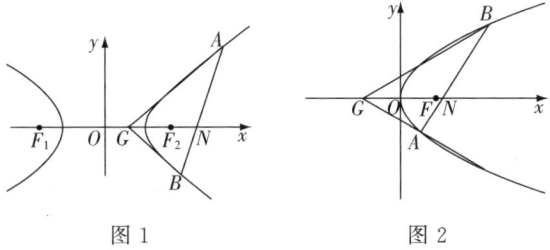

图 1　　　　　　　图 2

3.抛物线的等角定理

过抛物线 $y^2=2px(p>0)$ 的实轴上任意一点 $N(a,0)$ 的一条弦的端点 A,B 与对应点 $G(-a,0)$ 的连线所成的角被焦点所在直线平分，即 $\angle OGA=\angle OGB$.如图 2 所示.

探究二　处理角度问题的常见方法

1.从斜率角度考虑，例如"探究一"中的等角定理，我们将其转化为两直线的斜率之和为零.

2.从三角函数的角度考虑，当遇到证明角度相等，或角度之间有倍数关系时，我们可以考虑将其转化成两夹角的余弦值或正切值之间的关系.

3.从几何特征的角度考虑.

三种常见方法我们用下面的例子体现.

二、战例展示

例 26.1　设椭圆 $C:\dfrac{x^2}{2}+y^2=1$ 的右焦点为 F，过 F 的直线 l 与 C 交于

A,B 两点,点 M 的坐标为 $(2,0)$.

(1)当 l 与 x 轴垂直时,求直线 AM 的方程.

(2)设 O 为坐标原点,求证: $\angle OMA = \angle OMB$.

解:(1)由已知得 $F(1,0)$,直线 l 的方程为 $x=1$.

所以 A 的坐标为 $\left(1,\dfrac{\sqrt{2}}{2}\right)$ 或 $\left(1,-\dfrac{\sqrt{2}}{2}\right)$.

所以直线的方程为 $y=-\dfrac{\sqrt{2}}{2}x+\sqrt{2}$ 或 $y=\dfrac{\sqrt{2}}{2}x-\sqrt{2}$.

(2)**方法一**:从斜率的角度考虑

当 l 不与 x 轴重合时,设直线 l 的方程为 $x=my+1$,$A(x_1,y_1)$,$B(x_2,y_2)$.

联立 $\begin{cases} x=my+1, \\ \dfrac{x^2}{2}+y^2=1, \end{cases}$ 得 $(m^2+2)y^2+2my-1=0$.

由韦达定理,得 $y_1+y_2=-\dfrac{2m}{m^2+2}$,$y_1 y_2=\dfrac{-1}{m^2+2}$.

要证明 $k_{AM}+k_{BM}=\dfrac{y_1}{x_1-2}+\dfrac{y_2}{x_2-2}=0$,等价于证明 $\dfrac{x_1-2}{y_1}+\dfrac{x_2-2}{y_2}=0$.

将 $x=my+1$ 代入,则 $\dfrac{x_1-2}{y_1}+\dfrac{x_2-2}{y_2}=\dfrac{my_1+1-2}{y_1}+\dfrac{my_2+1-2}{y_2}=2m-\left(\dfrac{1}{y_1}+\dfrac{1}{y_2}\right)=2m-\dfrac{y_1+y_2}{y_1 y_2}=2m-2m=0$.

当 l 与 x 轴重合时,$\angle OMA=\angle OMB=0°$.

综上,$\angle OMA=\angle OMB$.

方法二:从夹角公式角度考虑

设 $A(x_1,y_1)$,$B(x_2,y_2)$,则 $\overrightarrow{MO}=(-2,0)$,$\overrightarrow{MA}=(x_1-2,y_1)$,$\overrightarrow{MB}=(x_2-2,y_2)$.

因为 $\angle OMA$,$\angle OMB$ 为锐角,所以 $\angle OMA=\angle OMB$,等价于 $\cos\angle OMA=\cos\angle OMB$.

即 $\dfrac{\overrightarrow{MO}\cdot\overrightarrow{MA}}{|\overrightarrow{MO}|\cdot|\overrightarrow{MA}|}=\dfrac{\overrightarrow{MO}\cdot\overrightarrow{MB}}{|\overrightarrow{MO}|\cdot|\overrightarrow{MB}|} \Leftrightarrow \dfrac{-2(x_1-2)}{2\sqrt{(x_1-2)^2+y_1^2}}=\dfrac{-2(x_2-2)}{2\sqrt{(x_2-2)^2+y_2^2}}$

$\Leftrightarrow (x_1-2)^2[(x_2-2)^2+y_2^2]=(x_2-2)^2[(x_1-2)^2+y_1^2]$.

将 $y_1^2=1-\dfrac{x_1^2}{2}$,$y_2^2=1-\dfrac{x_2^2}{2}$ 代入可得.

方法三：从几何特征角度考虑

如图，过点 A,B 分别作右准线的垂线，垂足分别为 A_1,B_1.

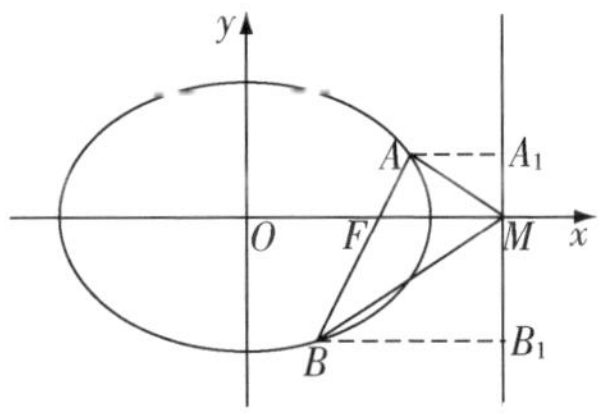

由椭圆第二定义可知 $e=\dfrac{AF}{AA_1}=\dfrac{BF}{BB_1}$，所以 $\dfrac{AF}{BF}=\dfrac{AA_1}{BB_1}$.

又 $\dfrac{AF}{BF}=\dfrac{A_1M}{B_1M}$，所以 $\triangle AA_1M$ 和 $\triangle BB_1M$ 相似.

所以 $\angle AMA_1=\angle BMB_1$，所以 $\angle OMA=\angle OMB$.

例 26.2 双曲线 $C:\dfrac{x^2}{a^2}-\dfrac{y^2}{b^2}=1(a>0,b>0)$ 的左顶点为 A，右焦点为 F，动点 B 在 C 上，当 $BF\perp AF$ 时，$|AF|=|BF|$.

(1) 求 C 的离心率.

(2) 若 B 在第一象限，证明：$\angle BFA=2\angle BAF$.

解：(1) 由题意，得 $\dfrac{b^2}{a}=a+c$，$c^2=a^2+b^2$. 解得 $e=\dfrac{c}{a}=2$.（负舍）

(2) **方法一：从三角函数的角度考虑**

当直线 AB 的斜率为 0 时，$k_{AB}=0$，$\angle BFA=\angle BAF=0°$.

当直线 AB 的斜率不为 0 时，设其方程为 $x=my-a$. 设 $A(x_1,0)$，$B(x_2,y_2)$.

联立 $\begin{cases}x=my-a,\\ \dfrac{x^2}{a^2}-\dfrac{y^2}{b^2}=1\end{cases}$，得 $(b^2m^2-a^2)y^2-2mab^2y=0$.

解得 $y_1=0$，$y_2=\dfrac{2mab^2}{b^2m^2-a^2}$. 代入直线方程，得 $x_2=\dfrac{2m^2ab^2}{b^2m^2-a^2}-a=\dfrac{ab^2m^2+a^3}{b^2m^2-a^2}$. 所以 $B\left(\dfrac{ab^2m^2+a^3}{b^2m^2-a^2},\dfrac{2mab^2}{b^2m^2-a^2}\right)$.

当直线 BF 斜率存在时，

$$k_{BF}=\dfrac{y_2-0}{x_2-c}=\dfrac{\dfrac{2mab^2}{b^2m^2-a^2}}{\dfrac{ab^2m^2+a^3}{b^2m^2-a^2}-c}$$

$$=\dfrac{2mac^2-2ma^3}{ac^2m^2-a^3m^2+a^3-c^3m^2+ca^2m^2+a^2c}$$

$$=\frac{2me^2-2m}{e^2m^2-m^2+1-e^3m^2+em^2+e}=\frac{2m}{1-m^2}=\tan(\pi-\angle BFA).$$

设 $\angle BAF=\theta$,则 $\tan\theta=\frac{1}{m}$.

计算可得 $\tan 2\theta=\frac{2m}{m^2-1}=-\tan(\pi-\angle BFA)=\tan\angle BFA$.

$\because \theta\in\left(0,\frac{\pi}{2}\right),\angle BFA\in(0,\pi)$,

$\therefore 2\theta=\angle BFA=2\angle BAF$.

当直线 BF 斜率不存在时,$\angle BFA=90°$.

由题知,此时 $|AF|=|BF|$,所以 $\angle BAF=45°$,$\angle BFA=2\angle BAF$.

综上,$\angle BFA=2\angle BAF$.

方法二:利用几何特征

如图,延长 AF 至 D,使得 $|BF|=|DF|$,连接 BD.

则 $\angle FBD=\angle FDB$,所以要证 $\angle BFA=2\angle BAF$,只需证 $\angle BAF=\angle FDB$,即证 $k_{AB}+k_{BD}=0$.

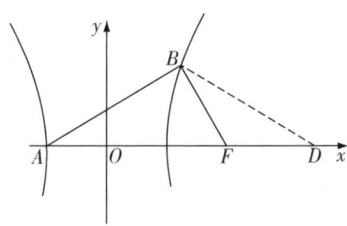

设 $B(x_2,y_2)$,则 $|BF|=|DF|=\sqrt{(x_2-c)^2+y_2^2}=2x_2-a$,所以 $D(2x_2+a,0)$,所以 $k_{AB}+k_{BD}=\frac{y_2}{x_2+a}+\frac{y_2}{x_2-(2x_0+a)}=0$.

评析:遇到证明角度的倍数关系,角度的最值问题时,我们往往可以把它转化成角度的正切值进行计算,或者是利用图形的几何特征进行转化.

例 26.3 已知椭圆 $C:\frac{x^2}{a^2}+\frac{y^2}{b^2}=1(a>b>0)$ 上的点到两个焦点的距离之和为 $\frac{2}{3}$,短轴长为 $\frac{1}{2}$,直线 l 与椭圆 C 交于 M,N 两点.

(1)求椭圆 C 的方程.

(2)若直线 l 与圆 $O:x^2+y^2=\frac{1}{25}$ 相切,探究 $\angle MON$ 是否为定值.如果是定值,请求出该定值;如果不是定值,请说明理由.

解:(1)易得椭圆方程为 $C:9x^2+16y^2=1$.

(2)当直线 l 的斜率不存在时:不妨设 $l:x=\frac{1}{5}$.带入椭圆方程,得

$M\left(\dfrac{1}{5},\dfrac{1}{5}\right),N\left(\dfrac{1}{5},-\dfrac{1}{5}\right).$

此时$\overrightarrow{OM}\cdot\overrightarrow{ON}=0$,所以$\overrightarrow{OM}\perp\overrightarrow{ON}$,即$OM\perp ON$.

当直线l的斜率存在时:设直线方程为$y=kx+m,M(x_1,y_1),N(x_2,y_2).$

联立$\begin{cases}9x^2+16y^2=1,\\ y=kx+m,\end{cases}$得$(9+16k^2)x^2+32kmx+16m^2-1=0.$

$\Delta=(32km)^2-4(16m^2-1)(9+16k^2)>0.$

由韦达定理,得$x_1+x_2=-\dfrac{32km}{9+16k^2},x_1x_2=\dfrac{16m^2-1}{9+16k^2}.$

所以$\overrightarrow{OM}\cdot\overrightarrow{ON}=x_1x_2+y_1y_2=(1+k^2)x_1x_2+km(x_1+x_2)+m^2=\dfrac{25m^2-k^2-1}{9+16k^2}=0.$

因为直线l与圆$O:x^2+y^2=\dfrac{1}{25}$相切,所以原点到直线的距离$d=\dfrac{|m|}{\sqrt{1+k^2}}=\dfrac{1}{5}$.整理得$25m^2=1+k^2.$

所以$\overrightarrow{OM}\perp\overrightarrow{ON},\angle MON=90°.$综上,$\angle MON$为定值$\dfrac{\pi}{2}.$

评析:证明角度为定值的问题,我们可以采用"先猜后证"的方法,用特殊的位置或点去探路,再去证明一般性的情况,目标更加明确.

一般性的结论:

(1)已知椭圆$C:\dfrac{x^2}{a^2}+\dfrac{y^2}{b^2}=1(a>b>0)$,直线$l$与椭圆$C$交于$M,N$两点.

(2)若直线l与圆$O:x^2+y^2=\dfrac{a^2b^2}{a^2+b^2}$相切,则$\angle MON$为定值$\dfrac{\pi}{2}.$

三、战场点兵

1.在直角坐标系xOy中,曲线$C:y=\dfrac{x^2}{4}$与直线$l:y=kx+a(a>0)$交于M,N两点.

(1) 当 $k=0$ 时,分别求 C 在点 M 和 N 处的切线方程.

(2) y 轴上是否存在点 P,使得当 k 变动时,总有 $\angle OPM = \angle OPN$?请说明理由.

2. 设抛物线 $C: y^2 = 2px(p>0)$ 的焦点为 F,点 $D(p,0)$,过 F 的直线交 C 于 M,N 两点.当直线 MD 垂直于 x 轴时,$|MF|=3$.

(1) 求 C 的方程.

(2) 设直线 MD,ND 与 C 的另一个交点分别为 A,B,记直线 MN,AB 的倾斜角分别为 α,β.当 $\alpha-\beta$ 取得最大值时,求直线 AB 的方程.

第三篇　综合篇

第二十七计　曲线领航　数列泛舟

一、战法探究

数列是高考的"常青树",而解析几何又在高考中占较大比例,这两个知识块的交汇,是高考命题的热点.数列在解析几何中,往往体现在距离或者斜率这两块,下面就通过几种典型的例题来和大家共同探讨一下这个问题.

探究一　斜率类型

如图所示,从点 $P_1(0,0)$ 处作 x 轴的垂线交曲线 $y=e^x$ 于点 $Q_1(0,1)$,曲线在点 Q_1 处的切线与 x 轴交于点 P_2,再从 P_2 作 x 轴的垂线交曲线于点 Q_2.依次重复上述过程得到一系列点:$P_1,Q_1;P_2,Q_2;\cdots;P_n,Q_n$.记点 P_k 的坐标为 $(x_k,0)(k=1,2,\cdots,n)$.

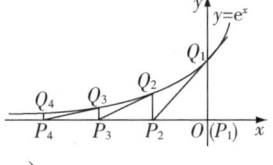

(1)试求 x_k 与 x_{k-1} 的关系$(2\leqslant k\leqslant n)$.

(2)求 $|P_1Q_1|+|P_2Q_2|+|P_3Q_3|+\cdots+|P_nQ_n|$.

解:(1)设 $P_{k-1}(x_{k-1},0)$,由 $y'=e^x$ 得 $Q_{k-1}(x_{k-1},e^{x_{k-1}})$.

点 Q_{k-1} 处的切线方程为 $y-e^{x_{k-1}}=e^{x_{k-1}}(x-x_{k-1})$.由 $y=0$,得 $x_k=x_{k-1}-1(2\leqslant k\leqslant n)$.

(2) 由 $x_1=0,x_k-x_{k-1}=-1$,得 $x_k=-(k-1)$,$|P_kQ_k|=e^{x_k}=e^{-(k-1)}$,$|P_1Q_1|+|P_2Q_2|+|P_3Q_3|+\cdots+|P_nQ_n|=1+e^{-1}+e^{-2}+\cdots+e^{-(n-1)}=\dfrac{1-e^{-n}}{1-e^{-1}}=\dfrac{e-e^{1-n}}{e-1}$.

评析:本题利用了函数在切点处的导数值是曲线的斜率,考查学生等比数列的求和公式以及转化思维的能力;此类数列在解析几何中的运用问题,如果只用单一的知识点解决,基本是不可能的.这类题目中都蕴藏许多基本的知识和重要的数学思维方法,只有深刻领会题中的有价值的隐性的数学规律,才能正确地处理好这类问题.

探究二 距离类型

设 F 是椭圆 $\dfrac{x^2}{7}+\dfrac{y^2}{6}=1$ 的右焦点,且椭圆上至少有 21 个不同的点 P_i ($i=1,2,3,\cdots$),使 $|FP_1|,|FP_2|,|FP_3|,\cdots$ 组成公差为 d 的等差数列.求 d 的范围.

解:设点 $P(x_0,y_0)$ 是椭圆 $\dfrac{x^2}{7}+\dfrac{y^2}{6}=1$ 上的任意一点,则 $-\sqrt{7}\leqslant x_0\leqslant \sqrt{7}$,所以 $|FP|=a-ex_0=\sqrt{7}-\dfrac{1}{\sqrt{7}}x_0\in[\sqrt{7}-1,\sqrt{7}+1]$.

于是 $|FP_{21}|\leqslant \sqrt{7}+1$,$|FP_1|\geqslant \sqrt{7}-1$,$|d|=\left|\dfrac{|FP_{21}|-|FP_1|}{20}\right|\leqslant \dfrac{(\sqrt{7}+1)-(\sqrt{7}-1)}{20}=\dfrac{1}{10}$.又因为 $P_1,P_2,P_3,\cdots$ 互不相同,所以 $d\neq 0$,从而 d 的范围是 $\left[-\dfrac{1}{10},0\right)\cup\left(0,\dfrac{1}{10}\right]$.

评析:本题的解答用到了焦半径公式 $|FP|=a-ex_0$,从而可以快速得出始末项 $|FP_1|$ 和 $|FP_{21}|$ 的范围,进一步得出公差的范围,最后还要考虑到 $d\neq 0$.从本题可以看出,在解数列与解析几何结合而成的综合问题时,关键在于利用所给解析几何的已知条件,结合数列性质找关系,这样问题就转化成纯粹的数列问题,易于求解.

二、战例展示

例 27.1 (2013·江西卷理·20)如图所示,椭圆 $\dfrac{x^2}{a^2}+\dfrac{y^2}{b^2}=1(a>b>0)$ 过点 $P\left(1,\dfrac{3}{2}\right)$,离心率 $e=\dfrac{1}{2}$,直线 l 的方程为 $x=4$.

(1)求椭圆 C 的方程.

(2)AB 是经过右焦点 F 的任一弦(不经过点 P),设直线 AB 与直线 l 相交于点 M,记 PA,PB,PM 的斜率分别为 k_1,k_2,k_3.问:是否存在常数 λ,使得 $k_1+k_2=\lambda k_3$?若存在,求 λ 的值;若不存在,说明理由.

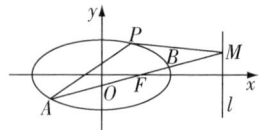

解:(1)容易求得椭圆 C 的方程为 $\dfrac{x^2}{4}+\dfrac{y^2}{3}=1$.(过程略)

(2)设 $A(x_1,y_1),B(x_2,y_2)$,由题知,直线 AB 的斜率存在.
设直线 AB 的方程为 $y=k(x-1)$,则 $y_1=k(x_1-1),y_2=k(x_2-1)$.

联立 $\begin{cases} y=k(x-1), \\ \dfrac{x^2}{4}+\dfrac{y^2}{3}=1, \end{cases}$ 消 y 可得 $(3+4k^2)x^2-8k^2x+4k^2-12=0$.

由根与系数的关系知 $x_1+x_2=\dfrac{8k^2}{3+4k^2}, x_1 \cdot x_2=\dfrac{4k^2-12}{3+4k^2}$.

由题意可知 PA,PB 的斜率分别为 $k_1=\dfrac{y_1-\dfrac{3}{2}}{x_1-1}, k_2=\dfrac{y_2-\dfrac{3}{2}}{x_2-1}$.

则 $k_1+k_2=\dfrac{y_1-\dfrac{3}{2}}{x_1-1}+\dfrac{y_2-\dfrac{3}{2}}{x_2-1}=\dfrac{2kx_1x_2-\left(2k+\dfrac{3}{2}\right)(x_1+x_2)+3+2k}{x_1x_2-(x_1+x_2)+1}$.

将 $x_1+x_2=\dfrac{8k^2}{3+4k^2}, x_1 \cdot x_2=\dfrac{4k^2-12}{3+4k^2}$ 代入,得 $k_1+k_2=2k-1$.

又因为直线 AB 与直线 l 联立得 $M(4,3k)$,所以 $k_3=\dfrac{3k-\dfrac{3}{2}}{4-1}=k-\dfrac{1}{2}$.

所以 $k_1+k_2=2k_3$.

综上,存在使得 $k_1+k_2=\lambda k_3$ 的常数 $\lambda,\lambda=2$.

评析:本题主要考查代数运算、等差数列、直线与圆锥曲线的位置关系等知识,突出根与系数的关系,使用设而不求的思想方法,是数列与圆锥曲线问题的完美结合.

例 27.2 (2013·全国卷)已知双曲线 $C:\dfrac{x^2}{a^2}-\dfrac{y^2}{b^2}=1(a>0,b>0)$ 的左右焦点分别为 F_1,F_2,离心率为 3,直线 $y=2$ 与 C 的两个交点间的距离为 $\sqrt{6}$.

(1)求 a,b.

(2)设过 F_2 的直线 l 与 C 的左右两支分别交于 A,B 两点,且 $|AF_1|=|BF_1|$,证明:$|AF_2|,|AB|,|BF_2|$ 成等比数列.

解:(1)易得 $a=1,b=2\sqrt{2}$.(过程略)

(2)**方法一**:设 $A(x_1,y_1),B(x_2,y_2)$.

由题可知,直线 AB 的斜率存在.设直线 AB 的方程为 $y=k(x-3)$,则 $y_1=k(x_1-3), y_2=k(x_2-3)$.由对称性,不妨假设 $k>0$.

联立 $\begin{cases} y=k(x-3), \\ x^2-\dfrac{y^2}{8}=1, \end{cases}$ 消 y 得 $(8-k^2)x^2+6k^2x-9k^2-8=0$.

由根与系数的关系知,$x_1+x_2=-\dfrac{6k^2}{8-k^2}, x_1x_2=-\dfrac{9k^2+8}{8-k^2}$.

易得线段 AB 中点 $P\left(\dfrac{-3k^2}{8-k^2}, \dfrac{-24k}{8-k^2}\right)$.

于是 $|AF_1|=\sqrt{(x_1+3)^2+y_1^2}=\sqrt{(x_1+3)^2+8x_1^2-8}=-(3x_1+1)$,
$|BF_1|=\sqrt{(x_2+3)^2+y_2^2}=\sqrt{(x_2+3)^2+8x_2^2-8}=3x_2+1$.

由 $|AF_1|=|BF_1|$,得 $-(3x_1+1)=3x_2+1$,即 $x_1+x_2=-\dfrac{2}{3}$.

故 $\dfrac{6k^2}{k^2-8}=-\dfrac{2}{3}$.解得 $k^2=\dfrac{4}{5}$,从而 $x_1 \cdot x_2=-\dfrac{19}{9}$.

由于 $|AF_2|=\sqrt{(x_1-3)^2+y_1^2}=\sqrt{(x_1-3)^2+8x_1^2-8}=1-3x_1$,
$|BF_2|=\sqrt{(x_2-3)^2+y_2^2}=\sqrt{(x_2-3)^2+8x_2^2-8}=3x_2-1$.

故 $|AB|=|AF_2|-|BF_2|=2-3(x_1+x_2)=4, |AF_2||BF_2|=3(x_1+x_2)-9x_1x_2-1=16$.

因而 $|AF_2| \cdot |BF_2|=|AB|^2$,所以,$|AF_2|, |AB|, |BF_2|$ 成等比数列.

方法二:

$|AB|=\sqrt{1+k^2}\sqrt{(x_1+x_2)^2-4x_1x_2}$.将 $x_1+x_2=-\dfrac{2}{3}, x_1x_2=-\dfrac{19}{9}$ 代入得 $|AB|=4$,所以 $|BF_2| \cdot |AF_2|=|AB|^2$.

即 $|AF_2|, |AB|, |BF_2|$ 成等比数列.

评析:利用数形结合思想和圆锥曲线定义巧妙求出线段长度,运用数列知识验算,达到事半功倍的效果,也体现了"多一点想,少一点算"的命题思路.

三、战场点兵

1. 过抛物线 $y^2=2px(p>0)$ 的对称轴上的定点 $M(m,0)(m>0)$,作直线 AB 与抛物线相交于 A,B 两点.若点 N 为定直线 $l:x=-m$ 上的任意一点,试证明三条直线 AN,MN,BN 的斜率之间成等差数列.

2. 已知抛物线 $C:x^2=4y$ 的焦点为 F,抛物线上 A,B 两点处的切线交于点 P. 证明:$|AF|,|PF|,|BF|$ 成等比数列.

3. (2018·全国Ⅲ卷理·20)已知斜率为 k 的直线 l 与椭圆 $C:\dfrac{x^2}{4}+\dfrac{y^2}{3}=1$ 交于 A,B 两点,线段 AB 的中点为 $M(1,m)(m>0)$.

(1)证明:$k<-\dfrac{1}{2}$.

(2)设 F 为椭圆 C 的右焦点,P 为 C 上一点,且 $\overrightarrow{FP}+\overrightarrow{FA}+\overrightarrow{FB}=\mathbf{0}$.证明:$|\overrightarrow{FA}|,|\overrightarrow{FP}|,|\overrightarrow{FB}|$ 成等差数列,并求出该数列的公差.

第二十八计　方程求导　斜率即到

一、战法探究

求圆锥曲线在某点处的切线方程的常规方法：设切线方程，联立切线方程和圆锥曲线方程，消元，令判别式 $\Delta=0$，从而算出切线斜率和切线方程. 这种方法计算量较大. 导数作为一个分析工具，应用非常广泛. 函数在某点处的导数，就是函数在该点的切线的斜率，这是导数的几何意义. 因此我们可以用导数的几何意义求圆锥曲线在某点处的切线斜率和切线方程.

探究一　用导数探究椭圆和双曲线的切线方程

设椭圆 $C: \dfrac{x^2}{a^2}+\dfrac{y^2}{b^2}=1 (a>b>0)$，$P(x_0,y_0)$ 为椭圆 C 上一点. y 可以看成 x 的一个隐函数，对 $\dfrac{x^2}{a^2}+\dfrac{y^2}{b^2}=1$ 两边同时求导，得 $\dfrac{2x}{a^2}+\dfrac{2yy'}{b^2}=0$. 当 $y\neq 0$ 时，得 $y'=-\dfrac{b^2 x}{a^2 y}$.

所以 $y_0\neq 0$ 时，椭圆 C 在 $P(x_0,y_0)$ 处的切线斜率 $k=-\dfrac{b^2 x_0}{a^2 y_0}$.

切线方程为 $y-y_0=-\dfrac{b^2 x_0}{a^2 y_0}(x-x_0)$，化简得 $\dfrac{xx_0}{a^2}+\dfrac{yy_0}{b^2}=1$. ①

当 $y_0=0$ 时，易得切线方程为 $x=\pm a$，也满足①式. 所以椭圆 C 在点 $P(x_0,y_0)$ 处的切线方程为 $\dfrac{xx_0}{a^2}+\dfrac{yy_0}{b^2}=1$.

同理可得，椭圆 $\dfrac{y^2}{a^2}+\dfrac{x^2}{b^2}=1 (a>b>0)$ 在 $P(x_0,y_0)$ 处的切线方程为 $\dfrac{yy_0}{a^2}+\dfrac{xx_0}{b^2}=1$；

双曲线 $\dfrac{x^2}{a^2}-\dfrac{y^2}{b^2}=1$ 在点 $P(x_0,y_0)$ 处的切线方程为 $\dfrac{xx_0}{a^2}-\dfrac{yy_0}{b^2}=1$；

双曲线 $\dfrac{y^2}{a^2}-\dfrac{x^2}{b^2}=1$ 在点 $P(x_0,y_0)$ 处的切线方程为 $\dfrac{yy_0}{a^2}-\dfrac{xx_0}{b^2}=1$.

探究二 用导数探究抛物线的切线方程

设抛物线 C 的方程为 $y^2=2px(p>0)$, $P(x_0,y_0)$ 为抛物线 C 上一点. y 可以看成 x 的一个隐函数,对 $y^2=2px$ 两边同时求导,得 $2yy'=2p$,当 $y\neq 0$ 时, $y'=\dfrac{p}{y}$.

当 $y_0\neq 0$ 时,抛物线在 $P(x_0,y_0)$ 处的切线的斜率 $k=\dfrac{p}{y_0}$,切线方程为 $y-y_0=\dfrac{p}{y_0}(x-x_0)$,化简得 $yy_0=p(x+x_0)$. ①

当 $y_0=0$ 时,易得切线方程为 $x=0$,也满足①式.

所以抛物线 C 在点 $P(x_0,y_0)$ 处的切线方程为 $yy_0=p(x+x_0)$.

同理,抛物线 $x^2=2py$ 在点 $P(x_0,y_0)$ 处的切线方程为 $xx_0=p(y+y_0)$.

二、战例展示

例 28.1 已知直线 $l:x+y-6=0$,椭圆 $C:\dfrac{x^2}{20}+\dfrac{y^2}{5}=1$,点 P 在椭圆 C 上,求 P 点到直线 l 的最小距离.

解:如图,设 $P(x_0,y_0)$,对椭圆 C 的方程 $\dfrac{x^2}{20}+\dfrac{y^2}{5}=1$ 两边同时求导,

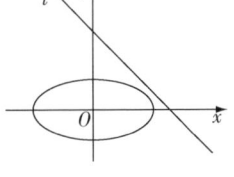

得 $\dfrac{2x}{20}+\dfrac{2yy'}{5}=0$,化简得 $y'=-\dfrac{x}{4y}$.

所以椭圆 C 在 $P(x_0,y_0)$ 点处的切线的斜率 $k=-\dfrac{x_0}{4y_0}$.

令 $k=-\dfrac{x_0}{4y_0}=-1$,得 $x_0=4y_0$.

联立 $\begin{cases}\dfrac{x_0^2}{20}+\dfrac{y_0^2}{5}=1\\ x_0=4y_0\end{cases}$,解得 $\begin{cases}x_0=-4,\\ y_0=-1,\end{cases}$ 或 $\begin{cases}x_0=4,\\ y_0=1.\end{cases}$

显然当 $x_0=4,y_0=1$ 时,点 $P(4,1)$ 到直线 l 的距离最小,最小距离 $d=$

$\dfrac{|4+1-6|}{\sqrt{2}}=\dfrac{\sqrt{2}}{2}$.

本题的常规解法如下:

设与直线 l 平行的直线的方程为 $x+y+m=0$,联立 $\begin{cases} x+y+m=0, \\ \dfrac{x^2}{20}+\dfrac{y^2}{5}=1, \end{cases}$ 消去 y,得 $x^2+4(-x-m)^2=20$.化简得 $5x^2+8mx+4m^2-20=0$.当直线 $x+y+m=0$ 和椭圆在 x 轴上方相切时,切点到直线 l 的距离最小.

此时 $\Delta=64m^2-4\times5\times(4m^2-20)=0$,解得 $m=\pm5$.

显然当 $m=-5$ 时,切点到直线 l 的距离最小,最小距离为两个平行线之间的距离,即最小距离为 $\dfrac{|-5+6|}{\sqrt{2}}=\dfrac{\sqrt{2}}{2}$.

例 28.2 已知抛物线 $C: y^2=4x$,点 A,B 在抛物线 C 上.过 A,B 两点分别做抛物线 C 的切线 l_1,l_2.若切线 l_1,l_2 垂直,证明:直线 A,B 恒过一定点.

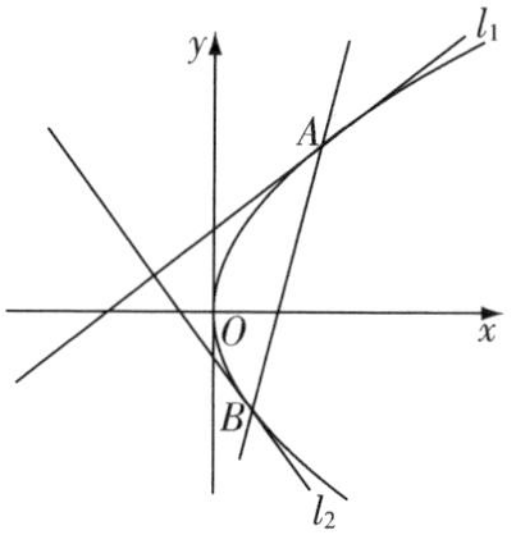

证明: 如图,设 $A(x_1,y_1), B(x_2,y_2)$.

对 $y^2=4x$ 两边同时求导,得 $2yy'=4$,得 $y'=\dfrac{2}{y}$.

所以切线 l_1 的斜率 $k_1=\dfrac{2}{y_1}$.同理,切线 l_2 的斜率 $k_2=\dfrac{2}{y_2}$.

因为切线 l_1,l_2 垂直,所以 $k_1k_2=\dfrac{2}{y_1}\times\dfrac{2}{y_2}=-1$,得 $y_1y_2=-4$.

设直线 AB 的方程为 $x=my+n$,联立 $\begin{cases} x=my+n, \\ y^2=4x, \end{cases}$ 消去 x 得 $y^2-4my-4n=0$.

$y_1y_2=-4n=-4$,解得 $n=1$,所以直线 AB 恒过 $(1,0)$.

本题的常规解法如下:

设 $A(x_1,y_1), B(x_2,y_2)$.

切线 l_1 的方程为 $x-x_1=m_1(y-y_1)$,切线 l_1 的斜率 $k_1=\dfrac{1}{m_1}$.

联立 $\begin{cases} x-x_1=m_1(y-y_1), \\ y^2=4x, \end{cases}$ 消去 x,得 $y^2-4m_1y+4m_1y_1-4x_1=0$.

又因为 $y_1^2=4x_1$,所以 $y^2-4m_1y+4m_1y_1-y_1^2=0$.

$\Delta=16m_1^2-4(4m_1y_1-y_1^2)=0$.化简得 $4m_1^2-4m_1y_1+y_1^2=0$,即 $(2m_1-y_1)^2=0$.所以 $m_1=\dfrac{y_1}{2}$.同理,$m_2=\dfrac{y_2}{2}$.

切线 l_2 的斜率 $k_2=\dfrac{1}{m_2}$,因为切线 l_1,l_2 垂直,所以 $k_1k_2=\dfrac{1}{m_1}\times\dfrac{1}{m_2}=\dfrac{y_1}{2}\times\dfrac{y_2}{2}=-1$,得 $y_1y_2=-4$.

设直线 AB 的方程为 $x=my+n$,联立 $\begin{cases}x=my+n,\\y^2=4x,\end{cases}$ 消去 x,得 $y^2-4my-4n=0$.

$y_1y_2=-4n=-4$,解得 $n=1$.所以直线 AB 恒过 $(1,0)$.

评析:例 28.1 通过求导运算,求椭圆上切线斜率为 -1 的点 P,再算点 P 到直线的距离.常规方法:设平行直线方程,联立直线方程和椭圆方程,消元,通过判别式 $\Delta=0$,求出切线方程,再算两个平行线之间的距离.例 28.2 通过求导运算,很快可以得到切线 l_1 的斜率 $k_1=\dfrac{2}{y_1}$,切线 l_2 的斜率 $k_2=\dfrac{2}{y_2}$;再根据切线 l_1,l_2 垂直,得 $y_1y_2=-4$.常规方法:设切线方程,联立切线方程和抛物线方程,消元,通过判别式 $\Delta=0$,得 $m_1=\dfrac{y_1}{2}$ 和 $m_2=\dfrac{y_2}{2}$,再根据切线 l_1,l_2 垂直,得 $y_1y_2=-4$.相比于常规方法,例 28.1 和例 28.2 用求导法,运算量更小.

三、战场点兵

1.(2020·全国新高考 Ⅱ 卷·20)已知椭圆 $C:\dfrac{x^2}{a^2}+\dfrac{y^2}{b^2}=1(a>b>0)$ 过点 $M(2,3)$,点 A 为 C 的左顶点,且 AM 的斜率为 $\dfrac{1}{2}$,

(1)求 C 的方程.

(2)点 N 为椭圆上任意一点,求 $\triangle AMN$ 的面积的最大值.

2.(2021·全国乙卷·21)已知抛物线 $C:x^2=2py(p>0)$ 的焦点为 F,且 F 与圆 $M:x^2+(y+4)^2=1$ 上点的距离的最小值为 4.

(1)求 p.

(2)若点 P 在 M 上,PA,PB 是 C 的两条切线,A,B 是切点,求 $\triangle PAB$ 面积的最大值.

第二十九计 参数摆渡 极径引路

一、战法探究

在新高考中,圆锥曲线与三角函数结合的这类问题能有效地考查学生的数形结合思想、转化思想等.要在圆锥曲线中运用三角函数,通常需要用到参数方程还有极坐标,常见的参数方程形式如下.

探究一 参数方程

1.直线的参数方程

已知直线 l 经过定点 $A(m,n)$,倾斜角为 α,点 $B(x,y)$ 是直线 l 上的任意一点,直线 l 的参数方程可表示为 $\begin{cases} x=m+t\cos\alpha, \\ y=n+t\sin\alpha. \end{cases}$(其中 t 为参数,$|AB|=|t|$)

2.圆的参数方程

已知 $\odot O$ 的圆心坐标 $O(a,b)$,半径 r,点 $P(x,y)$ 是 $\odot O$ 上的任意一点,$\odot O$ 的参数方程可表示为 $\begin{cases} x=a+r\cos\theta, \\ y=b+r\sin\theta. \end{cases}$(其中 θ 为参数)

3.椭圆的参数方程

已知椭圆 C 的中心位于坐标原点 O,长半轴长与短半轴长分别为 a 与 b,点 $P(x,y)$ 是椭圆上的任意一点.如果焦点在 x 轴,椭圆的参数方程可表示为 $\begin{cases} x=a\cos\theta, \\ y=b\sin\theta; \end{cases}$(其中 θ 为参数,$\theta\in[0,2\pi)$)如果焦点在 y 轴,椭圆的参数方程可表示为 $\begin{cases} x=b\cos\theta, \\ y=a\sin\theta. \end{cases}$(其中 θ 为参数,$\theta\in[0,2\pi)$)

4.双曲线的参数方程

已知双曲线 C 的中心位于坐标原点 O,实半轴长与虚半轴长分别为 a 与 b,点 $P(x,y)$ 是双曲线上的任意一点.如果焦点在 x 轴,双曲线的参数方程可表示为 $\begin{cases} x=a\sec\theta, \\ y=b\tan\theta; \end{cases}$(其中 θ 为参数,$\theta\in[0,2\pi)$)如果焦点在 y 轴,椭圆的参数方程可表示为 $\begin{cases} x=b\tan\theta, \\ y=a\sec\theta. \end{cases}$（其中 θ 为参数，$\theta \in [0, 2\pi)$）.

探究二 **极坐标方程**

设 M 是平面内的一点，极点 O 与点 M 的距离 $|OM|$ 叫作点 M 的极径，记为 ρ，以极轴 Ox 为始边，射线 OM 为终边的角 $\angle xOM$ 叫作点 M 的极角，记为 θ. 有序数对 (ρ, θ) 叫作点 M 的极坐标，记作 $M(\rho, \theta)$. 一般地，不做特殊说明时，我们认为 $\rho \geqslant 0, \theta \in \mathbf{R}$. 特别地，当点 M 在极点时，它的极坐标是 $(0, \theta)$ $(\theta \in \mathbf{R})$. 和直角坐标不同，平面内一个点的极坐标有无数种表示，如果规定 $\rho \geqslant 0, 0 \leqslant \theta < 2\pi$，那么除极点外，平面内的点可用唯一的极坐标 (ρ, θ) 表示；同时，(ρ, θ) 表示的点也是唯一确定的.

设 M 是平面内的一点，它的直角坐标是 (x, y)，极坐标是 (ρ, θ) $(\rho \geqslant 0)$. 于是有 $x = \rho\cos\theta, y = \rho\sin\theta, \rho^2 = x^2 + y^2, \tan\theta = \dfrac{y}{x} (x \neq 0)$. 一般情况下，由 $\tan\theta$ 确定角时，可根据点 M 所在的象限最小正角.

二、战例展示

例 29.1 已知椭圆 $\dfrac{x^2}{a^2} + \dfrac{y^2}{b^2} = 1 (a > b > 0)$ 的左右焦点分别为 F_1, F_2，离心率 $e = \dfrac{1}{2}$，点 $\left(1, \dfrac{3}{2}\right)$ 在椭圆上.

(1) 求椭圆的标准方程.

(2) 点 A 为椭圆在第一象限上一点，过点 F_2 作 AF_1 的垂线交该椭圆于 M, N 两点. 求四边形 AMF_1N 面积的取值范围.

解：(1) 这一问比较常规，容易求得椭圆的方程为 $\dfrac{x^2}{4} + \dfrac{y^2}{3} = 1$.

(2) **方法一（常规思路）**

由(1)解可知 $F_1(-1, 0), F_2(1, 0)$. 设 $A(x_1, y_1)$，则 $0 < x_1 < 2$.

因此直线 AF_1 的斜率一定存在并且不为 0. 设 AF_1 的斜率为 k，所以直线 AF_1 的方程为 $y = k(x+1)$.

将 AF_1 的方程与椭圆的方程 $\dfrac{x^2}{4} + \dfrac{y^2}{3} = 1$ 联立并化简，得 $(3+4k^2)x^2 + 8k^2 x + 4k^2 - 12 = 0$，因此 $x_1 = \dfrac{-4k^2 + 6\sqrt{k^2+1}}{3+4k^2}$.

$$|AF_1|=\sqrt{(x_1+1)^2+y_1^2}=\sqrt{1+k^2}\,|x_1+1|=\frac{6(k^2+1)+3\sqrt{k^2+1}}{3+4k^2}.$$

由题意可知，$AF_1 \perp MN$，故直线 MN 的方程为 $y=-\dfrac{1}{k}(x-1)$.

将 MN 的方程与椭圆的方程 $\dfrac{x^2}{4}+\dfrac{y^2}{3}=1$ 联立并化简，得 $(4+3k^2)x^2+8x+4-12k^2=0$. 故 $|MN|=\sqrt{1+\left(\dfrac{1}{k}\right)^2}\times\dfrac{12|k|\sqrt{1+k^2}}{3k^2+4}=\dfrac{12(k^2+1)}{3k^2+4}$.

所以四边形 AMF_1N 面积 $S=\dfrac{1}{2}|AF_1|\times|MN|=\dfrac{1}{2}\times\dfrac{6(k^2+1)+3\sqrt{k^2+1}}{3+4k^2}\times\dfrac{12(k^2+1)}{3k^2+4}$.

令 $t=\sqrt{k^2+1}$，易得 $t\in(1,2)$，所以 $S=\dfrac{36t^4+18t^3}{(3t^2+1)(4t^2-1)}=\dfrac{18t^3(2t+1)}{(3t^2+1)(2t-1)(2t+1)}=\dfrac{18}{-\dfrac{1}{t^3}+\dfrac{2}{t^2}-3\dfrac{1}{t}+6}$.

再令 $m=\dfrac{1}{t}$，$m\in\left(\dfrac{1}{2},1\right)$，所以 $f(m)=-m^3+2m^2-3m+6$，则 $f'(m)=-3m^2+4m-3$.

当 $m\in\left(\dfrac{1}{2},1\right)$，$f'(m)<0$ 时，则 $f(m)$ 在 $\left(\dfrac{1}{2},1\right)$ 上单调递减，故 $f(m)\in\left(4,\dfrac{39}{8}\right)$，所以 $S=\dfrac{18}{f(m)}\in\left(\dfrac{48}{13},\dfrac{9}{2}\right)$，所以四边形 AMF_1N 面积的取值范围为 $\left(\dfrac{48}{13},\dfrac{9}{2}\right)$.

评析：本题属于求范围问题，计算量比较大. 对于第(2)问来讲，比较棘手的是 $|AF_1|$ 这一长度的表示. 解决的方法是回归到长度的本质，即两点的距离，然后选择适当的量来表示四边形的面积. 根据题意，直线 AF_1 与直线 MN 的倾斜角相差 $\dfrac{\pi}{2}$，且分别过定点 $F_1(-1,0),F_2(1,0)$，那么就可以考虑直线的参数方程，利用 t 的几何意义去求长度.

方法二(参数方程)

由题意可知,直线 AF_1 的倾斜角为 $\alpha \in \left(0, \dfrac{\pi}{3}\right)$.

设直线 AF_1 的参数方程为 $\begin{cases} x = -1 + t\cos\alpha, \\ y = t\sin\alpha. \end{cases}$ (t 为参数)

代入椭圆方程 $\dfrac{x^2}{4} + \dfrac{y^2}{3} = 1$ 并化简,得 $(4 - \cos^2\alpha)t^2 - 6\cos\alpha \cdot t - 9 = 0$.

解得 $t_1 = -\dfrac{3}{2 + \cos\alpha}, t_2 = \dfrac{3}{2 - \cos\alpha}$.

由于点 A 在第一象限,故 $t_2 = \dfrac{3}{2 - \cos\alpha} = |A_1F|$.

由 $AF_1 \perp MN$,直线 MN 的倾斜角为 $\alpha + \dfrac{\pi}{2}$.

可设直线 MN 的参数方程为 $\begin{cases} x = 1 + t'\cos\left(\alpha + \dfrac{\pi}{2}\right), \\ y = t'\sin\left(\alpha + \dfrac{\pi}{2}\right), \end{cases}$ (t' 为参数)

即 $\begin{cases} x = 1 - t'\sin\alpha, \\ y = t'\cos\alpha. \end{cases}$ (t' 为参数)

代入椭圆方程 $\dfrac{x^2}{4} + \dfrac{y^2}{3} = 1$ 并化简,得 $(4 - \sin^2\alpha)t'^2 - 6\sin\alpha \cdot t' - 9 = 0$.

所以 $|MN| = \dfrac{12}{4 - \sin^2\alpha}$,所以四边形 AMF_1N 面积 $S = \dfrac{1}{2}|AF_1| \times |MN| = \dfrac{18}{(2 - \cos\alpha)(4 - \sin^2\alpha)} = \dfrac{18}{(2 - \cos\alpha)(3 + \cos^2\alpha)}$.

令 $m = \cos\alpha \in \left(\dfrac{1}{2}, 1\right)$,则 $f(m) = (3 + m^2)(2 - m)$.

则 $f'(m) = -3m^2 + 4m - 3$,当 $m \in \left(\dfrac{1}{2}, 1\right)$,$f'(m) < 0$ 时,$f(m)$ 在 $\left(\dfrac{1}{2}, 1\right)$ 上单调递减,故 $f(m) \in \left(4, \dfrac{39}{8}\right)$.

所以 $S = \dfrac{18}{f(m)} \in \left(\dfrac{48}{13}, \dfrac{9}{2}\right)$,所以四边形 AMF_1N 面积的取值范围为 $\left(\dfrac{48}{13}, \dfrac{9}{2}\right)$.

方法二和方法一相比,计算量大大减少,能够快速解决弦长问题.另外,

四边形 AMF_1N 面积 $S = \dfrac{1}{2}|AF_1| \times |MN| = \dfrac{1}{2}|AF_1| \times (|MF_2|+|F_2N|)$ 是由焦半径表示的,且直线 AF_1 与直线 MN 的倾斜角相差 $\dfrac{\pi}{2}$,那么就可以考虑用直线 AF_1 的倾斜角作为基量表示面积.

方法三(极坐标)

由题意可知,直线 AF_1 的倾斜角为 $\alpha \in \left(0, \dfrac{\pi}{3}\right)$.

根据椭圆的焦半径公式,$|AF_1| = \dfrac{\dfrac{b^2}{a}}{1-e\cos\alpha}$,$|MN| = \dfrac{\dfrac{b^2}{a}}{1+e\cos\left(\alpha+\dfrac{\pi}{2}\right)} + \dfrac{\dfrac{b^2}{a}}{1+e\cos\left(\alpha+\dfrac{3\pi}{2}\right)}$.

把 $a=2, b=\sqrt{3}, e=\dfrac{1}{2}$ 代入,得 $|AF_1| = \dfrac{3}{2-\cos\alpha}$,$|MN| = \dfrac{\dfrac{3}{2}}{1-\dfrac{1}{2}\sin\alpha} + \dfrac{\dfrac{3}{2}}{1+\dfrac{1}{2}\sin\alpha} = \dfrac{3}{1-\dfrac{1}{4}\sin^2\alpha}$,四边形 AMF_1N 面积 $S = \dfrac{1}{2}|AF_1| \times |MN| = \dfrac{18}{(2-\cos\alpha)(4-\sin^2\alpha)} = \dfrac{18}{(2-\cos\alpha)(3+\cos^2\alpha)}$.

令 $m = \cos\alpha \in \left(\dfrac{1}{2}, 1\right)$,则 $f(m) = (3+m^2)(2-m)$,则 $f'(m) = -3m^2+4m-3$.当 $m \in \left(\dfrac{1}{2}, 1\right)$,$f'(m)<0$ 时,$f(m)$ 在 $\left(\dfrac{1}{2}, 1\right)$ 上单调递减.

故 $f(m) \in \left(4, \dfrac{39}{8}\right)$,所以 $S = \dfrac{18}{f(m)} \in \left(\dfrac{48}{13}, \dfrac{9}{2}\right)$.

所以四边形 AMF_1N 面积的取值范围为 $\left(\dfrac{48}{13}, \dfrac{9}{2}\right)$.

评析:运用参数方程和极坐标能够快速解决圆锥曲线的弦长、范围等问题,其核心思想就是减少变量或者参数,从而大大简化计算.

例 29.2 (2020·全国 Ⅱ 文·19)已知椭圆 $C_1: \dfrac{x^2}{a^2} + \dfrac{y^2}{b^2} = 1(a>b>0)$ 的右焦点 F 与抛物线 C_2 的焦点重合,C_1 的中心与 C_2 的顶点重合.过 F 且与

x 轴垂直的直线交 C_1 于 A,B 两点,交 C_2 于 C,D 两点,且 $|CD|=\dfrac{4}{3}|AB|$.

(1)求 C_1 的离心率.

(2)若 C_1 的四个顶点到 C_2 的准线距离之和为 12,求 C_1 与 C_2 的标准方程.

方法一(常规思路)

解:(1)因为椭圆 C_1 的右焦点坐标为 $F(c,0)$,

所以抛物线 C_2 的方程为 $y^2=4cx$,其中 $c^2=a^2-b^2$.

不妨设 A,C 在第一象限,因为椭圆 C_1 的方程为:$\dfrac{x^2}{a^2}+\dfrac{y^2}{b^2}=1$,

所以当 $x=c$ 时,有 $\dfrac{c^2}{a^2}+\dfrac{y^2}{b^2}=1 \Rightarrow y=\pm\dfrac{b^2}{a}$.因此 A,B 的纵坐标分别为 $\dfrac{b^2}{a},-\dfrac{b^2}{a}$.

又因为抛物线 C_2 的方程为 $y^2=4cx$,所以当 $x=c$ 时,有 $y^2=4c\cdot c \Rightarrow y=\pm 2c$.所以 C,D 的纵坐标分别为 $2c,-2c$.故 $|AB|=\dfrac{2b^2}{a},|CD|=4c$.

由 $|CD|=\dfrac{4}{3}|AB|$,得 $4c=\dfrac{8b^2}{3a}$,即 $3\cdot\dfrac{c}{a}=2-2\left(\dfrac{c}{a}\right)^2$.解得 $\dfrac{c}{a}=-2$(舍去)或 $\dfrac{c}{a}=\dfrac{1}{2}$.所以 C_1 的离心率为 $\dfrac{1}{2}$.

(2)由(1)解知 $a=2c,b=\sqrt{3}c$,故 $C_1:\dfrac{x^2}{4c^2}+\dfrac{y^2}{3c^2}=1$.所以 C_1 的四个顶点坐标分别为 $(2c,0),(-2c,0),(0,\sqrt{3}c),(0,-\sqrt{3}c),C_2$ 的准线为 $x=-c$.

由已知得 $3c+c+c+c=12$,即 $c=2$.

所以 C_1 的标准方程为 $\dfrac{x^2}{16}+\dfrac{y^2}{12}=1,C_2$ 的标准方程为 $y^2=8x$.

方法二(极坐标)

解:(1)以右焦点 F 为极点,x 轴正半轴为极轴,建立极坐标系.

故 $|AB|=2|AF|=2\dfrac{\dfrac{b^2}{a}}{1+e\cos\dfrac{\pi}{2}},|CD|=2|CF|=2\dfrac{c}{1-\cos\dfrac{\pi}{2}}=4c$.

由 $|CD|=\dfrac{4}{3}|AB|$,得 $2b^2=3ac$.又 $a^2=b^2+c^2$,所以 $2e^2+3e-2=0$.

解得 $e=\dfrac{1}{2}$.

(2)同方法一.

三、战场点兵

1.(2011·全国Ⅱ卷理·21)已知 O 为坐标原点,F 为椭圆 C 在 y 轴正半轴上的焦点,过 F 且斜率为 $-\sqrt{2}$ 的直线 l 与 C 交与 A、B 两点,点 P 满足 $\overrightarrow{OA}+\overrightarrow{OB}+\overrightarrow{OP}=\mathbf{0}$.

(1)证明:点 P 在椭圆 C 上.

(2)设点 P 关于点 O 的对称点为 Q,证明:A,P,B,Q 四点在同一圆上.

2.已知椭圆 $C:\dfrac{x^2}{25}+\dfrac{y^2}{16}=1$,$M(m,n)$ 是椭圆 C 上的一个动点,直线 l 经过点 M 且斜率为 k,与椭圆 C 相交于点 A 与点 B.已知 $|MA|^2+|MB|^2$ 只与直线 l 的斜率 k 有关,与动点 M 的位置无关,试求参数 k 的取值.

第三十计 向量搭桥 一箭双雕

一、战法探究

平面向量兼具代数和几何于一身,在解析几何中有着广泛的应用.解析几何是用数研究形,借助向量,可以有效地转化解析几何问题,从而达到事半功倍的效果.本节从三个方面探究平面向量在解析几何中的应用.

探究一 转化线段倍数关系

在解析几何中,会遇到线段的倍数关系问题,如下面例题:

抛物线 $C:y^2=4x$,点 F 为抛物线焦点,过 F 的直线 l 交抛物线于 A,B 两点,$BF=2AF$,求 l 的方程.

分析:若直接用距离公式表达 $BF=2AF$,然后平方得到坐标之间的关系,再联系直线方程和抛物线方程计算 AB,则计算量较大,形式比较复杂.可以先考虑把线段 $BF=2AF$ 转为为向量关系 $\overrightarrow{BF}=2\overrightarrow{AF}$,记 $A(x_1,y_1)$,$B(x_2,y_2)$,则得到 $y_2=-2y_1$.设直线方程为 $x=my+1$,联立直线方程和抛物线方程,结合韦达定理,得 $y_1+y_2=4m$,$y_1y_2=-4$.又 $y_2=-2y_1$,可得 $m=\pm\dfrac{\sqrt{2}}{4}$.所以直线方程为 $x\pm\dfrac{\sqrt{2}}{4}y-1=0$.

评析:在解析几何中,恰当将线段倍数关系转化为向量倍数关系,再转化坐标之间的关系,然后根据题意,选择横坐标或者纵坐标之间的关系,再联立直线方程和圆锥曲线方程解题,能起到事半功倍的效果.

探究二 证明三点共线

三点共线问题是解析几何中的热点,可以构造向量,用向量法证明三点共线.

方法一:存在 $\lambda\in\mathbf{R}$,使得 $\overrightarrow{AB}=\lambda\overrightarrow{AC}$,则 A,B,C 三点共线.

方法二:$\overrightarrow{AB}=(x_1,y_1)$,$\overrightarrow{AC}=(x_2,y_2)$,若 $x_1y_2-x_2y_1=0$,则 A,B,C 三点共线.

方法三：$\overrightarrow{OA},\overrightarrow{OB},\overrightarrow{OC}$ 不共线,若存在 $\lambda,\mu \in \mathbf{R}$,使得 $\overrightarrow{OC}=\lambda \overrightarrow{OA}+\mu \overrightarrow{OB}$,且 $\lambda+\mu=1$,则 A,B,C 三点共线.

探究三 刻画角平分线

在解析几何中,对于角平分线问题,可以构造向量,得到角平分线的方向向量.

在三角形 ABC 中,$\angle BAC$ 的平分线方向向量为 $\dfrac{\overrightarrow{AB}}{|\overrightarrow{AB}|}+\dfrac{\overrightarrow{AC}}{|\overrightarrow{AC}|}$.

二、战例展示

例 30.1 已知椭圆 $C:\dfrac{x^2}{5}+y^2=1$,过椭圆 C 的右焦点 F 作直线 l 交椭圆 C 于 A,B 两点,交 y 轴于 M 点.若 $\overrightarrow{MA}=\lambda_1\overrightarrow{AF},\overrightarrow{MB}=\lambda_2\overrightarrow{BF}$,证明:$\lambda_1+\lambda_2$ 为定值.

证明:设 A,B,M 的坐标分别为 $A(x_1,x_2),B(x_2,y_2),M(0,y_0)$.

由题意可知 F 点的坐标为 $(2,0)$.已知直线 l 的斜率存在,设直线 l 的方程为 $y=k(x-2)$.

联立 $\begin{cases} y=k(x-2), \\ \dfrac{x^2}{5}+y^2=1, \end{cases}$ 消去 y 得 $(1+5k^2)x^2-20k^2x+20k^2-5=0$.

所以 $x_1+x_2=\dfrac{20k^2}{1+5k^2},x_1x_2=\dfrac{20k^2-5}{1+5k^2}$.

由 $\overrightarrow{MA}=\lambda_1\overrightarrow{AF},\overrightarrow{MB}=\lambda_2\overrightarrow{BF}$,得 $\lambda_1=\dfrac{x_1}{2-x_1},\lambda_2=\dfrac{x_2}{2-x_2}$.

所以 $\lambda_1+\lambda_2=\dfrac{x_1}{2-x_1}+\dfrac{x_2}{2-x_2}=\dfrac{2(x_1+x_2)-2x_1x_2}{4-2(x_1+x_2)+x_1x_2}=\dfrac{\dfrac{40k^2}{1+5k^2}-\dfrac{40k^2-10}{1+5k^2}}{4-\dfrac{40k^2}{1+5k^2}+\dfrac{20k^2-5}{1+5k^2}}=-10$.所以 $\lambda_1+\lambda_2$ 为定值.

例 30.2 已知椭圆 $C:\dfrac{x^2}{8}+\dfrac{y^2}{4}=1$ 与 y 轴交于 A,B 两点(点 B 位于点 A 的下方),且与直线 $y=kx+4$ 交于 M,N 两点.直线 BM 交直线 $y=1$ 于

G 点.证明：A,N,G 三点共线.

证明：联立 $\begin{cases} y=kx+4, \\ \dfrac{x^2}{8}+\dfrac{y^2}{4}=1, \end{cases}$ 得 $(2k^2+1)x^2+16kx+24=0$.

$\Delta=(16k)^2-4(2k^2+1)\times 24>0$，解得 $k^2>\dfrac{3}{2}$.

记 $M(x_1,y_1)$，$N(x_2,y_2)$，由韦达定理，得 $x_1+x_2=\dfrac{-16k}{2k^2+1}$，$x_1x_2=\dfrac{24}{2k^2+1}$.

因为 M,N 两点在直线 $y=kx+4$ 上，所以 $M(x_1,kx_1+4)$，$N(x_2,kx_2+4)$，MB 的方程为 $y=\dfrac{kx_1+6}{x_1}x-2$，得 $G\left(\dfrac{3x_1}{kx_1+6},1\right)$.

所以 $\overrightarrow{AG}=\left(\dfrac{3x_1}{kx_1+6},-1\right)$，$\overrightarrow{AN}=(x_2,kx_2+2)$.

因为 $2kx_1x_2+3(x_1+x_2)=0$，所以 $\dfrac{3x_1}{kx_1+6}(kx_2+2)=-x_2$.

所以 $\overrightarrow{AN}=\overrightarrow{AG}$，所以 A,N,G 三点共线.

例 30.3 椭圆 $C:\dfrac{x^2}{a^2}+\dfrac{y^2}{b^2}=1(a>b>0)$，点 $P(x_0,y_0)$ 是椭圆上的任意一点，l 为椭圆在 P 点处的切线，F_1,F_2 分别为椭圆的左右焦点，直线 m 是角 $\angle F_1PF_2$ 的平分线.证明：$l\perp m$.

证明：椭圆在 P 点处的切线方程为 $\dfrac{x_0x}{a^2}+\dfrac{y_0y}{b^2}=1$.

设切线的一个方向向量 $\boldsymbol{l}=(y_0,(e^2-1)x_0)$.

角 $\angle F_1PF_2$ 的平分线 m 的一个方向向量为 $\boldsymbol{m}=\dfrac{\overrightarrow{PF_1}}{|\overrightarrow{PF_1}|}+\dfrac{\overrightarrow{PF_2}}{|\overrightarrow{PF_2}|}=$

$\dfrac{(-c-x_0,-y_0)}{a+ex_0}+\dfrac{(c-x_0,-y_0)}{a-ex_0}=\left(\dfrac{2x_0(ec-a)}{a^2-e^2x_0^2},\dfrac{-2ay_0}{a^2-e^2x_0^2}\right)$.

$\boldsymbol{l}\cdot\boldsymbol{m}=\dfrac{2x_0y_0(ec-a)}{a^2-e^2x_0^2}+\dfrac{-2ax_0y_0(e^2-1)}{a^2-e^2x_0^2}=0$.

所以 $l\perp m$.

三、战场点兵

1. (2018·北京(理))已知抛物线 $C:y^2=2px$ 经过点 $P(1,2)$. 过点 $Q(0,1)$ 的直线 l 与抛物线 C 有两个不同的交点 A,B,且直线 PA 交 y 轴于 M,直线 PB 交 y 轴于 N.

(1) 求直线 l 的斜率的取值范围.

(2) 设 O 为坐标原点,$\overrightarrow{QM}=\lambda\overrightarrow{QO}$,$\overrightarrow{QN}=\mu\overrightarrow{QO}$. 求证:$\dfrac{1}{\lambda}+\dfrac{1}{\mu}$ 为定值.

2. 椭圆 $C_1:\dfrac{x^2}{a^2}+\dfrac{y^2}{b^2}=1(a>b>0)$ 经过点 $E(1,1)$ 且离心率为 $\dfrac{\sqrt{2}}{2}$;直线 l 与椭圆 C_1 交于 A,B 两点,且以 AB 为直径的圆过原点.

(1) 求椭圆 C_1 的方程.

(2) 若过原点的直线 m 与椭圆 C_1 交于 C,D 两点,且 $\overrightarrow{OC}=t(\overrightarrow{OA}+\overrightarrow{OB})$,求四边形 $ACBD$ 面积的最大值.

3. (2020·江苏)在平面直角坐标系 xOy 中,已知椭圆 $E: \dfrac{x^2}{4}+\dfrac{y^2}{3}=1$ 的左右焦点分别为 F_1, F_2,点 A 在椭圆 E 上且在第一象限内,$AF_2 \perp F_1F_2$,直线 AF_1 与椭圆 E 相交于另一点 B.
   (1) 求 $\triangle AF_1F_2$ 的周长.
   (2) 设点 M 在椭圆 E 上,记 $\triangle OAB$ 与 $\triangle MAB$ 的面积分别为 S_1, S_2. 若 $S_2 = 3S_1$,求点 M 的坐标.

4. 已知定点 $A(a, 0)(a > 0)$ 和直线 $l: x = -1$,直线 l 上有一动点 B,$\angle BOA$ 的角平分线交 AB 于点 C. 求点 C 的轨迹方程.

第四篇　背景篇

第三十一计 方程半代 切线即来

一、战法探究

在解析几何中,我们经常会遇到直线与圆锥曲线之间的位置关系,特别是直线与圆锥曲线相切的情形.对于求解经过某点的圆锥曲线的切线方程,我们一般研究两类问题:

(1)当点在曲线上时,只有一条切线,研究其方程;

(2)当点在曲线外时,有两条切线,此时我们研究过两个切点的直线方程,以下简称"切点弦方程".

探究一 切线方程

下面以椭圆、双曲线为例,探究曲线上一点处切线方程的形式.

已知点 $P(x_0, y_0)$ 在曲线 $E: \dfrac{x^2}{m} + \dfrac{y^2}{n} = 1$ 上,则在点 P 处切线 l 的方程为 $\dfrac{x_0 x}{m} + \dfrac{y_0 y}{n} = 1$.

证法一:判别式法

证明:①当 l 的斜率存在时,设 l 的方程为 $y = kx + t$.

联立 $\begin{cases} y = kx + t, \\ \dfrac{x^2}{m} + \dfrac{y^2}{n} = 1 \end{cases}$ 得 $(mk^2 + n)x^2 + 2kmtx + m(t^2 - n) = 0$.

由 $\Delta = 0$,得 $mk^2 + n - t^2 = 0$.又因为 $t = y_0 - kx_0$,所以 $(m - x_0^2)k^2 + 2x_0 y_0 k + n - y_0^2 = 0$.

因为 l 与 E 相切,所以 $2k = -\dfrac{2x_0 y_0}{m - x_0^2}$.

因为 $\dfrac{x_0^2}{m} + \dfrac{y_0^2}{n} = 1$,所以 $m - x_0^2 = \dfrac{m y_0^2}{n}$.所以 $k = -\dfrac{n x_0}{m y_0}$.

所以 l 的方程可化为 $y = -\dfrac{n x_0}{m y_0} x + y_0 + \dfrac{n x_0}{m y_0} x_0$,即 $m y_0 y = -n x_0 x + $

$my_0^2 + nx_0^2$,所以 $nx_0x + my_0y = mn$,即 $\dfrac{x_0x}{m} + \dfrac{y_0y}{n} = 1$.

②当 l 的斜率不存在时,$P(x_0, 0)$ 满足 $\dfrac{x_0^2}{m} = 1$,此时在点 P 处切线 l 的方程为 $\dfrac{x_0x}{m} = 1$.

故在点 P 处切线 l 的方程为 $\dfrac{x_0x}{m} + \dfrac{y_0y}{n} = 1$.

证法二:导数法

证明:结合曲线 E 的对称性,我们只需要考虑 E 在第一象限内的情形即可.

由 $\dfrac{x^2}{m} + \dfrac{y^2}{n} = 1$ 可知 $y = \sqrt{\dfrac{n}{m}(m - x^2)}$,则 $y_0 = \sqrt{\dfrac{n}{m}(m - x_0^2)}$,

所以 E 在点 P 处切线的斜率为 $k = y'|_{x=x_0} = -\dfrac{nx_0}{m\sqrt{\dfrac{n}{m}(m - x_0^2)}} = -\dfrac{nx_0}{my_0}$,

所以 E 在点 P 处的切线方程为 $y = -\dfrac{nx_0}{my_0}x + y_0 + \dfrac{nx_0}{my_0}x_0$,即 $my_0y = -nx_0x + my_0^2 + nx_0^2$.

所以 $nx_0x + my_0y = mn$,即 $\dfrac{x_0x}{m} + \dfrac{y_0y}{n} = 1$.

评析:无论是用判别式法,还是用导数法,证明过程的关键是求出切线的斜率,事实上,由点差法及导数的概念(极限)可得 $k \cdot k_{OP} = -\dfrac{n}{m}$,所以 $k = -\dfrac{nx_0}{my_0}$.

证法三:方程组法

证明:点 $P(x_0, y_0)$ 可用方程 $\dfrac{(x - x_0)^2}{m} + \dfrac{(y - y_0)^2}{n} = 0$ 表示.

联立 $\begin{cases} \dfrac{x^2}{m} + \dfrac{y^2}{n} = 1,① \\ \dfrac{(x - x_0)^2}{m} + \dfrac{(y - y_0)^2}{n} = 0.② \end{cases}$ (※)

①-②,得 $\dfrac{2x_0x - x_0^2}{m} + \dfrac{2y_0y - y_0^2}{n} = 1$.③

又因为点 $P(x_0,y_0)$ 在曲线 E 上,所以 $\dfrac{x_0^2}{m}+\dfrac{y_0^2}{n}=1$.

代入③得 $\dfrac{x_0 x}{m}+\dfrac{y_0 y}{n}=1$. ④

由题意知方程组(※)只有一组解 $\begin{cases} x=x_0, \\ y=y_0. \end{cases}$

所以方程组 $\begin{cases} ① \\ ④ \end{cases}$ 只有一组解 $\begin{cases} x=x_0, \\ y=y_0. \end{cases}$

所以④所表示的直线与 E 只有一个公共点 $P(x_0,y_0)$.

故在点 P 处切线 l 的方程为 $\dfrac{x_0 x}{m}+\dfrac{y_0 y}{n}=1$.

证法四:基本不等式

证明:设 E 上任意一点 (x,y),则 $2x_0 x \leqslant x_0^2+x^2, 2y_0 y \leqslant y_0^2+y^2$,当且仅当 $x=x_0, y=y_0$ 时等号成立.所以 $\dfrac{2x_0 x}{m}+\dfrac{2y_0 y}{n} \leqslant \dfrac{x_0^2+x^2}{m}+\dfrac{y_0^2+y^2}{n} = \dfrac{x_0^2}{m}+\dfrac{y_0^2}{n}+\dfrac{x^2}{m}+\dfrac{y^2}{n}=2$.

即 $\dfrac{x_0 x}{m}+\dfrac{y_0 y}{n} \leqslant 1$,当且仅当 $x=x_0,y=y_0$ 时等号成立.

即 E 上有且只有一点 (x_0,y_0) 在直线 $\dfrac{x_0 x}{m}+\dfrac{y_0 y}{n}=1$ 上.

所以在点 P 处的切线 l 的方程为 $\dfrac{x_0 x}{m}+\dfrac{y_0 y}{n}=1$.

另外,圆、抛物线也有类似的结论.对于圆 $C:(x-a)^2+(y-b)^2=r^2$ 上一点 $P(x_0,y_0)$ 处的切线方程,还可以用向量转化垂直关系,而用数量积转化则更为直接明了.具体如下.

证明:设点 $P(x_0,y_0)$ 处的切线上任意一点 $M(x,y)$,则由 $\overrightarrow{CP} \cdot \overrightarrow{CM}=r^2$,得 $(x_0-a)(x-a)+(y_0-b)(y-b)=r^2$.

所以圆 C 上一点 $P(x_0,y_0)$ 处的切线方程为 $(x_0-a)(x-a)+(y_0-b)(y-b)=r^2$.

探究二　切点弦方程

下面以椭圆、双曲线为例,探究曲线切点弦方程的形式.

已知点 $P(x_0,y_0)$ 在曲线 $E:\dfrac{x^2}{m}+\dfrac{y^2}{n}=1$ 外,过点 P 作曲线 E 的两条切

线 PA, PB,则经过切点 A, B 的直线方程为 $\dfrac{x_0 x}{m} + \dfrac{y_0 y}{n} = 1$.

证明:设 $A(x_1, y_1), B(x_2, y_2)$,则在点 A, B 处的切线方程分别为 $\dfrac{x_1 x}{m} + \dfrac{y_1 y}{n} = 1, \dfrac{x_2 x}{m} + \dfrac{y_2 y}{n} = 1$.

又因为切线 PA, PB 过点 P,所以 $\begin{cases} \dfrac{x_1 x_0}{m} + \dfrac{y_1 y_0}{n} = 1, \\ \dfrac{x_2 x_0}{m} + \dfrac{y_2 y_0}{n} = 1. \end{cases}$

所以 $A(x_1, y_1), B(x_2, y_2)$ 都在直线 $\dfrac{x_0 x}{m} + \dfrac{y_0 y}{n} = 1$ 上.

所以直线 AB 的方程为 $\dfrac{x_0 x}{m} + \dfrac{y_0 y}{n} = 1$.

我们可以用类似的方法得到圆锥曲线在点 $P(x_0, y_0)$ 处的切线方程以及切点弦的方程,具体如下.

圆锥曲线	切线方程	切点弦方程
圆:$(x-a)^2 + (y-b)^2 = r^2$	$(x_0-a)(x-a) + (y_0-b)(y-b) = r^2$	$(x_0-a)(x-a) + (y_0-b)(y-b) = r^2$
椭圆:$\dfrac{x^2}{a^2} + \dfrac{y^2}{b^2} = 1$	$\dfrac{x_0 x}{a^2} + \dfrac{y_0 y}{b^2} = 1$	$\dfrac{x_0 x}{a^2} + \dfrac{y_0 y}{b^2} = 1$
双曲线:$\dfrac{x^2}{a^2} - \dfrac{y^2}{b^2} = 1$	$\dfrac{x_0 x}{a^2} - \dfrac{y_0 y}{b^2} = 1$	$\dfrac{x_0 x}{a^2} - \dfrac{y_0 y}{b^2} = 1$
抛物线:$y^2 = 2px(p>0)$	$y_0 y = p(x + x_0)$	$y_0 y = p(x + x_0)$

从求解结果的结构来看,所求的直线方程和二次曲线的方程有类似的结构:只需把曲线方程中的 x^2, y^2, x, y 分别改为 $x_0 x, y_0 y, \dfrac{x_0 + x}{2}, \dfrac{y_0 + y}{2}$,即可得到二次曲线在点 (x_0, y_0) 处的切线方程,这种改写方法俗称"半代入".

当点 $P(x_0, y_0)$ 在曲线外时,通过类似的改写,可得切点弦方程.

事实上,这两个类型的问题是极点与极线的特殊情形.

二、战例展示

例 31.1 (2021・天津卷・18,节选)已知椭圆 $\dfrac{x^2}{5} + y^2 = 1$ 的右焦点

为 F,上顶点为 B,直线 l 与椭圆有唯一的公共点 M,与 y 轴的正半轴交于点 N,过 N 与 BF 垂直的直线交 x 轴于点 P.若 $MP \mathbin{/\mkern-4mu/} BF$,求直线 l 的方程.

解:设点 $M(x_0, y_0)$ 为椭圆 $\dfrac{x^2}{5} + y^2 = 1$ 上一点,先证明直线 MN 的方程为 $\dfrac{x_0 x}{5} + y_0 y = 1$.

联立 $\begin{cases} \dfrac{x_0 x}{5} + y_0 y = 1, \\ \dfrac{x^2}{5} + y^2 = 1, \end{cases}$ 消去 y,得 $x^2 - 2x_0 x + x_0^2 = 0$. $\Delta = 4x_0^2 - 4x_0^2 = 0$.

因此,椭圆 $\dfrac{x^2}{5} + y^2 = 1$ 在点 $M(x_0, y_0)$ 处的切线方程为 $\dfrac{x_0 x}{5} + y_0 y = 1$.

令 $x = 0$,可得 $y = \dfrac{1}{y_0}$,由题意可知 $y_0 > 0$,即点 $N\left(0, \dfrac{1}{y_0}\right)$.

直线 BF 的斜率为 $k_{BF} = -\dfrac{b}{c} = -\dfrac{1}{2}$,所以直线 PN 的方程为 $y = 2x + \dfrac{1}{y_0}$.

令 $y = 0$,可得 $x = -\dfrac{1}{2y_0}$,即点 $P\left(-\dfrac{1}{2y_0}, 0\right)$.

因为 $MP \mathbin{/\mkern-4mu/} BF$,则 $k_{MP} = k_{BF}$,即 $\dfrac{y_0}{x_0 + \dfrac{1}{2y_0}} = -\dfrac{1}{2}$.

整理可得 $(x_0 + 5y_0)^2 = 0$,所以 $x_0 = -5y_0$.

所以 $\dfrac{x_0^2}{5} + y_0^2 = 6y_0^2 = 1$,且 $y_0 > 0$,故 $y_0 = \dfrac{\sqrt{6}}{6}$, $x_0 = -\dfrac{5\sqrt{6}}{6}$.

所以,直线 l 的方程为 $-\dfrac{\sqrt{6}}{6}x + \dfrac{\sqrt{6}}{6}y = 1$,即 $x - y + \sqrt{6} = 0$.

评析:先给出结论再证明,目标明确,书写简洁.

例 31.2 (2012·福建卷理·19,节选)设动直线 $l: y = kx + m$ 与椭圆 $E: \dfrac{x^2}{4} + \dfrac{y^2}{3} = 1$ 有且只有一个公共点 P,且与直线 $x = 4$ 相交于点 Q.试探究:在坐标平面内是否存在定点 M,使得以 PQ 为直径的圆恒过点 M? 若存在,求出点 M 的坐标;若不存在,说明理由.

方法一:由对称性可知,点 M 在 x 轴上,设 $M(x_1, 0)$, $P(x_0, y_0)$ $(y_0 > 0)$,由 $\dfrac{x^2}{4} + \dfrac{y^2}{3} = 1$ $(y > 0)$ 得 $y = \sqrt{3 - \dfrac{3x^2}{4}}$,则 $y' = -\dfrac{3x}{4 \times \sqrt{3 - \dfrac{3x^2}{4}}}$,

所以 $k=-\dfrac{3x_0}{4y_0}$,所以 l 的方程为 $y-y_0=-\dfrac{3x_0}{4y_0}(x-x_0)$,即 $\dfrac{x_0 x}{4}+\dfrac{y_0 y}{3}=1$.

所以 $Q\left(4,\dfrac{3-3x_0}{y_0}\right)$.

因为以 PQ 为直径的圆恒过点 M,所以 $\overrightarrow{MP}\cdot\overrightarrow{MQ}=0$.

即 $(x_0-x_1)(4-x_1)+y_0\cdot\dfrac{3-3x_0}{y_0}=0$.

整理,得 $x_0(x_1-1)=(x_1-1)(x_1-3)$.

因为上式对 $x_0\in(-2,2)$ 恒成立,所以 $x_1=1$.

故存在定点 $M(1,0)$,使得以 PQ 为直径的圆恒过点 M.

方法二:由题意知 $Q(4,4k+m), m\neq 0$.

由对称性可知,点 M 在 x 轴上,设 $M(x_1,0), P(x_0,y_0)$.

联立 $\begin{cases} y=kx+m, \\ \dfrac{x^2}{4}+\dfrac{y^2}{3}=1, \end{cases}$ 得 $(4k^2+3)x^2+8kmx+4m^2-12=0$.

因为直线 l 与椭圆 E 有且只有一个公共点.所以 $\Delta=64k^2m^2-4(4k^2+3)(4m^2-12)=0$,即 $4k^2-m^2+3=0$.

所以 $x_0=-\dfrac{4km}{4k^2+3}=-\dfrac{4k}{m}, y_0=\dfrac{3}{m}$,即 $P\left(-\dfrac{4k}{m},\dfrac{3}{m}\right)$.

因为以 PQ 为直径的圆恒过点 M,所以 $\overrightarrow{MP}\cdot\overrightarrow{MQ}=0$.

即 $\left(-\dfrac{4k}{m}-x_1\right)(4-x_1)+\dfrac{3}{m}(4k+m)=0$.

整理得 $(4x_1-4)\dfrac{k}{m}+x_1^2-4x_1+3=0$.

因为上式对任意的 m,k 恒成立,所以 $\begin{cases} 4x_1-4=0, \\ x_1^2-4x_1+3=0, \end{cases}$ 即 $x_1=1$.

故存在定点 $M(1,0)$,使得以 PQ 为直径的圆恒过点 M.

评析:本题中,定点 $M(1,0)$ 为椭圆的右焦点,而已知条件中的直线 $x=4$ 为椭圆的右准线,可见此题可以得到一般性的结论,有兴趣的读者可以尝试推广并证明.

例 31.3 (2021·全国乙卷理·21 节选)若点 P 在 $M:x^2+(y+4)^2=1$ 上,PA,PB 是 $C:x^2=4y$ 的两条切线,A,B 是切点,求 $\triangle PAB$ 面积的最大值.

方法一:抛物线 C 的方程为 $x^2=4y$,即 $y=\dfrac{x^2}{4}$,所以 $y'=\dfrac{x}{2}$.

第三十一计 方程半代 切线即来

设点 $A(x_1,y_1), B(x_2,y_2), P(x_0,y_0)$.

直线 PA 的方程为 $y-y_1=\dfrac{x_1}{2}(x-x_1)$,即 $y=\dfrac{x_1x}{2}-y_1$,即 $x_1x=2(y+y_1)$.同理可得,直线 PB 的方程为 $x_2x=2(y+y_2)$.

由于点 P 为这两条直线的公共点,则 $\begin{cases} x_1x_0=2(y_0+y_1), \\ x_2x_0=2(y_0+y_2). \end{cases}$

所以,点 A,B 的坐标满足方程 $x_0x=2(y+y_0)$.

所以,直线 AB 的方程为 $x_0x=2(y+y_0)$.

联立 $\begin{cases} x_0x=2(y+y_0), \\ x^2=4y, \end{cases}$ 可得 $x^2-2x_0x+4y_0=0$.

所以 $x_1+x_2=2x_0, x_1x_2=4y_0$.

所以 $|AB|=\sqrt{1+\left(\dfrac{x_0}{2}\right)^2}\sqrt{(x_1+x_2)^2-4x_1x_2}=\sqrt{(x_0^2+4)(x_0^2-4y_0)}$.

点 P 到直线 AB 的距离为 $d=\dfrac{|x_0^2-4y_0|}{\sqrt{x_0^2+4}}$.

所以 $S_{\triangle PAB}=\dfrac{1}{2}|AB|d=\dfrac{1}{2}\sqrt{(x_0^2+4)(x_0^2-4y_0)}\cdot\dfrac{|x_0^2-4y_0|}{\sqrt{x_0^2+4}}=\dfrac{1}{2}(x_0^2-4y_0)^{\frac{3}{2}}$.

因为 $x_0^2-4y_0=1-(y_0+4)^2-4y_0=-y_0^2-12y_0-15=-(y_0+6)^2+21$,由题意可得 $-5\leqslant y_0\leqslant-3$.

所以当 $y_0=-5$ 时,$\triangle PAB$ 的面积取最大值 $\dfrac{1}{2}\times 20^{\frac{3}{2}}=20\sqrt{5}$.

方法二:设点 $A\left(x_1,\dfrac{x_1^2}{4}\right),B\left(x_2,\dfrac{x_2^2}{4}\right)$,直线 AB 的方程为 $y=kx+b$.

联立 $\begin{cases} y=kx+b, \\ x^2=4y, \end{cases}$ 整理得 $x^2-4kx-4b=0$.

由 $\Delta>0$,得 $k^2+b>0$,所以 $x_1+x_2=4k, x_1x_2=-4b$.

抛物线 C 的方程为 $x^2=4y$,即 $y=\dfrac{x^2}{4}$,所以 $y'=\dfrac{x}{2}$.

则直线 PA 的方程为 $y-\dfrac{x_1^2}{4}=\dfrac{x_1}{2}(x-x_1)$,即 $y=\dfrac{x_1x}{2}-\dfrac{x_1^2}{4}$.

同理可得,直线 PB 的方程为 $y=\dfrac{x_2x}{2}-\dfrac{x_2^2}{4}$.

联立 $\begin{cases} y = \dfrac{x_1 x}{2} - \dfrac{x_1^2}{4}, \\ y = \dfrac{x_2 x}{2} - \dfrac{x_2^2}{4}, \end{cases}$ 可得点 $P\left(\dfrac{x_1+x_2}{2}, \dfrac{x_1 x_2}{4}\right)$,即 $P(2k, -b)$.

将点 P 的坐标代入圆 M 的方程,得 $4k^2 + (-b+4)^2 = 1$,整理得 $k^2 = \dfrac{1-(b-4)^2}{4}$.

因为 $|AB| = \sqrt{1+k^2}\sqrt{(x_1+x_2)^2 - 4x_1 x_2} = \sqrt{1+k^2}\sqrt{16k^2+16b}$,点 P 到直线 AB 的距离为 $d = \dfrac{|2k^2+2b|}{\sqrt{1+k^2}}$,所以 $S_{\triangle PAB} = \dfrac{1}{2}|AB|d = \dfrac{1}{2}\sqrt{16k^2+16b} \cdot |2k^2+2b| = 4\,(k^2+b)^{\frac{3}{2}} = 4\left[\dfrac{1-(b-4)^2}{4}+b\right]^{\frac{3}{2}} = 4\left(\dfrac{-b^2+12b-15}{4}\right)^{\frac{3}{2}}$,其中 $y_P = -b \in [-5, -3]$.即 $b \in [3,5]$,所以当 $b = 5$ 时,$\triangle PAB$ 的面积取最大值 $20\sqrt{5}$.

评析:同构和已知的结论为化简推导提供了一个清晰的方向.

三、战场点兵

1. 设 P 为椭圆 $\dfrac{x^2}{4} + \dfrac{y^2}{3} = 1$ 上的一个动点,过点 P 作椭圆的切线与圆 $O: x^2 + y^2 = 12$ 相交于 M, N 两点,圆 O 在 M, N 两点处的切线相交于点 Q.求点 Q 的轨迹方程.

2. (2013·山东卷理·22,节选)椭圆 $C: \dfrac{x^2}{4}+y^2=1$ 的左、右焦点分别为 F_1, F_2,点 P 是椭圆 C 上除长轴端点外的任一点,连接 PF_1, PF_2,过点 P 作斜率为 k 的直线 l,使 l 与椭圆 C 有且只有一个公共点.设直线 PF_1, PF_2 的斜率分别为 k_1, k_2.若 $k\neq 0$,试证明 $\dfrac{1}{kk_1}+\dfrac{1}{kk_2}$ 为定值,并求出这个定值.

3. (2012·全国大纲卷理·21)已知圆 $M:(x-1)^2+\left(y-\dfrac{1}{2}\right)^2=r^2(r>0)$ 与抛物线 $C: y=(x+1)^2$ 有一个公共点 A,且在 A 处两曲线的切线为同一直线 l.

(1) 求 r.

(2) 设 m, n 是异于 l 且与 C 及 M 都相切的两条直线, m, n 的交点为 D,求 D 到 l 的距离.

第三十二计 极点极线 相伴相生

一、战法探究

第三十一计中的"半代入"是一种形象说法,它的背景是极点极线,我们来探究"极点极线"的相关知识和应用.

探究一 极点极线的定义

1. 几何定义

如图,点 P 是圆锥曲线 Γ 外一点,过点 P 引两条割线依次交 Γ 于 E,F,G,H 四点,连接 EH,FG 交于点 N,连接 EG,FH 交于点 M,则直线 MN 为点 P 对应的极线.

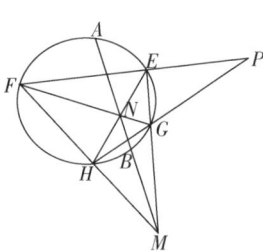

2. 代数定义

已知圆锥曲线 $\Gamma: Ax^2+Cy^2+2Dx+2Ey+F=0$,则称点 $P(x_0,y_0)$ 和直线 $l: Ax_0x+Cy_0y+D(x+x_0)+E(y+y_0)+F=0$ 是圆锥曲线 Γ 的一对极点和极线.

探究二 极点极线的性质及证明

当点 P 在 Γ 上时,极线 l 是 Γ 在点 P 处的切线.

证明:对 $\Gamma: Ax^2+Cy^2+2Dx+2Ey+F=0$ 两边求导,得 $2Ax+2Cyy'+2D+2Ey'=0$,解得 $y'=-\dfrac{Ax+D}{Cy+E}$,于是曲线 Γ 在点 P 处的切线斜率为 $k=-\dfrac{Ax_0+D}{Cy_0+E}$.

故切线 l 的方程为 $y-y_0=-\dfrac{Ax_0+D}{Cy_0+E}(x-x_0)$.

化简得 $Ax_0x+Cy_0y-Ax_0^2-Cy_0^2+Dx+Ey-Dx_0-Ey_0=0$.

又点 P 在曲线 Γ 上,故有 $Ax_0^2+Cy_0^2+2Dx_0+2Ey_0+F=0$,从中解出 $Ax_0^2+Cy_0^2$,然后代入可得曲线 Γ 在点 P 处的切线为 $l: Ax_0x+Cy_0y+$

$D(x+x_0)+E(y+y_0)+F=0.$

当点 P 在 Γ 外时,极线 l 是 Γ 从点 P 所引两条切线的切点所在直线(即切点弦所在直线).

证明:设过点 P 所作的两条切线的切点分别为 $M(x_1,y_1),N(x_2,y_2)$. 则点 M,N 处的切线方程分别为:$Axx_1+Cyy_1+D(x_1+x)+E(y_1+y)+F=0, Axx_2+Cyy_2+D(x_2+x)+E(y_2+y)+F=0.$

又点 P 在切线上,所以有:

$Ax_0x_1+Cy_0y_1+D(x_1+x_0)+E(y_1+y_0)+F=0.$

$Ax_0x_2+Cy_0y_2+D(x_2+x_0)+E(y_2+y_0)+F=0.$

观察这两个式子,可发现点都在直线 $Ax_0x+Cy_0y+D(x+x_0)+E(y+y_0)+F=0$ 上.

又两点确定一条直线,故切点弦 MN 所在的直线方程为:

$Ax_0x+Cy_0y+D(x+x_0)+E(y+y_0)+F=0.$

当点 P 在 Γ 内时,极线 l 是曲线 Γ 过点 P 的割线两端点处的切线交点的轨迹.

证明:设曲线 Γ 过 $P(x_0,y_0)$ 的弦的两端点分别为 $S(x_1,y_1),T(x_2,y_2)$,则曲线 Γ 在这两点处的切线方程分别为:$Ax_1x+Cy_1y+D(x_1+x)+E(y_1+y)+F=0, Ax_2x+Cy_2y+D(x_2+x)+E(y_2+y)+F=0.$

设两切线的交点为 $Q(m,n)$,则有:

$Ax_1m+Cy_1n+D(x_1+m)+E(y_1+n)+F=0,$

$Ax_2m+Cy_2n+D(x_2+m)+E(y_2+n)+F=0.$

观察两式,知 $S(x_1,y_1),T(x_2,y_2)$ 在直线 $Axm+Cyn+D(x+m)+E(y+n)+F=0$ 上.

又两点确定一条直线,所以直线 ST 的方程为:$Axm+Cyn+D(x+m)+E(y+n)+F=0.$

又直线 ST 过点 $P(x_0,y_0)$,所以 $Ax_0m+Cy_0n+D(x_0+m)+E(y_0+n)+F=0$.因而点 $Q(m,n)$ 在直线 $Ax_0x+Cy_0y+D(x_0+x)+E(y_0+y)+F=0$ 上,所以两切线的交点的轨迹方程是 $Ax_0x+Cy_0y+D(x_0+x)+E(y_0+y)+F=0.$

自极三点形.

如图,在探究一极点极线的几何定义中,易知直线 MP 为点 N 对应的极线,则直线 NP 为点 M 对应的极线,MNP 称为自极三点形.由自极三点形的概念我们不难看出,若四边形 $EFHG$ 内接于

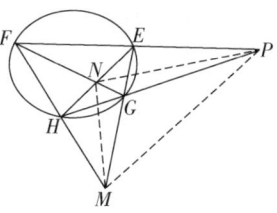

二次曲线,则对角线交点 N 的极线是两组对边交点(假设对边不平行)的连线.

圆锥曲线的焦点所对应的极线就是其准线.

二、战例展示

例32.1 设椭圆 $\dfrac{x^2}{a^2}+\dfrac{y^2}{b^2}=1(a>b>0)$ 的左、右顶点分别为 $A,B,P(t,y_0)$ $(y_0\neq 0)$ 是直线 $x=t(|t|>a)$ 上的一点,连接 PA,PB 分别交椭圆于点 M,N,求证直线 MN 过定点,并求出该定点的表达式.

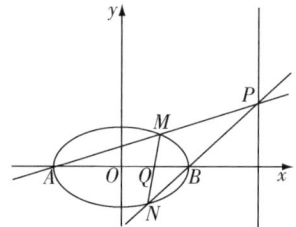

证明:设 MN 与 AB 交于点 $Q(x_0,0)$,则点 Q 所对应的极线即为 $x=t$,则 $\dfrac{xx_0}{a^2}+\dfrac{0}{b^2}=1$,得 $x=\dfrac{a^2}{x_0}=t$.所以 $x_0=\dfrac{a^2}{t}$,即直线 MN 过定点 $Q\left(\dfrac{a^2}{t},0\right)$.

本题的常规证法如下:

证明:设直线 $MN:x=ky+m,M(x_1,y_1),N(x_2,y_2)$.

由 $\begin{cases}x=ky+m,\\ \dfrac{x^2}{a^2}+\dfrac{y^2}{b^2}=1,\end{cases}$ 得 $(a^2+b^2k^2)y^2+2kmb^2y+b^2(m^2-a^2)=0$(注意 $\Delta>0$).

所以 $y_1+y_2=\dfrac{-2mkb^2}{a^2+b^2k^2},y_1\cdot y_2=\dfrac{b^2(m^2-a^2)}{a^2+b^2k^2}$,所以 $\dfrac{y_1+y_2}{y_1\cdot y_2}=\dfrac{1}{y_1}+\dfrac{1}{y_2}=\dfrac{-2mk}{m^2-a^2}$(☆).

又由 $\overrightarrow{AM}//\overrightarrow{AP}$ 得 $y_1=\dfrac{y_0(m+a)}{t+a-ky_0}$,同理:$y_2=\dfrac{y_0(m-a)}{t-a-ky_0}$,代入(☆)得 $m=\dfrac{a^2}{t}$.

评析:圆锥曲线的焦点所对应的极线是其准线,这里的定点 $Q\left(\dfrac{a^2}{t},0\right)$ 和

直线 $x=t$ 常称为类焦点和类准线,即类焦点的极线为类准线.

例 32.2 (2019·全国Ⅲ,理 21,节选)已知曲线 $C:y=\dfrac{x^2}{2}$,D 为直线 $y=-\dfrac{1}{2}$ 上的动点,过 D 作 C 的两条切线,切点分别为 A,B.证明:直线 AB 过定点.

证明:因为圆锥曲线中焦点所对应的极线为其准线,所以直线 AB 的极点为曲线 C 的焦点.

本题的常规证法如下:

证明:设 $D\left(t,-\dfrac{1}{2}\right)$,$A(x_1,y_1)$,$B(x_2,y_2)$,则 $x_1^2=2y_1$.

由于 $y'=x$,所以切线 DA 的斜率为 x_1,故 $\dfrac{y_1+\dfrac{1}{2}}{x_1-t}=x_1$.

整理得 $2tx_1-2y_1+1=0$,同理可得 $2tx_2-2y_2+1=0$.

故直线 AB 的方程为 $2tx-2y+1=0$,所以直线 AB 过定点 $\left(0,\dfrac{1}{2}\right)$.

评析:极点、极线不是《高中数学课程标准》中规定的学习内容,因此在解答题中还不能直接加以应用,但其身影随处可见,我们用极点、极线的概念和相关性质去分析问题,尤其是定点、轨迹问题等,可以起到事半功倍的效果.

三、战场点兵

(本计习题选自方亚斌老师的著作《高考数学命题探秘》)

1.已知点 $A(4,3)$,F 为椭圆 $\dfrac{x^2}{4}+\dfrac{y^2}{3}=1$ 的右焦点,过点 A 的直线与椭圆在 x 轴上方相切于点 B,则直线 BF 的斜率为( ).

A.$-\dfrac{1}{2}$ B.$-\dfrac{2}{3}$ C.-1 D.$-\dfrac{4}{3}$

2.(2017 年全国高中数学联赛广西赛区预赛第 12 题)已知抛物线 $C:y=\dfrac{1}{2}x^2$ 与直线 $l:y=kx-1$ 没有公共点.设点 P 为直线 l 上的动点,过 P 作抛物线 C 的两条切线,A,B 为切点.证明:直线 AB 恒过定点 Q.

3. 已知椭圆 $C: \dfrac{x^2}{a^2}+\dfrac{y^2}{b^2}=1(a>b>0)$ 与 y 轴的交点为 A,B（A 点位于 B 点的上方），F 为左焦点，原点 O 到直线 FA 的距离为 $\dfrac{\sqrt{2}}{2}b$.

(1) 求椭圆的离心率.

(2) 设 $b=2$，直线 $y=kx+4$ 与椭圆 C 交于不同的两点 M,N. 求证：直线 BM 与直线 AN 的交点 G 在定直线上.

4. (2011·第22届"希望杯"全国数学邀请赛一试·19) 从直线 $l: \dfrac{x}{8}+\dfrac{y}{4}=1$ 上的任意一点 P 作圆 $O: x^2+y^2=8$ 的两条切线，切点为 A,B，则弦 AB 长度的最小值为 _____.

第三十三计　阿氏三角　旧图新貌

一、战法探究

圆锥曲线的弦与过弦的端点的两条切线所围成的三角形称为该圆锥曲线的"阿基米德三角形".古希腊数学家阿基米德（Archimedes，公元前287年—公元前212）在其著作《抛物弓形求积》（Quadrature of the Parabola）中利用一系列内接三角形逐步逼近抛物线弓形，借助于"穷竭法"解决了抛物线弓形的面积问题，从中衍生"阿基米德三角形".它包含了直线与圆锥曲线相交、相切两种位置关系，研究了轨迹方程、定值、定点、弦长、面积等核心问题，具有相当多优美的性质.我们这里主要研究抛物线的阿基米德三角形的相关性质.

探究一　阿基米德三角形定理

如图，设焦点为 F 的抛物线方程为 $x^2=2py$（$p>0$），$A(x_1,y_1)$，$B(x_2,y_2)$ 是抛物线上两个不同的点，且 AB 的中点为 Q，设抛物线在点 A,B 处的切线 PA,PB 交于点 $P(x_P,y_P)$.我们称弦 AB 为阿基米德 $\triangle PAB$ 的底边.

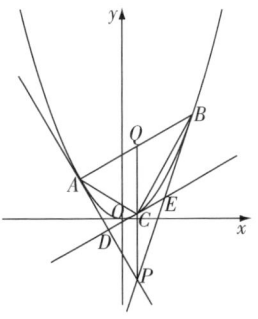

性质1　阿基米德三角形底边上的中线平行（重合）于抛物线的对称轴，即 $x_P=\dfrac{x_1+x_2}{2}$.

证明：切线 PA,PB 的方程分别为 $x_1x=p(y+y_1)$，$x_2x=p(y+y_2)$，则 $x_P=\dfrac{p(y_1-y_2)}{x_1-x_2}$.

因为 $A(x_1,y_1)$，$B(x_2,y_2)$ 是抛物线上两个不同的点，所以 $x_P=\dfrac{p\left(\dfrac{x_1^2}{2p}-\dfrac{x_2^2}{2p}\right)}{x_1-x_2}=\dfrac{x_1+x_2}{2}$.

推论　$|AF||BF|=|PF|^2$.

证明：$|AF||BF| = \left(y_1 + \dfrac{p}{2}\right)\left(y_2 + \dfrac{p}{2}\right) = y_1 y_2 + \dfrac{p}{2}(y_1 + y_2) + \dfrac{p^2}{4} = \left(\dfrac{x_1 x_2}{2p}\right)^2 + \dfrac{x_1^2 + x_2^2}{4} + \dfrac{p^2}{4}$，由性质 1 知 $P\left(\dfrac{x_1+x_2}{2}, \dfrac{x_1 x_2}{2p}\right)$.

所以 $|PF|^2 = \left(\dfrac{x_1+x_2}{2}\right)^2 + \left(\dfrac{x_1 x_2}{2p} - \dfrac{p}{2}\right)^2 = \left(\dfrac{x_1+x_2}{2}\right)^2 + \dfrac{x_1^2 + x_2^2}{4} + \dfrac{p^2}{4}$.

所以 $|AF||BF| = |PF|^2$.

性质 2 PQ 的中点 C 在抛物线上，且 C 处的切线与 AB 平行.

证明：由性质 1 知 $P\left(\dfrac{x_1+x_2}{2}, \dfrac{x_1 x_2}{2p}\right), Q\left(\dfrac{x_1+x_2}{2}, \dfrac{y_1+y_2}{2}\right)$.

所以 $C\left(\dfrac{x_1+x_2}{2}, \dfrac{(x_1+x_2)^2}{8p}\right)$，显然点 C 在抛物线上.

因为在点 C 处的切线的斜率为 $\dfrac{x_1+x_2}{2p}$，且 $k_{AB} = \dfrac{y_1-y_2}{x_1-x_2} = \dfrac{\dfrac{x_1^2}{2p} - \dfrac{x_2^2}{2p}}{x_1-x_2} = \dfrac{x_1+x_2}{2p}$，所以 C 处的切线与 AB 平行.

性质 2 的推广 若 C 为抛物线弧 AB 上的动点，点 C 处的切线与 PA，PB 分别交于 D, E，则 $\dfrac{|AD|}{|DP|} = \dfrac{|DC|}{|CE|} = \dfrac{|PE|}{|EB|}$.

证明：由性质 1 知，P, D, E 的横坐标分别为 $x_P = \dfrac{x_1+x_2}{2}, x_D = \dfrac{x_1+x_C}{2}, x_E = \dfrac{x_2+x_C}{2}$.

则 $\dfrac{|AD|}{|DP|} = \dfrac{|x_D - x_1|}{|x_P - x_D|} = \dfrac{\left|\dfrac{x_1+x_C}{2} - x_1\right|}{\left|\dfrac{x_1+x_2}{2} - \dfrac{x_1+x_C}{2}\right|} = \dfrac{|x_C - x_1|}{|x_2 - x_C|}$.

$\dfrac{|DC|}{|CE|} = \dfrac{|x_C - x_D|}{|x_E - x_C|} = \dfrac{\left|x_C - \dfrac{x_1+x_C}{2}\right|}{\left|\dfrac{x_2+x_C}{2} - x_C\right|} = \dfrac{|x_C - x_1|}{|x_2 - x_C|}$.

$\dfrac{|PE|}{|EB|} = \dfrac{|x_E - x_P|}{|x_2 - x_E|} = \dfrac{\left|\dfrac{x_2+x_C}{2} - \dfrac{x_1+x_2}{2}\right|}{\left|x_2 - \dfrac{x_2+x_C}{2}\right|} = \dfrac{|x_C - x_1|}{|x_2 - x_C|}$.

所以 $\dfrac{|AD|}{|DP|}=\dfrac{|DC|}{|CE|}=\dfrac{|PE|}{|EB|}$.

由性质 2 知 $S_{\triangle CAB}=\dfrac{1}{2}S_{\triangle PAB}$，设 C 处的切线与 PA,PB 分别交于 D，E，则 DE 是 $\triangle PAB$ 的中位线，所以 $S_{\triangle ACD}=\dfrac{1}{2}S_{\triangle ACP}=\dfrac{1}{2}S_{\triangle ACQ}=\dfrac{1}{4}S_{\triangle ABC}=\dfrac{1}{8}S_{\triangle ABP}$. 同理，$S_{\triangle BCE}=\dfrac{1}{8}S_{\triangle ABP}$.

对阿基米德三角形 ACD 和 BCE，分别作与底边平行的中位线，结果与上面一样. 类似地，这样无限操作下去，抛物线和弦所围成的封闭图形的面积 S 等于无限多个三角形面积之和，即：

$$S=S_{\triangle ABC}+\left(\dfrac{1}{2}S_{\triangle ACD}+\dfrac{1}{2}S_{\triangle BCE}\right)+\cdots=\dfrac{1}{2}S_{\triangle PAB}+\dfrac{1}{8}S_{\triangle PAB}+\dfrac{1}{32}S_{\triangle PAB}+\cdots=\dfrac{1}{2}S_{\triangle PAB}\left(1+\dfrac{1}{4}+\dfrac{1}{4^2}+\cdots\right)=\dfrac{1}{2}S_{\triangle PAB}\cdot\dfrac{1}{1-\dfrac{1}{4}}=\dfrac{2}{3}S_{\triangle PAB}.$$

从而得到阿基米德三角形定理.

定理 抛物线和它的一条弦所围成的封闭图形的面积等于抛物线的弦与过弦的端点的两条切线所围成的三角形面积的三分之二.

推论 若 C 为抛物线弧 AB 上的动点，点 C 处的切线与 PA,PB 分别交于 D,E，则 $\triangle ABC$ 的面积是 $\triangle PDE$ 的面积的 2 倍.

证明：设 AB,AC,BC 与抛物线所围成的图形面积分别为 S,S_1,S_2.

由阿基米德三角形定理知 $S_{\triangle ABP}=\dfrac{3}{2}S$，$S_{\triangle ACD}=\dfrac{3}{2}S_1$，$S_{\triangle BCE}=\dfrac{3}{2}S_2$，

所以 $S_{\triangle ABC}=S_{\triangle ABP}-S_{\triangle PDE}-S_{\triangle ACD}-S_{\triangle BCE}$

$=\dfrac{3}{2}S-S_{\triangle PDE}-\dfrac{3}{2}S_1-\dfrac{3}{2}S_2$

$=\dfrac{3}{2}(S-S_1-S_2)-S_{\triangle PDE}$

$=\dfrac{3}{2}S_{\triangle ABC}-S_{\triangle PDE}$.

所以 $S_{\triangle ABC}=2S_{\triangle PDE}$.

探究二 常见性质

由极点与极线的关系可得如下的性质：

性质 3 设点 P 的坐标为 (x_P,y_P)，则底边 AB 的直线方程为 x_Px-

$p(y+y_P)=0$,或者 $(x_1+x_2)x-2py-x_1x_2=0$.

性质 4 若底边 AB 过抛物线内一定点 $M(x_M,y_M)$,则另一顶点的轨迹为一条直线,其方程为 $x_M x-p(y+y_M)=0$.

当定点在轴上时,由性质 4 可得如下结论:

推论 若底边 AB 过抛物线内一定点 $C(0,m)(m>0)$,则

(1)另一顶点 P 的轨迹方程为 $y=-m$;

(2) $k_{AP}\cdot k_{BP}=-\dfrac{2m}{p}$.

特别地,若底边 AB 过抛物线的焦点 $F\left(0,\dfrac{p}{2}\right)$,则

(3)另一顶点 P 的轨迹为准线 $y=-\dfrac{p}{2}$;(4) $PA\perp PB$;(5) $PF\perp AB$.

性质 5 在阿基米德三角形中,$\angle PFA=\angle PFB$.

证明:过点 A,B 分别作准线的垂线 AA',BB',垂足为 A',B',连接 PA',PB',PF,AF,BF,FA',则 $k_{FA'}=-\dfrac{p}{x_1}$,$k_{PA}=\dfrac{x_1}{p}$.

即 $k_{FA'}\cdot k_{PA}=-1$,所以 $FA'\perp PA$.

由抛物线的定义知 $|AA'|=|AF|$,所以 AP 是线段 $A'F$ 的中垂线,所以 $|PA'|=|PF|$,从而 $\angle PFA=\angle PA'A$.

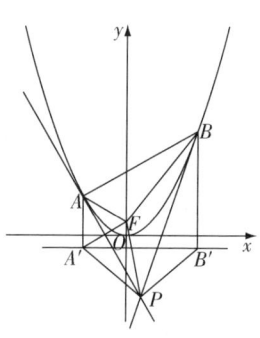

同理可得 $|PB'|=|PF|$,$\angle PFB=\angle PB'B$,所以 $|PA'|=|PB'|$,即 $\angle PA'B'=\angle PB'A'$,所以 $\angle PA'A=\angle PA'B'+\dfrac{\pi}{2}=\angle PB'A'+\dfrac{\pi}{2}=\angle PB'B$,即 $\angle PFA=\angle PFB$.

性质 6 $\triangle PAB$ 的面积 $S_{\triangle PAB}=\dfrac{|x_1-x_2|^3}{8p}$,或者 $S_{\triangle PAB}=\dfrac{\sqrt{(x_P^2-2py_P)^3}}{p}$.

证明:由性质 1 知 $P\left(\dfrac{x_1+x_2}{2},\dfrac{x_1x_2}{2p}\right)$,$Q\left(\dfrac{x_1+x_2}{2},\dfrac{y_1+y_2}{2}\right)$.

所以 $S_{\triangle PAB}=\dfrac{1}{2}|PQ||x_1-x_2|$

$=\dfrac{1}{2}\left|\dfrac{y_1+y_2}{2}-\dfrac{x_1x_2}{2p}\right||x_1-x_2|$

$=\dfrac{1}{2}\left|\dfrac{x_1^2+x_2^2}{4p}-\dfrac{x_1x_2}{2p}\right||x_1-x_2|=\dfrac{|x_1-x_2|^3}{8p}$.

又因为 $x_P=\dfrac{x_1+x_2}{2},y_P=\dfrac{x_1x_2}{2p}$,所以 $\dfrac{|x_1-x_2|^3}{8p}=\dfrac{[(x_1+x_2)^2-4x_1x_2]^{\frac{3}{2}}}{8p}=\dfrac{(4x_P^2-8py_P)^{\frac{3}{2}}}{8p}=\dfrac{(x_P^2-2py_P)^{\frac{3}{2}}}{p}$.

推论 (1)若直线 AB 过焦点 F,$\triangle PAB$ 的最小值为 p^2.

(2)若 $|AB|=a$,则 $\triangle PAB$ 的最大值为 $\dfrac{a^3}{8p}$.

二、战例展示

例33.1 (2021·全国乙卷理·21)已知抛物线 $C:x^2=2py(p>0)$ 的焦点为 F,且 F 与圆 $M:x^2+(y+4)^2=1$ 上点的距离的最小值为 4.

(1)求 p.

(2)若点 P 在 M 上,PA,PB 是 C 的两条切线,A,B 是切点,求 $\triangle PAB$ 面积的最大值.

解:(1)抛物线 C 的焦点为 $F\left(0,\dfrac{p}{2}\right)$,$|FM|=\dfrac{p}{2}+4$.

所以 F 与圆 $M:x^2+(y+4)^2=1$ 上点的距离的最小值为 $\dfrac{p}{2}+4-1=4$,解得 $p=2$.

(2)抛物线 C 的方程为 $x^2=4y$,即 $y=\dfrac{x^2}{4}$,对该函数求导得 $y'=\dfrac{x}{2}$.

设点 $A(x_1,y_1),B(x_2,y_2),P(x_0,y_0)$.

直线 PA 的方程为 $y-y_1=\dfrac{x_1}{2}(x-x_1)$,即 $y=\dfrac{x_1x}{2}-y_1$,即 $x_1x-2y_1-2y=0$.

同理可知,直线 PB 的方程为 $x_2x-2y_2-2y=0$.

由于点 P 为这两条直线的公共点,则 $\begin{cases}x_1x_0-2y_1-2y_0=0,\\ x_2x_0-2y_2-2y_0=0.\end{cases}$

所以点 A,B 的坐标满足方程 $x_0x-2y-2y_0=0$.

所以,直线 AB 的方程为 $x_0x-2y-2y_0=0$.

联立 $\begin{cases}x_0x-2y-2y_0=0,\\ y=\dfrac{x^2}{4},\end{cases}$ 可得 $x^2-2x_0x+4y_0=0$,所以 $x_1+x_2=$

$2x_0, x_1x_2 = 4y_0$.

过 P 作 y 轴的平行线交 AB 于 Q,则 $Q\left(x_0, \dfrac{x_0^2}{2} - y_0\right)$.

$S_{\triangle PAB} = \dfrac{1}{2}|PQ| \cdot |x_1 - x_2| = \dfrac{1}{2}\left(\dfrac{1}{2}x_0^2 - 2y_0\right) \cdot \sqrt{4x_0^2 - 16y_0} = \dfrac{1}{2}(x_0^2 - 4y_0)^{\frac{3}{2}}$.

$\because x_0^2 - 4y_0 = 1 - (y_0+4)^2 - 4y_0 = -y_0^2 - 12y_0 - 15 = -(y_0+6)^2 + 21$,由已知可得 $-5 \leqslant y_0 \leqslant -3$,所以当 $y_0 = -5$ 时,$\triangle PAB$ 的面积取最大值 $\dfrac{1}{2} \times 20^{\frac{3}{2}} = 20\sqrt{5}$.

例 33.2 (2019·全国Ⅲ卷理·21) 已知曲线 $C: y = \dfrac{x^2}{2}$,D 为直线 $y = -\dfrac{1}{2}$ 上的动点,过 D 作 C 的两条切线,切点分别为 A, B.

(1) 证明:直线 AB 过定点;

(2) 若以 $E\left(0, \dfrac{5}{2}\right)$ 为圆心的圆与直线 AB 相切,且切点为线段的中点,求四边形 $ADBE$ 的面积.

解:(1) 设 $D\left(t, -\dfrac{1}{2}\right)$,$A(x_1, y_1)$,$B(x_2, y_2)$,则 $y_1 = \dfrac{1}{2}x_1^2$.

又因为 $y = \dfrac{1}{2}x^2$,所以 $y' = x$,则切线 DA 的斜率为 x_1.

故 $y_1 + \dfrac{1}{2} = x_1(x_1 - t)$,整理得 $2tx_1 - 2y_1 + 1 = 0$,同理得 $2tx_2 - 2y_2 + 1 = 0$.

$A(x_1, y_1), B(x_2, y_2)$ 都满足直线方程 $2tx - 2y + 1 = 0$,于是直线 $2tx - 2y + 1 = 0$ 过点 A, B. 而两个不同的点确定一条直线,所以直线 AB 方程为 $2tx - 2y + 1 = 0$,所以直线 AB 恒过定点 $\left(0, \dfrac{1}{2}\right)$.

(2) 由(1)得直线 AB 的方程为 $y = tx + \dfrac{1}{2}$.

由 $\begin{cases} y = tx + \dfrac{1}{2}, \\ y = \dfrac{x^2}{2}, \end{cases}$ 可得 $x^2 - 2tx - 1 = 0$.

于是 $x_1+x_2=2t, x_1x_2=-1, y_1+y_2=t(x_1+x_2)+1=2t^2+1$.

$|AB|=\sqrt{1+t^2}|x_1-x_2|=\sqrt{1+t^2}\sqrt{(x_1+x_2)^2-4x_1x_2}=2(t^2+1)$.

设 d_1, d_2 分别为点 D, E 到直线 AB 的距离,则 $d_1=\sqrt{t^2+1}, d_2=\dfrac{2}{\sqrt{t^2+1}}$.因此,四边形 $ADBE$ 的面积 $S=\dfrac{1}{2}|AB|(d_1+d_2)=(t^2+3)\sqrt{t^2+1}$.

设 M 为线段 AB 的中点,则 $M\left(t, t^2+\dfrac{1}{2}\right)$.由于 $\overrightarrow{EM}\perp\overrightarrow{AB}$,而 $\overrightarrow{EM}=(t, t^2-2)$, $\overrightarrow{AB}$ 与向量 $(1, t)$ 平行,所以 $t+(t^2-2)t=0$.解得 $t=0$ 或 $t=\pm 1$.

当 $t=0$ 时, $S=3$;当 $t=\pm 1$ 时, $S=4\sqrt{2}$.

因此,四边形 $ADBE$ 的面积为 3 或 $4\sqrt{2}$.

三、战场点兵

1.(2018·全国Ⅲ卷理·16)已知点 $M(-1,1)$ 和抛物线 $C: y^2=4x$,过 C 的焦点且斜率为 k 的直线与 C 交于 A, B 两点.若 $\angle AMB=90°$,则 $k=$ _____.

2.(2019·深圳二模理·20)已知抛物线 $C: x^2=4y$,过点 $(2,3)$ 的直线 l 交 C 于 A, B 两点,抛物线 C 在点 A, B 处的切线交于点 P.
(1)当点 A 的横坐标为 4 时,求点 P 的坐标.
(2)设 Q 是抛物线 C 上的动点,当 $|PQ|$ 取最小值时,求点 Q 的坐标及直线 l 的方程.

3.(2005·江西卷理·22)设抛物线 $C: y=x^2$ 的焦点为 F,动点 P 在直线 $l: x-y-2=0$ 上运动,过 P 作抛物线 C 的两条切线 PA, PB,且与抛物线 C 分别相切于 A, B 两点.
(1)求 $\triangle PAB$ 的重心 G 的轨迹方程.
(2)证明: $\angle PFA=\angle PFB$.

第三十四计　比为定值　轨迹阿圆

一、战法探究

阿波罗尼斯(公元前262年—公元前190年),古希腊人,与阿基米德、欧几里得一起被誉为古希腊三大数学家.阿波罗尼斯研究了众多平面轨迹问题,其中阿波罗尼斯圆是他的论著中的一个著名问题:在平面上给定两点A,B,设点M在同一平面上,且满足$\dfrac{AM}{BM}=\lambda$,当$\lambda>0$且$\lambda\neq 1$时,点M的轨迹是个圆,我们称之为阿波罗尼斯圆,简称为阿氏圆.

探究一　阿波罗尼斯圆

证法 1：如图,以线段AB的中点为坐标原点O,线段AB所在的直线为x轴,线段AB的中垂线所在直线为y轴,建立平面直角坐标系xOy,设点A,B的坐标为$(-a,0)$,$(a,0)$,点M的坐标为(x,y).

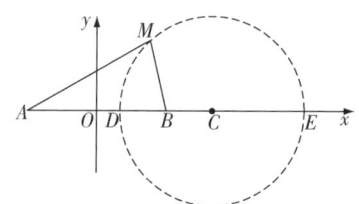

得$\sqrt{(x+a)^2+y^2}=\lambda\sqrt{(x-a)^2+y^2}$.

$\therefore x^2-2a\dfrac{\lambda^2+1}{\lambda^2-1}x+y^2+a^2=0$.

$\therefore (x-\dfrac{\lambda^2+1}{\lambda^2-1}a)^2+y^2=\left(\dfrac{2a\lambda}{\lambda^2-1}\right)^2$.

所以动点M的轨迹是以点$C\left(\dfrac{\lambda^2+1}{\lambda^2-1}a,0\right)$为圆心,以$\dfrac{2a\lambda}{|\lambda^2-1|}$为半径的圆.

证法 2：当$\lambda>1$时,如图所示.设线段AB上的点D满足$\dfrac{AD}{BD}=\lambda$,线段AB延长线上的点E满足$\dfrac{AE}{BE}=\lambda$,则动点M在直线AB上与点D或点E

重合.

当动点 M 不在直线 AB 上时,在线段 AM 的延长线上取点 F,连接 DM,EM,可得 $\dfrac{AM}{BM}=\lambda=\dfrac{AD}{BD}=\dfrac{AE}{BE}$.

由三角形内角和外角的角平分线性质可得 DM,EM 分别是 $\angle AMB$,$\angle FMB$ 的角平分线,$\therefore DM\perp EM$,$\therefore$ 动点 M 的轨迹是以点 DE 为直径的圆(不含 D,E 两点).

综上所述,动点 M 的轨迹是以点 DE 为直径的圆.

同理可得当 $0<\lambda<1$ 时,动点 M 的轨迹仍是圆,大家可以自行探索.

探究二 阿波罗尼斯圆的性质

如图,已知 $\dfrac{AM}{BM}=\lambda$,记点 M 的轨迹为阿波罗尼斯圆 C,其与 x 轴的交点为 D,E,则 D,E 分别为线段 AB 的内分点和外分点,且 $\dfrac{AM}{BM}=\dfrac{AE}{BE}=\lambda(\lambda>0,\lambda\neq 1)$,$DM,EM$ 分别是 $\angle AMB$ 及外角的平分线,$DM\perp EM$.

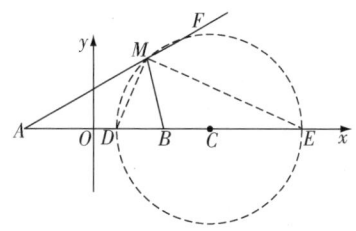

二、战例展示

例 34.1 (2008·江苏卷·13)若 $AB=2$,$AC=\sqrt{2}BC$,则 $\triangle ABC$ 面积的最大值是_____.

解:方法 1:设 $BC=a$,$CA=b$,由三角形任意两边之和大于第三边可知 a 的取值范围为 $(2\sqrt{2}-2,2\sqrt{2}+2)$.

由余弦定理,得 $\cos C=\dfrac{3a^2-4}{2\sqrt{2}a^2}$,$\sin^2 C=\dfrac{-a^4+24a^2-16}{8a^4}$.

$\therefore S_{\triangle ABC}^2=\left(\dfrac{1}{2}ab\sin C\right)^2=8-\dfrac{(a^2-12)^2}{16}\leqslant 8$,当且仅当 $a=2\sqrt{3}$ 时等号成立.

$\therefore \triangle ABC$ 面积的最大值是 $2\sqrt{2}$.

方法 2：如图，以线段 AB 的中点为坐标原点 O，线段 AB 所在的直线为 x 轴，线段 AB 的中垂线所在直线为 y 轴，建立平面直角坐标系 xOy.

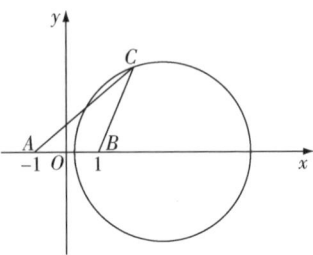

设点 A,B 的坐标为 $(-1,0),(1,0)$，点 C 的坐标为 (x,y).

由 $AC=\sqrt{2}BC$，易知 $\sqrt{(x+1)^2+y^2}=\sqrt{2}\sqrt{(x-1)^2+y^2}$，化简得 $(x-3)^2+y^2=8$.

∴点 C 的轨迹是以 $(3,0)$ 为圆心，半径为 $2\sqrt{2}$ 的圆（除去 $(3-2\sqrt{2},0)$，$(3+2\sqrt{2},0)$）.

∴$S_{\triangle ABC}=\dfrac{1}{2}|AB|\cdot|y_C|\leqslant 2\sqrt{2}$. ∴$\triangle ABC$ 面积的最大值是 $2\sqrt{2}$.

例 34.2 已知在平面直角坐标系中，圆 $O:x^2+y^2=1$，点 $A\left(-\dfrac{1}{2},0\right)$ 和点 $B\left(0,\dfrac{1}{2}\right)$，$M$ 为圆 O 上的动点，则 $2|MA|-|MB|$ 的最大值为 _____.

解：方法 1：设点 $C(m,n)$，则 $\dfrac{|MA|}{|MC|}=\dfrac{\sqrt{\left(x+\dfrac{1}{2}\right)^2+y^2}}{\sqrt{(x-m)^2+(y-n)^2}}=\dfrac{1}{2}$.

整理得 $x^2+y^2+\dfrac{2m+4}{3}x+\dfrac{2}{3}ny=\dfrac{m^2+n^2-1}{3}$.

∴$\dfrac{2m+4}{3}=0$，$\dfrac{2}{3}n=0$，$\dfrac{m^2+n^2-1}{3}=1$. ∴$m=-2,n=0$.

∴$2|MA|-|MB|=|MC|-|MB|\leqslant|BC|=\dfrac{\sqrt{17}}{2}$.

∴$2|MA|-|MB|$ 的最大值为 $\dfrac{\sqrt{17}}{2}$.

方法 2：由于圆 O 与 x 轴的两个交点 $T(-1,0),D(1,0)$ 为 $\triangle MAC$ 的内角平分线、外角平分线与直线 AC 的交点，则 $\dfrac{|MA|}{|MC|}=\dfrac{|TA|}{|TC|}=\dfrac{|DA|}{|DC|}=\dfrac{1}{2}$.

∴$C(-2,0)$.

∴$2|MA|-|MB|=|MC|-|MB|\leqslant|BC|=\dfrac{\sqrt{17}}{2}$.

∴$2|MA|-|MB|$ 的最大值为 $\dfrac{\sqrt{17}}{2}$.

评析：这两题都是巧妙借助阿波罗尼斯圆来解决面积和长度的最值问题，相比较于解析法，显然计算量大大减少．

例 34.3 在棱长为 2 的正方体 $ABCD-A_1B_1C_1D_1$ 中，若点 E 是 CD 的中点，且正方体的表面 ADD_1A_1（包括边界）的上的动点 P 满足条件 $\angle APB = \angle DPE$，则三棱锥 $P-ACD$ 体积的最大值是多少？

解：由题可知 $\tan\angle APB = \dfrac{AB}{AP}$，$\tan\angle DPE = \dfrac{DE}{DP}$.

$\because \angle APB = \angle DPE$，$\therefore \dfrac{AB}{AP} = \dfrac{DE}{DP}$. 又 $\because$ 点 E 是 CD 的中点，$\therefore AP = 2DP$.

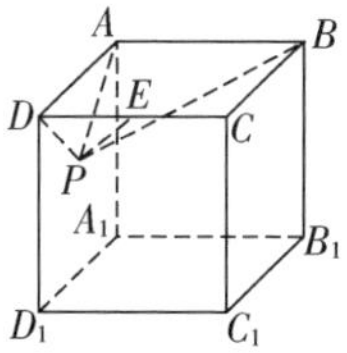

如图，以 D 为坐标原点，线段 DA 所在的直线为 x 轴，线段 DD_1 所在直线为 y 轴，建立平面直角坐标系 xOy，

$\therefore \sqrt{(x-2)^2 + y^2} = 2\sqrt{x^2 + y^2}$，即 $\left(x + \dfrac{2}{3}\right)^2 + y^2 = \left(\dfrac{4}{3}\right)^2$.

$\therefore$ 点 P 的轨迹为圆 $\left(x + \dfrac{2}{3}\right)^2 + y^2 = \left(\dfrac{4}{3}\right)^2$ 的一部分．

当 P 在 DD_1 上时，三棱锥 $P-ACD$ 的体积最大，此时高 h 为 $\sqrt{\left(\dfrac{4}{3}\right)^2 - \left(\dfrac{4}{3} - \dfrac{2}{3}\right)^2} = \dfrac{2\sqrt{3}}{3}$，体积为 $\dfrac{4\sqrt{3}}{9}$．

三、战场点兵

1. 在 $\triangle ABC$ 中，$AB = AC$，$BD = \sqrt{3}$，BD 是腰 AC 的中线，则 $\triangle ABC$ 的最大面积为 _____．

2. 已知圆 $C:(x-3)^2 + y^2 = 4$，点 $M(3,3)$，在直线 MC 上存在定点 N（异于点 M）．若满足对圆 C 上任一点 P 都有 $\dfrac{PM}{PN}$ 为常数，求所有的点 N 及该常数．

第三十五计 交垂切线 成蒙日圆

一、战法探究

加斯帕尔·蒙日(Gaspard Monge,1746—1818)是法国数学家、物理学家和化学家,画法几何的创始人.他发现,在椭圆中,任意两条互相垂直的切线的交点都在同一个圆上,它的圆心是椭圆的中心,半径等于长半轴与短半轴平方和的算术平方根,所以这样的圆叫蒙日圆.

探究一 椭圆的蒙日圆的方程

如图,椭圆 $C: \dfrac{x^2}{a^2}+\dfrac{y^2}{b^2}=1(a>b>0)$ 的两条互相垂直的切线的交点 P 的轨迹是 $x^2+y^2=a^2+b^2$.

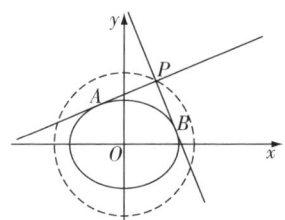

方法1:当两条互相垂直的切线的斜率均存在且均不为 0 时,设点 P 的坐标为 $(x_0,y_0)(x_0\neq\pm a,y_0\neq\pm b)$,则过点 P 的切线方程为 $y-y_0=k(x-x_0)(k\neq 0)$.

联立 $\begin{cases}\dfrac{x^2}{a^2}+\dfrac{y^2}{b^2}=1, \\ y-y_0=k(x-x_0),\end{cases}$ 得 $(a^2k^2+b^2)x^2-2ka^2(kx_0-y_0)x+a^2(kx_0-y_0)^2-a^2b^2=0$.

因为直线与椭圆相切,所以 $\Delta=0$,得 $(x_0^2-a^2)k^2-2x_0y_0k+y_0^2-b^2=0(x_0^2-a^2\neq 0)$.

由韦达定理,得 $k_{PA}\cdot k_{PB}=\dfrac{y_0^2-b^2}{x_0^2-a^2}=-1$,则 $x_0^2+y_0^2=a^2+b^2$.

所以轨迹方程为 $x^2+y^2=a^2+b^2$.

方法 2：作变换 $x'=\dfrac{x}{a}$，$y'=\dfrac{y}{b}$，则椭圆变为单位圆 $C':x'^2+y'^2=1$. 设原来两条切线 PA,PB 的斜率分别为 k_1,k_2，$k_1k_2=-1$.

变换后 $k'_1=\dfrac{a}{b}k_1$，$k'_2=\dfrac{a}{b}k_2$，$k'_1k'_2=\dfrac{a^2}{b^2}k_1k_2=-\dfrac{a^2}{b^2}$.

设变换后的坐标系中的动点 $P(x_0,y_0)$，过点 P 的直线 $y-y_0=k(x-x_0)$，则原点到直线 l 的距离 $d=\dfrac{|kx_0-y_0|}{\sqrt{k^2+1}}=1$，则 $(kx_0-y_0)^2=k^2+1$.

化简得 $(x_0^2-1)k^2-2x_0y_0k+y_0^2-1=0$.

由韦达定理，得 $k'_1k'_2=\dfrac{y_0^2-1}{x_0^2-1}=-\dfrac{a^2}{b^2}$. 化简得 $a^2x_0^2+b^2y_0^2=a^2+b^2$.

由 $ax'=x$，$by'=y$，有 $x_0^2+y_0^2=a^2+b^2$.

附：双曲线和抛物线的蒙日圆

(1)双曲线 $\dfrac{x^2}{a^2}-\dfrac{y^2}{b^2}=1(a>b>0)$ 的蒙日圆方程为：$x^2+y^2=a^2-b^2$（只有 $a>b$ 时才有蒙日圆，此时双曲线的离心率 $1<e<\sqrt{2}$）.

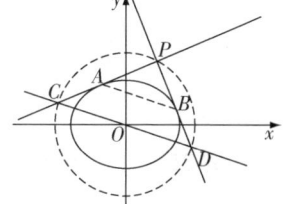

(2)抛物线 $y^2=2px$ 的蒙日圆方程为：$x=-\dfrac{p}{2}$. 抛物线的蒙日圆恰好为其准线（直线是半径为无穷大的圆）.

探究二　椭圆蒙日圆的性质

设 P 为圆 $O:x^2+y^2=a^2+b^2$ 上任意一点，过点 P 作椭圆 $C:\dfrac{x^2}{a^2}+\dfrac{y^2}{b^2}=1$ 的两条切线，切点分别为 A,B. 延长 PA,PB 交圆 O 于 C,D 两点，则有以下性质：

(1) C,O,D 三点共线.

(2) $CD \parallel AB$.

(3) $k_{OP}\cdot k_{CD}=k_{OP}\cdot k_{AB}=-\dfrac{b^2}{a^2}$.

$k_{OA}\cdot k_{PA}=k_{OB}\cdot k_{PB}=-\dfrac{b^2}{a^2}$.

$k_{OB} \cdot k_{OA} = \dfrac{b^4}{a^4}.$

PO 平分椭圆的切点弦 AB.

二、战例展示

例 35.1 （2014·广东卷）已知椭圆 $C: \dfrac{x^2}{a^2} + \dfrac{y^2}{b^2} = 1(a > b > 0)$ 的一个焦点为 $(\sqrt{5}, 0)$，离心率为 $\dfrac{\sqrt{5}}{3}$.

(1) 求 C 的方程.

(2) 若动点 $P(x_0, y_0)$ 为椭圆 C 外一点，且点 P 到椭圆 C 的两条切线相互垂直. 求点 P 的轨迹方程.

解：(1) $\dfrac{x^2}{9} + \dfrac{y^2}{4} = 1$（过程略）.

(2) 设两切线分别为 l_1, l_2.

当 $l_1 \perp x$ 轴或 $l_1 /\!/ x$ 轴时，可知点 P 的坐标为 $(3,2),(3,-2),(-3,2),(-3,-2)$.

当 l_1 与 x 轴不垂直也不平行时，设 l_1 的斜率为 $k(k \neq 0)$，则 l_2 的斜率为 $-\dfrac{1}{k}$，$\therefore l_1$ 的方程为 $y - y_0 = k(x - x_0)$.

与椭圆方程联立，可得 $(9k^2 + 4)x^2 - 18(kx_0 - y_0)kx + 9(kx_0 - y_0)^2 - 36 = 0$.

$\because$ 直线与椭圆相切，$\therefore \Delta = (x_0^2 - 9)k^2 - 2x_0 y_0 k + y_0^2 - 4 = 0.$

$\therefore k \cdot \left(-\dfrac{1}{k}\right) = \dfrac{y_0^2 - 4}{x_0^2 - 9} = -1.$ 整理得 $x_0^2 + y_0^2 = 13(x \neq 3).$

$\therefore$ 点 P 的轨迹方程为 $x^2 + y^2 = 13.$

例 35.2 若矩形 $ABCD$ 的四边都与椭圆 $\dfrac{x^2}{3} + \dfrac{y^2}{2} = 1$ 相切，则矩形 $ABCD$ 面积的最大值是 _____.

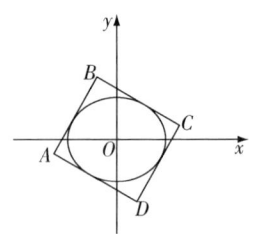

解：由已知，点 A,B,C,D 都在椭圆的蒙日圆 $x^2 + y^2 = 5$ 上，即 $ABCD$ 为圆 $x^2 + y^2 = 5$ 的内接矩形，所以当 $ABCD$ 为正方形时面积最大，其最大值是 10.

例35.3 已知椭圆 $C:\dfrac{x^2}{2}+y^2=1$ 上任意切线与椭圆的蒙日圆交于 M，N 两点，求证：$k_{OM}\cdot k_{ON}$ 为定值.

证明：设椭圆上任意一点 $P(x_0,y_0)$，易知椭圆在点 P 处的切线方程为 $\dfrac{x_0x}{2}+y_0y=1$，而椭圆的蒙日圆方程为 $x^2+y^2=3$.

$\therefore$ 联立圆和切线方程可得 $x^2+y^2=3\left(\dfrac{x_0x}{2}+y_0y\right)^2$.

$\therefore (3y_0^2-1)\dfrac{y^2}{x^2}+3x_0y_0k\dfrac{y}{x}+\dfrac{3x_0^2}{4}-1=0$.

$\therefore k_{OM}\cdot k_{ON}=\dfrac{\dfrac{3x_0^2}{4}-1}{3y_0^2-1}=\dfrac{\dfrac{3x_0^2}{4}-1}{3\left(1-\dfrac{x_0^2}{2}\right)-1}=\dfrac{\dfrac{3x_0^2}{4}-1}{-\dfrac{3x_0^2}{2}+2}=-\dfrac{1}{2}$.

评析：这里运用齐次式的做法简化了计算，避开了联立过程中要处理的大量庞杂的运算，不失为一种巧妙的做法.

三、战场点兵

1. 已知椭圆 $C:\dfrac{x^2}{4}+\dfrac{y^2}{3}=1$，直线 $l:x+y=4$，由动点 P 向椭圆引两条切线 l_1,l_2，且 l_1,l_2 的夹角为钝角，则动点 P 到直线 l 的距离的取值范围是_____.

2. 已知椭圆 $C_1:\dfrac{x^2}{4}+y^2=1$，椭圆 $C_2:\dfrac{x^2}{8}+\dfrac{y^2}{2}=1$，过 C_2 上任意一点 P 向椭圆 C_1 作两条切线，求两切线斜率之积.

第三十六计　曲线成系　完成大计

一、战法探究

前文曾提到若点 A,B,C 是圆锥曲线上三点,直线 AB,AC 的斜率存在且满足某一条件,比如其和、差、积或商为定值,证明直线 BC 过定点或斜率为定值(即定向).这类问题,我们的做法丰富多样,既有常规韦达定理的处理方式也可以借助方程,实现算法上的简化,策略很多.在本计中,我们再介绍一种策略:曲线系方程的应用.学习前我们需要了解一定的知识点.

知识点一:曲线系与曲线系方程的概念

曲线系:具有某种共同性质的所有曲线的集合,称为一个曲线系,并用含有参数的方程来表示.

曲线系方程:关于 x,y 的二元方程,如果方程中除 x,y 外,还含有至少一个暂不确定的参数,这样的方程叫曲线系方程.

知识点二:过两曲线交点的曲线系

若两曲线 $C_1:f_1(x,y)=0$ 和 $C_2:f_2(x,y)=0$ 有交点,则过两曲线交点的曲线系方程可设为 $f_1(x,y)+\lambda f_2(x,y)=0$(不包含 $f_2(x,y)=0$)或者 $\lambda f_1(x,y)+\mu f_2(x,y)=0,\lambda,\mu$ 为任意常数.

知识点三:二次曲线系

圆、椭圆、双曲线、抛物线都被称为二次曲线,两条相交直线被视为二次曲线的退化形式.如果两条直线的方程为 $l_i:A_ix+B_iy+C_i=0(i=1,2)$,分别记为 $l_i(x,y)(i=1,2)$,则以下两种情形最为常见:

1.过两直线 l_1,l_2 与一条二次曲线 $f(x,y)=0$ 的四个交点的二次曲线系方程为 $\lambda f(x,y)+l_1(x,y)\cdot l_2(x,y)=0$.

2.与两直线 l_1,l_2 分别相切于 A,B 的二次曲线系方程为 $\lambda l_1(x,y)\cdot l_2(x,y)+l_3^2(x,y)=0$,其中 $l_3(x,y)$ 是直线 AB 的方程.

第三十六计　曲线成系　完成大计

探究一　斜率之积为定值的定点或定向问题探究

设 $P(a,0)$ 为椭圆 $C:\dfrac{x^2}{a^2}+\dfrac{y^2}{b^2}=1(a>b>0)$ 上一个定点,P_1,P_2 为 C 上不与 P 重合的两个动点.若直线 PP_1,PP_2 的斜率存在,且 $k_{PP_1}\cdot k_{PP_2}=\lambda$,试探究直线 P_1P_2 是否过定点或定向.

解：设 $P_1(x_1,y_1),P_2(x_2,y_2)(x_1\neq a,x_2\neq a)$.

设直线 $l_{PP_1}:x-m_1y-a=0,l_{PP_2}:x-m_2y-a=0$.

则过 P,P_1,P_2 三点的曲线系方程组可设为

$$\begin{cases}(x-m_1y-a)(x-m_2y-a)=0,\\ y^2=-\dfrac{b^2}{a^2}(x^2-a^2).\end{cases}$$

消去 $x-a$,化简可得 $(x-a)-\dfrac{b^2}{a^2}m_1m_2(x+a)-(m_1+m_2)y=0$,退化为直线 P_1P_2 的方程.

若 $\lambda=\dfrac{b^2}{a^2}$,则 $m_1m_2=\dfrac{1}{\lambda}$,$y=-\dfrac{2a}{m_1+m_2}$.此时直线 P_1P_2 与 x 轴平行;

若 $\lambda\neq\dfrac{b^2}{a^2}$,令 $y=0$,得 $(x-a)-\dfrac{b^2}{a^2}m_1m_2(x+a)=0$.则 $x=\dfrac{\lambda a^2+b^2}{\lambda a^2-b^2}a$,

所以直线 P_1P_2 过定点 $M\left(\dfrac{\lambda a^2+b^2}{\lambda a^2-b^2}a,0\right)$.

这个方法有一定的局限性.若点 P 为任意点,则退化为直线的步骤就非常困难,但是对处理定点在坐标轴上的问题有很好的简化作用.同时,若 $k_{PP_1}+k_{PP_2}=\lambda$,也有类似的结论.推广到双曲线和抛物线,你将会有更多发现,这些一并都留给读者朋友前往探索!

探究二　利用曲线系处理圆锥曲线上的四点共圆问题

若两直线 $y=k_1x+m_1,y=k_2x+m_2$ 与圆锥曲线 $Ax^2+By^2+Cx+Dy+E=0(A\neq B)$ 有四个交点,求证:这四个交点共圆的充要条件是 $k_1+k_2=0$.

分析：由知识点三可知,设过这四个点的曲线方程为:

$(k_1x-y+m_1)(k_2x-y+m_2)+\lambda(Ax^2+By^2+Cx+Dy+E)=0$,

即:$(k_1k_2+\lambda A)x^2+(1+\lambda B)y^2-(k_1+k_2)xy+C'x+D'y+E'=0$ ①.

必要性:若四点共圆,则 xy 的系数为 0,所以 $k_1+k_2=0$;

充分性:若 $k_1+k_2=0$,由 $k_1k_2+\lambda A=1+\lambda B$,得 $\lambda=\dfrac{1+k_1^2}{A-B}$.(说明:如果

λ 不指定,则①表示的是过四点的所有曲线,此处指定 $\lambda=\dfrac{1+k_1^2}{A-B}$,则过四点的曲线就定了,而我们只需要说明这四个点在某一个圆上即可,所以可以令 $\lambda=\dfrac{1+k_1^2}{A-B}$)

代入①,得 $\dfrac{A+Bk_1^2}{A-B}x^2+\dfrac{A+Bk_1^2}{A-B}y^2+C'x+D'y+E'=0$ ②.

由题设可知四个交点都在方程②所表示的曲线上,而显然②表示一个圆,即四个交点共圆.

评析:用曲线系处理共圆问题,有得天独厚的优势.圆作为一种特殊的二次曲线,没有 xy 项,x^2 与 y^2 的系数相等,所以在一般性的二次曲线方程中注意到这两个特征,便可以列方程组解决问题.本题的结论也说明,圆锥曲线的任意一个内接四边形共圆等价于任何一组对边对应的直线的倾斜角互补.

二、战例展示

例 36.1 (2017·全国Ⅰ·20)已知椭圆 $C:\dfrac{x^2}{a^2}+\dfrac{y^2}{b^2}=1(a>b>0)$,四点 $P_1(1,1),P_2(0,1),P_3\left(-1,\dfrac{\sqrt{3}}{2}\right),P_4\left(1,\dfrac{\sqrt{3}}{2}\right)$ 中恰有三点在椭圆 C 上.

(1)求 C 的方程.

(2)设直线 l 不经过 P_2 点且与 C 相交于 A,B 两点.若直线 P_2A 与直线 P_2B 的斜率的和为 -1,证明:l 过定点.

解:(1)$\dfrac{x^2}{4}+y^2=1$(过程略).

(2)设直线 P_2A,P_2B 的斜率分别为 k_1,k_2,且 $k_1+k_2=-1$,则 $l_{P_2A}:k_1x-y+1=0,l_{P_2B}:k_2x-y+1=0$.

又由(1)解可知椭圆方程为 $\dfrac{x^2}{4}+y^2=1$.

∴由过 P_2,A,B 三点的曲线系方程可得 $\begin{cases}(k_1x-y+1)(k_2x-y+1)=0,\\ x^2+4y^2-4=0.\end{cases}$

整理得 $4k_1k_2(1-y^2)-x(1-y)+(y-1)^2=0$.

由于直线 l 不经过 P_2 点,所以直线 l 的方程为 $x+(y-1)-4k_1k_2(1+y)=0$,恒过定点 $(2,-1)$.

评析:对比第十八计中常规做法和方程斜率式的做法,在计算上巧妙借

助 $y\neq 1$,实现了二次曲线系方程退化为直线方程,自然就可以得到直线过定点或者斜率为定值等相关性质.这个退化的过程也是使用曲线系方程的方法来处理这类问题最重要的步骤.

例 36.2 (2014·全国大纲卷理科数学·21)已知抛物线 $C:y^2=2px$ $(p>0)$ 的焦点为 F,直线 $y=4$ 与 y 轴的交点为 P,与抛物线 C 的交点为 Q,且 $|QF|=\frac{5}{4}|PQ|$.

(1)求抛物线 C 的方程.

(2)过点 F 的直线 l 与抛物线 C 相交于 A,B 两点,若 AB 的垂直平分线 l' 与抛物线 C 相交于 M,N 两点,且 A,B,M,N 四点在同一个圆上,求直线 l 的方程.

解:(1)$y^2=4x$;

(2)**方法 1(常规做法)**:依题意可知直线 l 与坐标轴不垂直,故可设 l 的方程为 $x=my+1(m\neq 0)$,代入方程 $y^2=4x$ 中,得 $y^2-4my-4=0$.

设 $A(x_1,y_1),B(x_2,y_2)$,由韦达定理有 $y_1+y_2=4m$,$y_1y_2=-4$,故 AB 中点为 $D(2m^2+1,2m)$,$\therefore |AB|=\sqrt{m^2+1}|y_1-y_2|=4(m^2+1)$.

又直线 l' 的斜率为 $-m$,$\therefore l'$ 的方程为 $x=-\frac{1}{m}y+2m^2+3$.

将上式代入方程 $y^2=4x$ 中,整理得 $y^2+\frac{4}{m}y-4(2m^2+3)=0$.

设 $M(x_3,y_3),N(x_4,y_4)$,由韦达定理有 $y_3+y_4=-\frac{4}{m}$,$y_1y_2=-4(2m^2+3)$,$\therefore MN$ 的中点为 $E\left(\frac{2}{m^2}+2m^2+3,-\frac{2}{m}\right)$.

$\therefore |MN|=\sqrt{\frac{1}{m^2}+1}|y_3-y_4|=\frac{4(m^2+1)\sqrt{2m^2+1}}{m^2}$.

由四点共圆可知 $|AE|=|BE|=\frac{1}{2}|MN|$,$\therefore \frac{1}{4}|AB|^2+|DE|^2=\frac{1}{4}|MN|^2$,即 $4(m^2+1)^2+\left(2m+\frac{2}{m}\right)^2+\left(\frac{2}{m^2}+2\right)^2=\frac{4(m^2+1)^2(2m^2+1)}{m^2}$.

$\therefore m=\pm 1$.故直线 l 的方程为 $x-y-1=0$ 或 $x+y-1=0$.

方法 2(曲线系方程解法):由方法 1 可知 AB 中点为 $D(2m^2+1,2m)$.

$\because$ 直线 l' 为 AB 的垂直平分线,$\therefore l'$ 的方程为 $y-2m=-m(x-2m^2-1)$,即 $mx+y-2m^3-3m=0$.

$\therefore$ 过 A,B,M,N 四点的曲线系方程为 $(x-my-1)(mx+y-2m^3-$

$3m)+\lambda(y^2-4x)=0$.

整理可得 $mx^2+(\lambda-m)y^2+(1-m^2)xy-(2m^3+4m+4\lambda)x+[2m^4+3m^2-1]y+2m^3+3m=0$.

若 A,B,M,N 四点共圆,则上式中 x^2 与 y^2 系数相同,且含 xy 项的系数为 0,∴$m=\lambda-m,1-m^2=0$.

当 $m=1,\lambda=2$ 时,上式可化简为 $(x-7)^2+(y+2)^2=48$.

当 $m=-1,\lambda=-2$ 时,上式可化简为 $(x-7)^2+(y-2)^2=48$.

故直线 l 的方程为 $x-y-1=0$ 或 $x+y-1=0$.

评析:可以看到面对四点共圆的问题,我们使用常规方法,处理起来十分复杂.曲线系方程的方法利用圆的一般方程的特点,就得到了我们想要的答案,实现计算上的优化.

三、战场点兵

1. 已知椭圆 $C:\dfrac{x^2}{a^2}+\dfrac{y^2}{b^2}=1(a>b>0)$ 的离心率为 $\dfrac{1}{2}$,左、右焦点分别为 F_1,F_2,点 P 是 C 上一点,$PF_1\perp PF_2$,且 $\triangle PF_1F_2$ 的面积为 3.

   (1) 求 C 的方程.

   (2) 过 F_1 的直线 l 与 C 相交于 A,B 两点,与直线 $x=-3$ 交于点 D.设 $E(2,0)$,直线 EA,EB,ED 的斜率分别为 k_1,k_2,k_3,证明:$(k_1+k_2)k_3$ 为定值.

2. (2011·全国 2 卷)已知 O 为坐标原点,F 为椭圆 $C:x^2+\dfrac{y^2}{2}=1$ 在 y 轴正半轴上的焦点,过 F 且斜率为 $-\sqrt{2}$ 的直线 l 与 C 交于 A,B 两点,点 P 满足 $\overrightarrow{OA}+\overrightarrow{OB}+\overrightarrow{OP}=0$.

   (1) 求证:点 P 在 C 上.

   (2) 设点 P 关于点 O 的对称点为 Q,求证:四点 A,P,B,Q 在同一圆上.

"战场点兵"答案

第一计 一用定义 画卷开启

1.解:因为$|PF_1|=3|PF_2|$,由双曲线的定义可得$|PF_1|-|PF_2|=2|PF_2|=2a$.
所以$|PF_2|=a,|PF_1|=3a$.
因为$\angle F_1PF_2=60°$,由余弦定理可得$4c^2=9a^2+a^2-2\times 3a \cdot a \cdot \cos 60°$.
整理可得$4c^2=7a^2$,所以$e^2=\dfrac{c^2}{a^2}=\dfrac{7}{4}$,即$e=\dfrac{\sqrt{7}}{2}$.故选 A.

2.解:因为P,Q为C上关于坐标原点对称的两点,且$|PQ|=|F_1F_2|$,所以四边形PF_1QF_2为矩形.
设$|PF_1|=m,|PF_2|=n$,则$m+n=8,m^2+n^2=48$.
所以$64=(m+n)^2=m^2+2mn+n^2=48+2mn,mn=8$.
即四边形PF_1QF_2面积等于 8.

3.分析:这是一个实际问题,给出的条件是几何图形及要满足的条件,首先,我们知道临时仓库 ABCD 是平行四边形,且周长为 400 米,则$AB+BC=AD+CD=200>120$.
由椭圆的第一定义可知,点B,D在以A,C为焦点的椭圆上,所以,当点B,D为椭圆的上、下顶点时,临时仓库面积最大,然后计算点D到国道所在直线的距离即可.

解析:由题意得,$|AB|+|BC|=|AD|+|CD|=200>120$,所以点$B,D$在以$A,C$为焦点的椭圆上.
以AC所在直线为x轴,AC中点为原点建立直角坐标系,如图,可得椭圆方程为$\dfrac{x^2}{100^2}+\dfrac{y^2}{80^2}=1(y\neq 0)$.

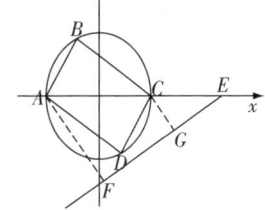

设公路所在直线l与x轴相交于点E,且$CE=x$米,再设A,C在直线l上的射影分别为F,G,由$\triangle EAF$与$\triangle ECG$相似,得$x=\dfrac{235}{3}$,即点$E\left(\dfrac{415}{3},0\right)$,设$\angle CEG=\theta$,则$\sin\theta=\dfrac{CG}{CE}=\dfrac{3}{5}$,所以$\tan\theta=\dfrac{3}{4}$,即直线$l$的斜率是$\dfrac{3}{4}$,所以直线$l$的方程为$3x-4y-415=0$.
当点B,D为椭圆的上下顶点时,临时仓库面积最大,此时$D(0,-80)$,点D到直线l的距离为$d=\dfrac{|4\times 80-415|}{5}=19<20$,所以规划不符合规定.

第二计 二用定义 三线归一

1.解:$y^2=8x$,则$p=4$,焦点为$F(2,0)$,准线$l:x=-2$.
如图,M为FN中点,
故易知线段EM为梯形 AFNC 的中位线,
$\because CN=2,AF=4,\therefore |ME|=3$.
又由定义$|ME|=|MF|$,且$|MN|=|MF|$,

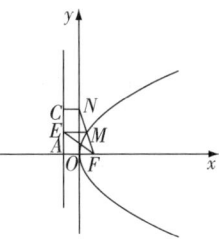

∴ |NF| = |NM| + |MF| = 6.

2.解:(1)由已知,得 $F(1,0)$,l 的方程为 $x=1$,

由已知可得点 A 的坐标为 $\left(1, \dfrac{\sqrt{2}}{2}\right)$ 或 $\left(1, -\dfrac{\sqrt{2}}{2}\right)$,

所以 MA 的方程为 $y = -\dfrac{\sqrt{2}}{2}x + \sqrt{2}$ 或 $y = \dfrac{\sqrt{2}}{2}x - \sqrt{2}$.

(2)如图所示,过点 A、B 分别作椭圆右准线的垂线,垂足分别为 A_1、B_1,

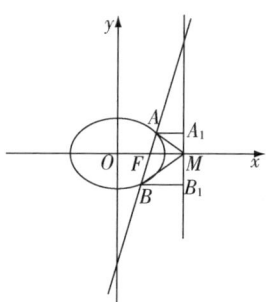

由椭圆统一定义有 $\dfrac{AF}{BF} = \dfrac{AA_1}{BB_1}$,

又 $\dfrac{AF}{BF} = \dfrac{A_1M}{B_1M}$,则 $\dfrac{AA_1}{BB_1} = \dfrac{A_1M}{B_1M}$,

所以 $\triangle AA_1M$ 与 $\triangle BB_1M$ 相似,所以 $\angle AMA_1 = \angle BMB_1$,那么 $\angle OMA = \angle OMB$.

本题的常规解法:

(2)当 l 与 x 轴重合时,$\angle OMA = \angle OMB = 0°$.

当 l 与 x 轴垂直时,OM 为 AB 的垂直平分线,所以 $\angle OMA = \angle OMB$.

当 l 与 x 轴不重合也不垂直时,设 l 的方程为 $y = k(x-1)(k \neq 0)$,$A(x_1, y_1)$,$B(x_2, y_2)$,

则 $x_1 < \sqrt{2}$,$x_2 < \sqrt{2}$.

将 $y = k(x-1)$ 代入 $\dfrac{x^2}{2} + y^2 = 1$,得 $(2k^2+1)x^2 - 4k^2 x + 2k^2 - 2 = 0$,

所以,$x_1 + x_2 = \dfrac{4k^2}{2k^2+1}$,$x_1 x_2 = \dfrac{2k^2-2}{2k^2+1}$.

思路一,从斜率角度考虑:

直线 MA,MB 的斜率之和为

$k_{MA} + k_{MB} = \dfrac{y_1}{x_1 - 2} + \dfrac{y_2}{x_2 - 2} = \dfrac{2kx_1 x_2 - 3k(x_1 + x_2) + 4k}{(x_1 - 2)(x_2 - 2)}$,

因为 $2kx_1 x_2 - 3k(x_1 + x_2) + 4k = \dfrac{4k^3 - 4k - 12k^3 + 8k^3 + 4k}{2k^2 + 1} = 0$,

所以 $k_{MA} + k_{MB} = 0$,故 MA,MB 的倾斜角互补,所以 $\angle OMA = \angle OMB$.

综上,$\angle OMA = \angle OMB$.

思路二:从夹角公式角度考虑:

因为 $\overrightarrow{MA} = (x_1 - 2, y_1)$,$\overrightarrow{MB} = (x_2 - 2, y_2)$,且 $\angle OMA$,$\angle OMB$ 均为锐角,

所以 $\angle OMA = \angle OMB \Leftrightarrow \cos \angle OMA = \cos \angle OMB$

$\Leftrightarrow \dfrac{\overrightarrow{MA} \cdot \overrightarrow{MO}}{|\overrightarrow{MA}| \cdot |\overrightarrow{MO}|} = \dfrac{\overrightarrow{MB} \cdot \overrightarrow{MO}}{|\overrightarrow{MB}| \cdot |\overrightarrow{MO}|} \Leftrightarrow \dfrac{2 - x_1}{\sqrt{(x_1 - 2)^2 + y_1^2}} = \dfrac{2 - x_2}{\sqrt{(x_2 - 2)^2 + y_2^2}}$

$\Leftrightarrow (2 - x_1)^2 [(x_2 - 2)^2 + y_2^2] = (2 - x_2)^2 [(x_1 - 2)^2 + y_1^2]$,

将 $y_1^2 = 1 - \dfrac{x_1^2}{2}$,$y_2^2 = 1 - \dfrac{x_2^2}{2}$ 代入即可证.

第三计 三用定义 斜率定积

1.解:∵ $\vec{PA}+\vec{PB}=2\vec{PO}$($O$ 为坐标原点),∴A,B 关于原点对称.

设 $A(x_1,y_1), B(-x_1,-y_1), P(x_0,y_0)$,

则 $\dfrac{y_0^2}{4}=x_0^2-1, \dfrac{y_1^2}{4}=x_1^2-1$.

直线 PA, PB 的斜率记为 m, n,满足 $mn=\dfrac{y_0^2-y_1^2}{x_0^2-x_1^2}=4$,

则 $m^2+\dfrac{n^2}{4}\geqslant 2\cdot m\cdot\dfrac{n}{2}=mn=4$,当且仅当 $m^2=\dfrac{n^2}{4}$ 时,等号成立.

即 $m^2+\dfrac{n^2}{4}$ 的最小值为 4.

2.解:(1)由题意,得 $\dfrac{y}{x+2}\cdot\dfrac{y}{x-2}=-\dfrac{1}{2}$,化简,得 $\dfrac{x^2}{4}+\dfrac{y^2}{2}=1(|x|\neq 2)$,所以 C 为中心在坐标原点,焦点在 x 轴上的椭圆,不含左右顶点.

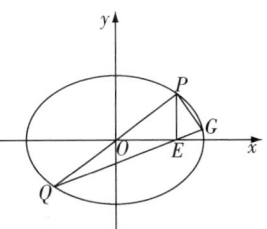

(2)设 $P、Q、G$ 三点坐标分别为 $(x_1,y_1), (-x_1,-y_1)$,$(x_0,y_0), k_{QG}=k_1, k_{PQ}=k_2, k_{PQ}=k$.将点 P, G 代入椭

圆方程有 $\begin{cases}\dfrac{x_1^2}{4}+\dfrac{y_1^2}{2}=1,\\ \dfrac{x_0^2}{4}+\dfrac{y_0^2}{2}=1,\end{cases}$ 两式相减,得 $\dfrac{y_0^2-y_1^2}{x_0^2-x_1^2}=-\dfrac{1}{2}$,所以 $k_2=\dfrac{y_0-y_1}{x_0-x_1}=-$

$\dfrac{x_0+x_1}{2(y_0+y_1)}=-\dfrac{x_0-(-x_1)}{2[y_0-(-y_1)]}=-\dfrac{1}{2}\cdot\dfrac{1}{k_1}=-\dfrac{1}{k}$,∠$GPQ$ 为直角.

本题的常规解法:

设直线 PQ 的方程为 $y=kx(k>0)$.

由 $\begin{cases} y=kx,\\ \dfrac{x^2}{4}+\dfrac{y^2}{2}=1,\end{cases}$ 得 $x=\pm\dfrac{2}{\sqrt{1+2k^2}}$.

记 $u=\dfrac{2}{\sqrt{1+2k^2}}$,则 $P(u,uk), Q(-u,-uk), E(u,0)$.

于是直线 QG 的方程为 $y=\dfrac{k}{2}(x-u)$.

由 $\begin{cases} y=\dfrac{k}{2}(x-u),\\ \dfrac{x^2}{4}+\dfrac{y^2}{2}=1,\end{cases}$ 得 $(2+k^2)x^2-2uk^2x+k^2u^2-8=0$.①

得 $G\left(\dfrac{u(3k^2+2)}{2+k^2},\dfrac{uk^3}{2+k^2}\right)$,从而得 $k_2=\dfrac{\dfrac{uk^3}{2+k^2}-uk}{\dfrac{u(3k^2+2)}{2+k^2}-u}=-\dfrac{1}{k}$,

所以 $PQ \perp PG$，即 $\triangle PQG$ 是直角三角形.

第四计 焦点半径 精准直达

1. 解法一：由已知可得 $a^2=36, b^2=20, \therefore c^2=a^2-b^2=16, \therefore c=4$.

又 $\because M$ 为 C 上一点且在第一象限，$\triangle MF_1F_2$ 为等腰三角形，

$\therefore |MF_1|=|F_1F_2|=2c=8. \therefore |MF_2|=4$.

设点 M 的坐标为 $(x_0, y_0)(x_0>0, y_0>0)$，

则 $S_{\triangle MF_1F_2}=\dfrac{1}{2} \cdot |F_1F_2| \cdot y_0=4y_0$.

又 $S_{\triangle MF_1F_2}=\dfrac{1}{2}\times 4 \times \sqrt{8^2-2^2}=4\sqrt{15}, \therefore 4y_0=4\sqrt{15}$，解得 $y_0=\sqrt{15}$，

$\therefore \dfrac{x_0^2}{36}+\dfrac{(\sqrt{15})^2}{20}=1$，解得 $x_0=3(x_0=-3$ 舍去$)$，

$\therefore M$ 的坐标为 $(3, \sqrt{15})$.

解法二：由解法一，$|MF_1|=8$，于是 $6+\dfrac{2}{3}x_0=8$，解得 $x_0=3$，

$\therefore M$ 的坐标为 $(3, \sqrt{15})$.

2. 解：设 $P(x_1, y_1), Q(x_2, y_2)$，由题意得圆 $x^2+y^2-2x=0$ 的圆心为 $(1,0)$，半径为 1，抛物线 $y^2=4x$ 的焦点为 $F(1,0)$.

设 PQ 的方程为 $y=k(x-1)$，联立 $\begin{cases} y^2=4x \\ y=k(x-1) \end{cases}$，得 $k^2x^2-(2k^2+4)x+k^2=0$，所以 $x_1x_2=1$，所以 $\dfrac{1}{|PM|}+\dfrac{1}{|QN|}=\dfrac{1}{|FP|-1}+\dfrac{1}{|FQ|-1}=\dfrac{1}{x_1}+\dfrac{1}{x_2}\geq 2\sqrt{\dfrac{1}{x_1x_2}}=2$，

当且仅当 $x_1=x_2$ 时等号成立.

3. 解：当 $n=2$ 时，$\angle P_1FP_2=\angle P_2FP_1=\pi$，此时不妨取 P_1P_2 过焦点垂直于 x 轴，

不妨取 $P_1(1,2), P_2(1,-2)$，则 $\dfrac{1}{|P_1F|}+\dfrac{1}{|P_2F|}=\dfrac{1}{2}+\dfrac{1}{2}=1$. 故 A 错误；

当 $n=3$ 时，$\angle P_1FP_2=\angle P_2FP_3=\angle P_3FP_1=\dfrac{2\pi}{3}$.

此时不妨设 P_1, P_2, P_3 在抛物线上逆时针排列，设 $\angle P_1Fx=\alpha, \alpha \in \left(0, \dfrac{\pi}{2}\right)$，

则 $|P_1F|=\dfrac{2}{1-\cos\alpha}$，则 $|P_2F|=\dfrac{2}{1-\cos\left(\alpha+\dfrac{2\pi}{3}\right)}, |P_3F|=\dfrac{2}{1-\cos\left(\alpha+\dfrac{4\pi}{3}\right)}$，

故 $|P_1F|+|P_2F|+|P_3F|=\dfrac{2}{1-\cos\alpha}+\dfrac{2}{1-\cos\left(\alpha+\dfrac{2\pi}{3}\right)}+\dfrac{2}{1-\cos\left(\alpha+\dfrac{4\pi}{3}\right)}=$

$\dfrac{2}{1-\cos\alpha}+\dfrac{4(1+\dfrac{1}{2}\cos\alpha)}{\left(\cos\alpha+\dfrac{1}{2}\right)^2}$.

令 $t=\cos\alpha+\dfrac{1}{2}$, $t\in\left(\dfrac{1}{2},\dfrac{3}{2}\right)$, 则 $|P_1F|+|P_2F|+|P_3F|=\dfrac{4}{3-2t}+\dfrac{2t+3}{t^2}$.

令 $f(t)=\dfrac{4}{3-2t}+\dfrac{2t+3}{t^2}$, $t\in\left(\dfrac{1}{2},\dfrac{3}{2}\right)$, 则 $f'(t)=\dfrac{8}{(3-2t)^2}-\dfrac{2t+6}{t^3}=\dfrac{54(t-1)}{(3-2t)^2t^3}$,

当 $\dfrac{1}{2}<t<1$ 时, $f'(t)<0$, $f(t)$ 递减;当 $1<t<\dfrac{3}{2}$ 时, $f'(t)>0$, $f(t)$ 递增.

故 $f(t)_{\min}=f(1)=9$, 当 $t=1$, 即 $\cos\alpha=\dfrac{1}{2}$, $\alpha=\dfrac{\pi}{3}$ 时, $|P_1F|+|P_2F|+|P_3F|$ 取到最小值 9. 故 B 正确.

当 $n=4$ 时, $\angle P_1FP_2=\angle P_2FP_3=\angle P_3FP_4=\angle P_4FP_1=\dfrac{\pi}{2}$,

此时不妨设 P_1,P_2,P_3,P_4 在抛物线上逆时针排列,设 $\angle P_1Fx=\theta$, $\theta\in\left(0,\dfrac{\pi}{2}\right)$,

则 $|P_1F|=\dfrac{2}{1-\cos\theta}$, $|P_2F|=\dfrac{2}{1-\cos\left(\theta+\dfrac{\pi}{2}\right)}$, $|P_3F|=\dfrac{2}{1-\cos(\theta+\pi)}$,

$|P_4F|=\dfrac{2}{1-\cos\left(\theta+\dfrac{3\pi}{2}\right)}$, 即 $|P_2F|=\dfrac{2}{1+\sin\theta}$, $|P_3F|=\dfrac{2}{1+\cos\theta}$, $|P_4F|=\dfrac{2}{1-\sin\theta}$,

故 $|P_1F|+|P_3F|=\dfrac{2}{1-\cos\theta}+\dfrac{2}{1+\cos\theta}=\dfrac{4}{\sin^2\theta}$, $|P_2F|+|P_4F|=\dfrac{2}{1+\sin\theta}+\dfrac{2}{1-\sin\theta}=\dfrac{4}{\cos^2\theta}$,

所以 $\dfrac{1}{|P_1F|+|P_3F|}+\dfrac{1}{|P_2F|+|P_4F|}=\dfrac{\sin^2\theta}{4}+\dfrac{\cos^2\theta}{4}=\dfrac{1}{4}$. 故 C 正确.

由对选项 C 的分析可知: $|P_1F|+|P_2F|+|P_3F|+|P_4F|=\dfrac{4}{\sin^2\theta}+\dfrac{4}{\cos^2\theta}=\dfrac{4}{\sin^2\theta\cos^2\theta}=\dfrac{16}{\sin^2 2\theta}$,

当 $\sin^2 2\theta=1$ 时, $\dfrac{16}{\sin^2 2\theta}$ 取到最小值 16,

即 $|P_1F|+|P_2F|+|P_3F|+|P_4F|$ 最小值为 16. 故 D 错误. 故选 BC.

4.解:(1)设直线 MN 的倾斜角为 θ $\left(\text{不妨设 } 0\leq\theta<\dfrac{\pi}{2}\right)$, 则 PQ 的倾斜角为 $\theta+\dfrac{\pi}{2}$,

因为 C 的通径长为 $\sqrt{2}$, 离心率为 $\dfrac{\sqrt{2}}{2}$, 于是 $\dfrac{1}{|MN|}+\dfrac{1}{|PQ|}=\dfrac{1-\dfrac{1}{2}\cos^2\theta}{2\sqrt{2}}+\dfrac{1-\dfrac{1}{2}\cos^2\left(\theta-\dfrac{\pi}{2}\right)}{2\sqrt{2}}=\dfrac{3\sqrt{2}}{8}$.

(2)四边形 $MPNQ$ 的面积为:

219

$$S=\frac{1}{2}|MN||PQ|=\frac{1}{2}\times\frac{2\sqrt{2}}{1-\frac{1}{2}\cos^2\theta}\times\frac{2\sqrt{2}}{1-\frac{1}{2}\sin^2\theta}=\frac{4}{\frac{1}{2}+\frac{1}{16}\sin 2\theta}=\frac{64}{\sin 2\theta+8},$$

所以其取值范围为 $\left(\frac{64}{9}, 8\right]$.

第五计 焦点分弦 比定角限

1.解:如图,设 $\angle DFO=\theta$,则 $\cos\theta=\frac{c}{a}=e$.

根据焦点分弦公式,$e=\cos\theta=\frac{1}{e}\cdot\left|\frac{1-2}{1+2}\right|=\frac{1}{3e}$. 故 $e=\frac{\sqrt{3}}{3}$.

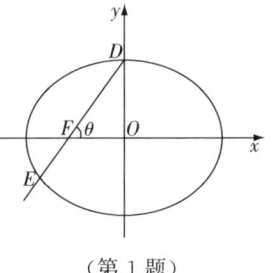

(第1题)

2.解:由题可知 $a=1,e=\frac{c}{a}=c$. 如图,设 $\angle AF_1F_2=\theta$,

则根据焦点分弦公式,$\cos\theta=\frac{1}{e}\cdot\left|\frac{1-3}{1+3}\right|=\frac{1}{2c}$.

故 $|AF_1|=\frac{|F_1F_2|}{\cos\theta}=4c^2$,$|AF_2|=2a-|AF_1|=2-4c^2$.

所以在直角三角形 AF_1F_2 中,$(4c^2)^2=(2c)^2+(2-4c^2)^2$.

解得 $c^2=\frac{1}{3}$. 故 $b^2=a^2-c^2=1-\frac{1}{3}=\frac{2}{3}$,即椭圆 E 的方程为: $x^2+\frac{3y^2}{2}=1$.

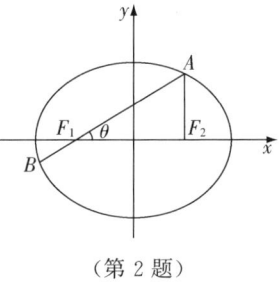

(第2题)

3.解:如图,由已知可设 $|F_2B|=n$,则 $|AF_2|=2n$,$|BF_1|=|AB|=3n$.

由椭圆的定义有 $2a=|BF_1|+|BF_2|=4n$,所以 $|AF_1|=2a-|AF_2|=2n$,所以点 A 为椭圆上顶点.

由 $\frac{|AF_2|}{|BF_1|}=2$ 及 $|e\cos\theta|=\left|\frac{\lambda-1}{\lambda+1}\right|$,有 $\frac{1}{a}\cdot\frac{1}{a}=\frac{2-1}{2+1}=\frac{1}{3}$,所以 $a^2=3$,所以 $b^2=a^2-c^2=2$,

所以椭圆方程为 $\frac{x^2}{3}+\frac{y^2}{2}=1$. 故选 B.

本题的常规解法如下:

解:如图,由已知可设 $|F_2B|=n$,则 $|AF_2|=2n$,$|BF_1|=|AB|=3n$,

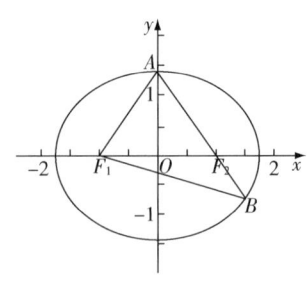

(第3题)

由椭圆的定义有 $2a=|BF_1|+|BF_2|=4n$,所以 $|AF_1|=2a-|AF_2|=2n$,所以点 A 为椭圆上顶点.

在 $\triangle AF_1B$ 中,由余弦定理,得 $\cos\angle F_1AB=\dfrac{4n^2+9n^2-9n^2}{2\cdot 2n\cdot 3n}=\dfrac{1}{3}$.

在 $\triangle AF_1F_2$ 中,由余弦定理,得 $4n^2+4n^2-2\cdot 2n\cdot 2n\cdot\dfrac{1}{3}=4$,得 $n=\dfrac{\sqrt{3}}{2}$.

所以 $2a=4n=2\sqrt{3}$,所以 $a=\sqrt{3}$,所以 $b^2=a^2-c^2=3-1=2$.

所以椭圆方程为 $\dfrac{x^2}{3}+\dfrac{y^2}{2}=1$.故选 B.

4. 答案:$\dfrac{\sqrt{3}}{3}$.

5. 答案:B.

第六计 焦点三角 命题法宝

1. 解:记 $\angle F_1PF_2=2\theta$,根据椭圆焦点三角形的结论 2,$S_{\triangle PF_1F_2}=b^2\tan\theta=6$,

由 $\dfrac{4}{3}=\tan 2\theta=\dfrac{2\tan\theta}{1-\tan^2\theta}$,解得 $\tan\theta=\dfrac{1}{2}$ 或 -2(舍),故 $b^2=12$,

又因为 $c=2$,所以 $a^2=16$,即椭圆 C 方程为 $\dfrac{x^2}{16}+\dfrac{y^2}{12}=1$.

2. 解:由题可知 $b^2=36$,如图,因为 $|MN|=|F_1F_2|$,即 $|OM|=|OF_1|=|OF_2|$,所以 $\triangle MF_1F_2$ 为直角三角形.

根据双曲线焦点三角形的结论 2,$S_{\text{四边形}MF_1NF_2}=2S_{\triangle MF_1F_2}=\dfrac{2b^2}{\tan\dfrac{90°}{2}}=72$,故四边形 MF_1NF_2 的面积是 72.

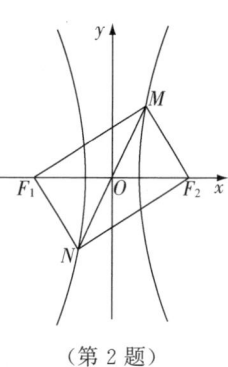

(第2题)

第七计 顶焦三角 常新常考

1. 解:$T\left(-\dfrac{a}{2},-\dfrac{b}{2}\right)$,所以 $OT:y=\dfrac{b}{a}x$,和椭圆联立可得

$K\left(\dfrac{\sqrt{2}}{2}a,\dfrac{\sqrt{2}}{2}b\right)$,连接 AK,可得 $k_{AK}=\dfrac{\dfrac{\sqrt{2}}{2}b}{\dfrac{\sqrt{2}}{2}a+a}=(\sqrt{2}-1)\dfrac{b}{a}$.

又因为 $k_{AB}=-\dfrac{b}{a}$,根据椭圆顶焦点三角形的结论 1,

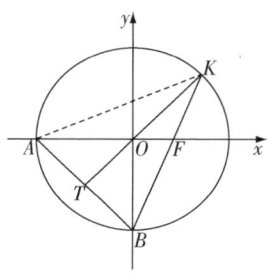

(第1题)

$-(e-1)^2=k_{AK} \cdot k_{AB}=-(\sqrt{2}-1)\dfrac{b^2}{a^2}=-(\sqrt{2}-1)(1-e^2)$,即

$1-e=(\sqrt{2}-1)(1+e)$,$e=\sqrt{2}-1$.

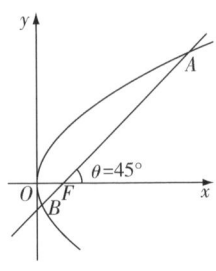

2.解:该直线倾斜角为$45°$,根据探究三中抛物线相关结论2,$\dfrac{2}{p}=$

$\dfrac{1}{|AF|}+\dfrac{1}{|BF|}=\dfrac{|AF|+|BF|}{|AF|\cdot|BF|}=\dfrac{\dfrac{2p}{\sin^2 45°}}{8}$,即$p^2=4$,所

以 $p=2$.

第八计 研抛物线 探焦点弦

1.解:不妨设直线l_1的倾斜角为θ,$\theta\in\left(0,\dfrac{\pi}{2}\right)$,则$l_2$的倾斜角为$\dfrac{\pi}{2}+\theta$,根据焦点弦的弦

长公式,可得$|AB|=\dfrac{2p}{\sin^2\theta}=\dfrac{4}{\sin^2\theta}$,

$|DE|=\dfrac{2p}{\sin^2\left(\dfrac{\pi}{2}+\theta\right)}=\dfrac{2p}{\cos^2\theta}=\dfrac{4}{\cos^2\theta}$,

所以$|AB|+|DE|=\dfrac{4}{\sin^2\theta}+\dfrac{4}{\cos^2\theta}=\dfrac{4}{\sin^2\theta\cos^2\theta}=\dfrac{16}{\sin^2 2\theta}$.

因为$0<\sin^2 2\theta\leqslant 1$,所以当$\sin^2 2\theta=1$时,即$\theta=\dfrac{\pi}{4}$时,$|AB|+|DE|$最小,最小值

为16.故选:A.

2.解:由公式,$\triangle OAB$的面积$S=\dfrac{p^2}{2\sin\theta}=\dfrac{9}{4}$.故选 D.

3.解:(1)设直线AB的方程为$x=my+2$,与$y^2=4x$联立,得$y^2-4my-8=0$,所以

$y_1 y_2=-8$.

(2)设$M(x_3,y_3)$,$N(x_4,y_4)$,则$\dfrac{k_1}{k_2}=\dfrac{y_3-y_4}{x_3-x_4}\cdot\dfrac{x_1-x_2}{y_1-y_2}=\dfrac{y_3-y_4}{\dfrac{y_3^2}{4}-\dfrac{y_4^2}{4}}\cdot\dfrac{\dfrac{y_1^2}{4}-\dfrac{y_2^2}{4}}{y_1-y_2}=$

$\dfrac{y_1+y_2}{y_3+y_4}$.设直线AM的方程为$x=ny+1$,与$y^2=4x$联立,得$y^2-4ny-4=0$,所以

$y_1 y_3=-4$.

同理可得$y_2 y_4=-4$.故$\dfrac{k_1}{k_2}=\dfrac{y_1+y_2}{y_3+y_4}=\dfrac{y_1+y_2}{\dfrac{-4}{y_1}+\dfrac{-4}{y_2}}=\dfrac{y_1 y_2}{-4}$.由(1)知,$y_1 y_2=-8$,所以

$\dfrac{k_1}{k_2}=2$为定值.

第九计 神奇定值 类比可知

1.解:设AB的中点为M.依题意,直线PM的方程为$y=-3(x-m)$.

"战场点兵"答案

联立 $\begin{cases} y=-3(x-m), \\ x-3y+m=0, \end{cases}$ 得 $M\left(\dfrac{4m}{5}, \dfrac{3m}{5}\right)$.

因为 $k_{AB} \cdot k_{OM} = e^2 - 1$,所以 $e^2 - 1 = \dfrac{1}{3} \times \dfrac{3}{4}$.解得 $e = \dfrac{\sqrt{5}}{2}$.故选 A.

本题常规解法如下:

联立 $\begin{cases} x-3y+m=0, \\ y=\dfrac{b}{a}x \end{cases}$ 和 $\begin{cases} x-3y+m=0, \\ y=-\dfrac{b}{a}x, \end{cases}$ 得 $A\left(-\dfrac{ma}{a+3b}, \dfrac{mb}{a+3b}\right)$, $B\left(\dfrac{ma}{3b-a}, \dfrac{mb}{3b-a}\right)$.

所以 $M\left(\dfrac{-\dfrac{ma}{a+3b}+\dfrac{ma}{3b-a}}{2}, \dfrac{\dfrac{mb}{a+3b}+\dfrac{mb}{3b-a}}{2}\right)$.

代入直线 PM 的方程,$y=-3(x-m)$,得 $\dfrac{\dfrac{mb}{a+3b}+\dfrac{mb}{3b-a}}{2} = -3\left(\dfrac{\dfrac{-ma}{a+3b}+\dfrac{ma}{3b-a}}{2}-m\right)$.

所以 $\left[\dfrac{mb}{2(a+3b)}+\dfrac{3(-ma)}{2(a+3b)}\right]+\left[\dfrac{mb}{2(3b-a)}+\dfrac{3ma}{2(3b-a)}\right]=3m$.

又因为 $m \neq 0$,所以 $\dfrac{b-3a}{a+3b}+\dfrac{b+3a}{3b-a}=6$.化简得 $a^2=4b^2$.所以 $e=\sqrt{1+\dfrac{b^2}{a^2}}=\dfrac{\sqrt{5}}{2}$.故选 A.

2.解:(1)由题意,得 $\begin{cases} e=\dfrac{c}{a}=\sqrt{3}, \\ a^2=b^2+c^2, \\ \dfrac{1}{a^2}+\dfrac{3}{4b^2}=1, \end{cases}$ 解得 $a^2=4, b^2=1$.所以椭圆 C 的方程是 $\dfrac{x^2}{4}+y^2=1$.

(2)由圆周角定理,$k_{MA_1} \cdot k_{MA_2} = -\dfrac{1}{4}$.设 $k_{MA_1}=k$,则 $k_{MA_2}=-\dfrac{1}{4k}$.

设 $P(x_1, y_1), Q(x_2, y_2)$,则 $\dfrac{k_{PA_1}}{k_{PA_2}}=\dfrac{x_1+2}{x_1-2}=\dfrac{\dfrac{1}{2}}{-\dfrac{1}{4k}}=-2k$,$\dfrac{k_{QA_1}}{k_{QA_2}}=\dfrac{x_2+2}{x_2-2}=\dfrac{k}{-\dfrac{1}{2}}=-2k$.

所以 $\dfrac{x_1+2}{x_1-2}=\dfrac{x_2+2}{x_2-2}$,化简得 $x_1=x_2$,即 $PQ \perp x$ 轴.所以 $\triangle BPQ$ 是等腰三角形.

本题常规解法如下:
由已知得 $A_1(-2,0), A_2(2,0), B(0,1)$.

设点 $M(m,n)$,则有 $m^2+4n^2=4$.又直线 A_2M 的方程为 $y=\dfrac{n}{m-2}(x-2)$,

直线 A_1B 的方程为 $y=\dfrac{1}{2}x+1$.

∴ $\begin{cases} y=\dfrac{n}{m-2}(x-2), \\ y=\dfrac{1}{2}x+1, \end{cases}$ 解得 $\begin{cases} x=\dfrac{2m+4n-4}{2n-m+2}, \\ y=\dfrac{4n}{2n-m+2}. \end{cases}$

∴ P 点的坐标为 $\left(\dfrac{2m+4n-4}{2n-m+2}, \dfrac{4n}{2n-m+2}\right)$.

又∵直线 A_1M 的直线方程为 $y=\dfrac{n}{m+2}(x+2)$,

直线 A_2B 的直线方程为 $y=-\dfrac{1}{2}x+1$,

$\therefore \begin{cases} y=\dfrac{n}{m+2}(x+2), \\ y=-\dfrac{1}{2}x+1, \end{cases}$ 解得 $\begin{cases} x=\dfrac{2m-4n+4}{2n+m+2}, \\ y=\dfrac{4n}{2n+m+2}, \end{cases}$

$\therefore Q$ 点的坐标为 $\left(\dfrac{2m-4n+4}{2n+m+2},\dfrac{4n}{2n+m+2}\right)$,

$\therefore |BP|^2=x_P^2+(1-y_P)^2=\dfrac{5}{4}x_P^2, \therefore |BQ|^2=x_Q^2+(1-y_Q)^2=\dfrac{5}{4}x_Q^2$

$|BP|^2-|BQ|^2=\dfrac{4(m+2n-2)^2(2n+m+2)^2-4(m-2n+2)^2(2n-m+2)^2}{(2n-m+2)^2(2n+m+2)^2}$

$=\dfrac{64mn(m^2+4n^2-4)}{(2n-m+2)^2(2n+m+2)^2}=0,$

$\therefore |BP|^2=|BQ|^2, \therefore BP=BQ,$

$\therefore \triangle BPQ$ 为等腰三角形.

第十计 光学特性 应用延伸

1.解:如图 1 所示,当小球出发路线不与长轴重合时,经反弹后第一次回到点 A 时,小球经过的路程是 $4a$;如图 2 所示,当小球沿着长轴向右顶点出发时,经反弹后第一次回到点 A 时,小球经过的路程是 $2(a+c)$;如图 3 所示,当小球沿着长轴向左顶点出发时,经反弹后第一次回到点 A 时,小球经过的路程是 $2(a-c)$.故选 ACD.

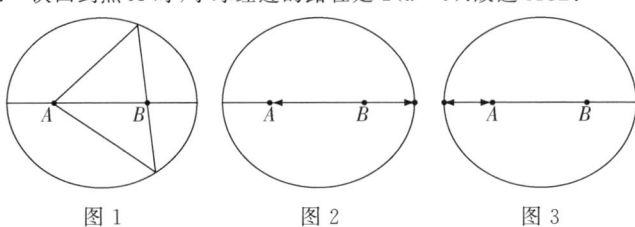

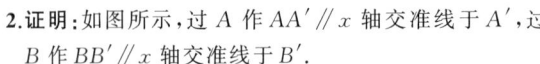

图1　　　　图2　　　　图3

2.证明:如图所示,过 A 作 $AA'//x$ 轴交准线于 A',过 B 作 $BB'//x$ 轴交准线于 B'.

由抛物线的定义得 $AA'=AF$,由抛物线的光学性质得 $\angle FAP=\angle EAG$.

又因为 $\angle EAG=\angle A'AP$,所以 $\angle FAP=\angle A'AP$.

结合 $AA'=AF,PA=PA$,所以 $\triangle PAA'\cong\triangle PAF$,

所以 $PA'=PF$.

同理,有 $\triangle PBB'\cong\triangle PBF$,

所以 $PB'=PF$,所以有 $PA'=PB'$.

则 $\angle PA'B'=\angle PB'A'$,即 $\angle PA'A=\angle PB'B$.

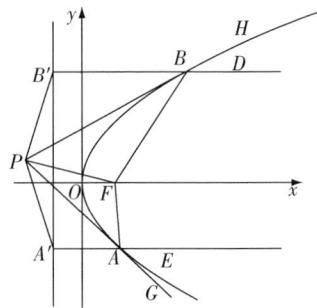

又因为$\angle PA'A = \angle PFA, \angle PB'B = \angle PFB$,所以$\angle PFA = \angle PFB$.

3.**解**:如图所示,设双曲线C的方程为$\dfrac{x^2}{a^2} - \dfrac{y^2}{b^2} = 1$
$(a>0,b>0)$,F_1,F_2为其左、右焦点,P为双曲线
C右支上任意一点.连接PF_1,PF_2,直线l为过点
P的切线,过F_2作$F_2A \perp l$于A,连接OA,延长
F_2A交PF_1于点B,作F_1P的延长线F_1D. 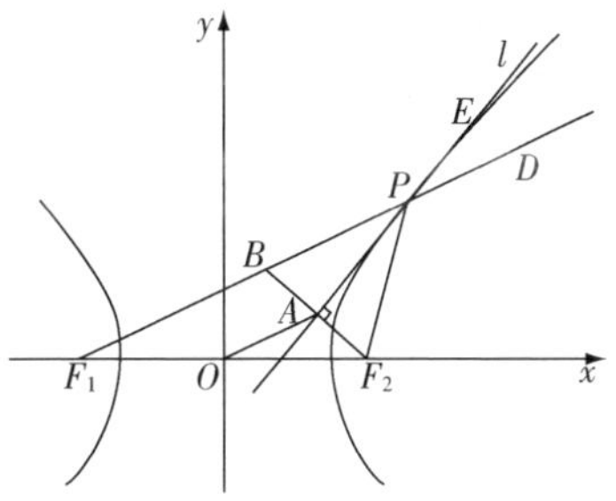
由双曲线的光学性质,得$\angle DPE = \angle F_2PA$.
又因为$\angle DPE = \angle BPA$,所以$\angle F_2PA = \angle BPA$.
因为$AP \perp BF_2$,所以$|PB| = |PF_2|$,$|AB| = |AF_2|$.
由双曲线的定义,得$|PF_1| - |PF_2| = |BF_1| = 2a$.

因为O,A分别为F_1F_2,F_2B的中点,由中位线的性质,得$|OA| = \dfrac{1}{2}|BF_1| = a$.

所以,点A的轨迹为以O为圆心、a为半径的圆,即直径为实轴长的圆.

第十一计 求离心率 解三角形

1.**解**:(1)连接该顶点与椭圆的另一个焦点,易得该焦点三角形为等边三角形,故椭圆的

离心率为$\dfrac{1}{2}$.故选C.

(2)设$|F_2B| = m$,则$|AF_2| = 3m$,$|AB| = 2|AF_1| = 4m$.

由椭圆的定义知$|BF_1| + |BF_2| = 2a = 5m$,所以$m = \dfrac{2}{5}a$.

所以$|AF_2| = \dfrac{6}{5}a$,$|AF_1| = \dfrac{4}{5}a$.

在$\triangle ABF_1$中,$\cos A = \dfrac{|AB|^2 + |AF_1|^2 - |BF_1|^2}{2AB \times AF_1} = \dfrac{\left(\dfrac{8a}{5}\right)^2 + \left(\dfrac{4a}{5}\right)^2 - \left(\dfrac{8a}{5}\right)^2}{2 \times \dfrac{8a}{5} \times \dfrac{4a}{5}} = \dfrac{1}{4}$,

所以在$\triangle AF_1F_2$中,$|F_1F_2|^2 = |AF_1|^2 + |AF_2|^2 - 2|AF_1||AF_2|\cos A$,

即$\left(\dfrac{4}{5}a\right)^2 + \left(\dfrac{6}{5}a\right)^2 - 2 \times \dfrac{4}{5}a \times \dfrac{6}{5}a \times \dfrac{1}{4}$,整理得$e^2 = \dfrac{c^2}{a^2} = \dfrac{2}{5}$.

所以$e = \dfrac{\sqrt{10}}{5}$.故选C.

(3)根据题意,设$A(x_1,y_1),B(x_2,y_2)$,AB方程为$x = \sqrt{3}y - c$,代入椭圆方程,得
$(a^2 + 3b^2)y^2 - 2\sqrt{3}b^2cy - b^4 = 0$.

所以$y_1 + y_2 = \dfrac{2\sqrt{3}b^2c}{a^2 + 3b^2}$,$y_1y_2 = \dfrac{-b^4}{a^2 + 3b^2}$.

因为$\overrightarrow{AF} = (-c - x_1, -y_1)$,$\overrightarrow{FB} = (x_2 + c, y_2)$,$\overrightarrow{AF} = 3\overrightarrow{FB}$,所以$y_1 = -3y_2$.

所以$-\dfrac{10}{3} = \dfrac{y_1}{y_2} + \dfrac{y_2}{y_1} = \dfrac{(y_1 + y_2)^2}{y_1y_2} - 2 = -\dfrac{12c^2}{a^2 + 3b^2} - 2$.

225

解得 $9c^2=a^2+3b^2$,从而得椭圆 C 的离心率为 $e=\dfrac{\sqrt{3}}{3}$.故选 B.

2.解:(1)依题意,$\triangle OAN$ 为双曲线的特征三角形,所以 $\angle MAF_2=30°$.过点 M 作 $MB\perp x$ 轴于 B,则 $\triangle OBM$ 也是双曲线的特征三角形.从而在 $Rt\triangle ABM$ 中,$\tan 30°=\dfrac{b}{2a}=\dfrac{\sqrt{3}}{3}$,解得 $e=\dfrac{c}{a}=\dfrac{\sqrt{21}}{3}$.故选 B.

(2)如图1,由题知,$OM\perp MN$.
所以 $\triangle OMF$ 为双曲线 C 的特征三角形,$|OM|=|OA|$,
$\angle MOF=2\angle OMB=2\angle BOM$.
所以 $\angle MOF=60°$,$e=\dfrac{1}{\cos 60°}=2$.故选 A.

(3)易知 A 正确,B 不正确.
对于 C,如图2,设 $\angle MOF=\alpha$,$\angle MOQ=\beta$,
则依题有 $\tan \alpha=\dfrac{b}{a}$,$\tan \beta=\dfrac{3b}{a}$.

所以 $\tan \beta=\tan(\pi-2\alpha)=-\tan 2\alpha=-\dfrac{2\times\dfrac{b}{a}}{1-\dfrac{b^2}{a^2}}=\dfrac{3b}{a}$.

解得 $\dfrac{b^2}{a^2}=\dfrac{5}{3}$,所以双曲线 C 的渐近线方程为 $y=\pm\dfrac{\sqrt{15}}{3}x$,C 不正确.

对于 D,如图2,设 $\angle MFO=\theta$,$|OP|=x$,
则 $\cos\theta=\dfrac{b}{c}=\dfrac{16b^2+4c^2-x^2}{16bc}$,解得 $x=2c$.
所以 $4b-2c=2a$,$2b=a+c$,$4b^2=4(c^2-a^2)=(a+c)^2$.
解得 $5a=3c$,$e=\dfrac{5}{3}$.
故选 AD.

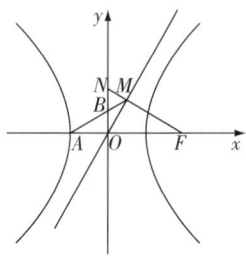

图1

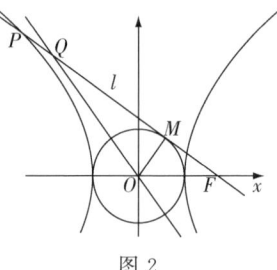

图2

3.解:依题,$\dfrac{1}{e_1^2}+\dfrac{3}{e_2^2}=4$,从而由柯西不等式有 $\left(\dfrac{1}{e_1^2}+\dfrac{3}{e_2^2}\right)\left(1+\dfrac{1}{3}\right)\geqslant\left(\dfrac{1}{e_1}+\dfrac{\sqrt{3}}{e_2}\cdot\dfrac{1}{\sqrt{3}}\right)^2$,
$\therefore\dfrac{1}{e_1}+\dfrac{1}{e_2}\leqslant\dfrac{4\sqrt{3}}{3}$.故选 D.

第十二计 纵横有别 设线无忧

1.解:(1)$\because$ 点 P 在椭圆上,且 $2a=4$,$\therefore a=2$.又 $\because$ 椭圆离心率为 $\dfrac{\sqrt{3}}{2}$,$\therefore c=\sqrt{3}$.由 $a^2=b^2+c^2$,解得 $b^2=1$.$\therefore$ 椭圆 C 的方程为 $\dfrac{x^2}{4}+y^2=1$.

(2)解法一:点 A 在椭圆上,$\therefore \frac{x_0^2}{4}+y_0^2=1$,即 $x_0^2+4y_0^2=4$.

设经过点 A 的直线为: $y-y_0=k(x-x_0)$,可得 $M\left(x_0-\frac{y_0}{k},0\right)$,$N(0,y_0-kx_0)$.

$\because \overrightarrow{AN}=2\overrightarrow{MA}$,$\therefore -x_0=\frac{2y_0}{k}$,即 $k=-\frac{2y_0}{x_0}$,$\therefore$ 直线 MN 的斜率为 $k=-\frac{2y_0}{x_0}$.

$\because BD \parallel l$,$\therefore BD$ 方程为 $y=-\frac{2y_0}{x_0}x$,即 $2y_0x+x_0y=0$.

联立方程 $\begin{cases} y=-\frac{2y_0}{x_0}x, \\ \frac{x^2}{4}+y^2=1, \end{cases}$ 解得 $x^2=\frac{4x_0^2}{x_0^2+16y_0^2}$,$\therefore |x|=\frac{2|x_0|}{\sqrt{x_0^2+16y_0^2}}$.

$\therefore |BD|=2\sqrt{1+\frac{4y_0^2}{x_0^2}} \cdot \frac{2|x_0|}{\sqrt{x_0^2+16y_0^2}}=\frac{8}{\sqrt{x_0^2+16y_0^2}}$.

点 A 到直线 BD 的距离为 $d=\frac{|2y_0x_0+x_0y_0|}{\sqrt{4y_0^2+x_0^2}}=\frac{3|x_0y_0|}{2}$,

$S_{\triangle ABD}=\frac{1}{2}|BD| \cdot d=\frac{6|x_0y_0|}{\sqrt{x_0^2+16y_0^2}}=\frac{6}{\sqrt{\frac{1}{y_0^2}+\frac{16}{x_0^2}}}$.

$\because \frac{1}{y_0^2}+\frac{16}{x_0^2}=\left(\frac{1}{y_0^2}+\frac{16}{x_0^2}\right)\left(\frac{x_0^2}{4}+y_0^2\right)=5+\frac{x_0^2}{4y_0^2}+\frac{16y_0^2}{x_0^2} \geqslant 9$,$\therefore \sqrt{\frac{1}{y_0^2}+\frac{16}{x_0^2}} \geqslant 3$,$0<\frac{6}{\sqrt{\frac{1}{y_0^2}+\frac{16}{x_0^2}}} \leqslant 2$,$\therefore S_{\triangle ABD} \leqslant 2$.

三角形 ABD 面积的最大值为 2,当且仅当 $\frac{x_0^2}{4y_0^2}=2$,即 $x_0=\pm\sqrt{\frac{8}{3}}$ 时,等号成立.

解法二:设 $M(m,0)$,$N(0,n)$,则 $\begin{cases} x_0=\frac{2m}{3} \\ y_0=\frac{n}{3} \end{cases}$,$A(x_0,y_0)$ 满足在曲线 $\frac{x_0^2}{4}+y_0^2=1$ 上,则

$\left(\frac{2m}{3}\right)^2+4\left(\frac{n}{3}\right)^2=4$,化简得 $m^2+n^2=9$.

设直线 l 的方程为 $\frac{x}{m}+\frac{y}{n}=1$,即 $l:nx+my-mn=0$,原点 $(0,0)$ 到直线 l 的距离为 $d=\frac{|mn|}{\sqrt{m^2+n^2}}$,易得直线 m 的方程 $nx+my=0$.设 $B(x_1,y_1)$,$D(x_2,y_2)$,联立方程 $\begin{cases} nx+my=0 \\ x^2+4y^2=4, \end{cases}$ 化简得 $(m^2+4n^2)x^2-4m^2=0$.

则 $|BD|=\sqrt{1+\left(-\frac{n}{m}\right)^2} \cdot \sqrt{(x_1+x_2)^2-4x_1x_2}=\sqrt{\frac{m^2+n^2}{m^2}} \cdot \sqrt{\frac{16m^2}{m^2+4n^2}}=$

$\dfrac{4\sqrt{m^2+n^2}}{\sqrt{m^2+4n^2}}$.

$S_{\triangle ABD} = \dfrac{1}{2} \cdot |BD| \cdot d = \dfrac{1}{2} \cdot \dfrac{4\sqrt{m^2+n^2}}{\sqrt{m^2+4n^2}} \cdot \dfrac{|mn|}{\sqrt{m^2+n^2}} = \dfrac{2|mn|}{\sqrt{m^2+4n^2}} = 2\sqrt{\dfrac{m^2n^2}{m^2+4n^2}} = 2\sqrt{\dfrac{1}{\dfrac{1}{n^2}+\dfrac{4}{m^2}}}$. 又 $\because \dfrac{1}{n^2}+\dfrac{4}{m^2} = \dfrac{1}{9}\left(\dfrac{1}{n^2}+\dfrac{4}{m^2}\right)(m^2+n^2) = \dfrac{1}{9}\left(5+\dfrac{m^2}{n^2}+\dfrac{4n^2}{m^2}\right) \geqslant \dfrac{1}{9}\left(5+2\sqrt{\dfrac{m^2}{n^2} \cdot \dfrac{4n^2}{m^2}}\right) = 1$.

$\therefore S_{\triangle ABD} \leqslant 2$，三角形 ABD 面积的最大值为 2，当且仅当 $m^2=2n^2$ 时，$\dfrac{x_0^2}{4y_0^2}=2$，即 $x_0 = \pm\sqrt{\dfrac{8}{3}}$ 时，等号成立.

2. (1) **解**：由已知可得 $\begin{cases}\sqrt{a^2+b^2}=\sqrt{6},\\ \dfrac{8}{a^2}-\dfrac{2}{b^2}=1,\end{cases}$ 解得 $a^2=4, b^2=2$.

所以双曲线 C 的方程为 $\dfrac{x^2}{4}-\dfrac{y^2}{2}=1$.

(2) **证明**：由题意，设直线 AB 的方程为 $x=my+t$，直线 CD 的方程为 $x=-\dfrac{1}{m}y+t$，点 $A(x_1,y_1), B(x_2,y_2), C(x_3,y_3), D(x_4,y_4)$.

由 $\begin{cases}\dfrac{x^2}{4}-\dfrac{y^2}{2}=1,\\ x=my+t,\end{cases}$ 得 $(m^2-2)y^2+2mty+t^2-4=0$.

则 $\Delta = (2mt)^2-4(m^2-2)(t^2-4) = 16m^2+8t^2-32>0$，得 $2m^2+t^2>4$.

所以 $y_1+y_2 = \dfrac{-2mt}{m^2-2}, y_1y_2 = \dfrac{t^2-4}{m^2-2}$. 同理可得 $y_3+y_4 = \dfrac{2mt}{1-2m^2}, y_3y_4 = \dfrac{(t^2-4)m^2}{1-2m^2}$，$m,t$ 满足 $\dfrac{2}{m^2}+t^2>4$.

直线 AC 的方程为 $y-y_1 = \dfrac{y_1-y_3}{x_1-x_3}(x-x_1)$，令 $x=t$，得 $y=\dfrac{y_1-y_3}{x_1-x_3}(t-x_1)+y_1$.

又因为 $x_1=my_1+t, x_3=-\dfrac{1}{m}y_3+t$，所以 $y=\dfrac{(m^2+1)y_1y_3}{m^2y_1+y_3}$，即 $P\left(t, \dfrac{(m^2+1)y_1y_3}{m^2y_1+y_3}\right)$.

同理可得 $Q\left(t, \dfrac{(m^2+1)y_2y_4}{m^2y_2+y_4}\right)$.

因为 $\dfrac{(m^2+1)y_1y_3}{m^2y_1+y_3}+\dfrac{(m^2+1)y_2y_4}{m^2y_2+y_4} = \dfrac{(m^2+1)[m^2y_1y_2(y_3+y_4)+(y_1+y_2)y_3y_4]}{(m^2y_1+y_3)(m^2y_2+y_4)} = \dfrac{(m^2+1)\left[\dfrac{m^2(t^2-4)}{m^2-2} \cdot \dfrac{2mt}{1-2m^2}+\dfrac{-2mt}{m^2-2} \cdot \dfrac{(t^2-4)m^2}{1-2m^2}\right]}{(m^2y_1+y_3)(m^2y_2+y_4)} = 0$，

所以 P,Q 两点关于 x 轴对称.

第十三计　等比分割　化斜为直

1.证明：设 $P(x_0,y_0)$,不妨设 $x_0<-r$.

设直线 PQ 的方程为 $y=k(x-x_0)+y_0,C(x_1,y_1),D(x_2,y_2),Q(x_3,y_3)$,

则只需证 $\dfrac{1}{x_1-x_0}+\dfrac{1}{x_2-x_0}=\dfrac{2}{x_3-x_0}$.(化斜为直)

由 $\begin{cases}x^2+y^2=r^2,\\ y=k(x-x_0)+y_0,\end{cases}$ 得 $(1+k^2)x^2+2(ky_0-k^2x_0)x+k^2x_0^2+y_0^2-2kx_0y_0-r^2=0$,

所以 $x_1+x_2=\dfrac{2(k^2x_0-ky_0)}{1+k^2},x_1x_2=\dfrac{k^2x_0^2+y_0^2-2kx_0y_0-r^2}{1+k^2}$.

所以 $\dfrac{1}{x_1-x_0}+\dfrac{1}{x_2-x_0}=\dfrac{x_1+x_2-2x_0}{x_1x_2-x_0(x_1+x_2)+x_0^2}=\dfrac{2x_0+2ky_0}{r^2-x_0^2-y_0^2}$.

又因为直线 AB 的方程为 $x_0x+y_0y=r^2$,

由 $\begin{cases}x_0x+y_0y=r^2,\\ y=k(x-x_0)+y_0,\end{cases}$ 得 $x_3=\dfrac{r^2+kx_0y_0-y_0^2}{x_0+ky_0}$.

所以 $\dfrac{2}{x_3-x_0}=\dfrac{2x_0+2ky_0}{r^2-x_0^2-y_0^2}=\dfrac{1}{x_1-x_0}+\dfrac{1}{x_2-x_0}$.

当点 P 位于 x 轴时,易证,略.所以 $\dfrac{1}{|PC|}+\dfrac{1}{|PD|}=\dfrac{2}{|PQ|}$,证毕.

2.解：(1)设 $A(x_1,y_1),B(x_2,y_2)$,则 $x_1^2=2y_1$. 又 $y'=x$,所以切线 DA 的斜率为 x_1,故

$\dfrac{y_1+\dfrac{1}{2}}{x_1-t}=x_1$,整理得 $2tx_1-2y_1+1=0$.

同理可得 $2tx_2-2y_2+1=0$.故直线 AB 的方程为 $2tx-2y+1=0$,所以直线 AB 过定点 $\left(0,\dfrac{1}{2}\right)$.

(2)设 AB 中点为 $M(x_0,y_0),D\left(t,-\dfrac{1}{2}\right)$.

由 $x_1^2=2y_1,x_2^2=2y_2$,有 $\dfrac{y_1-y_2}{x_1-x_2}=\dfrac{x_1+x_2}{2}=x_0$.

又由(1)问可得直线 AB 的方程为 $y=tx+\dfrac{1}{2}$,所以 $t=x_0$.

若 $t=0$,可得 $S_{四边形ADBE}=3$.

若 $t\ne 0$,则 $y_0=x_0^2+\dfrac{1}{2}$.①

又由 $EM\perp AB$,可得 $\dfrac{y_0-\dfrac{5}{2}}{x_0}\cdot x_0=-1$.②

由①②解得 $x_0^2=1,y_0=\dfrac{3}{2}$.

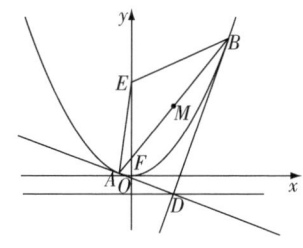

所以 $M\left(\pm 1,\dfrac{3}{2}\right)$,即 $|EF|=|DM|=2$.

由 $\begin{cases} y=tx+\dfrac{1}{2}, \\ y=\dfrac{x^2}{2}, \end{cases}$ 得 $x^2-2tx-1=0$,所以 $|x_1-x_2|=2\sqrt{t^2+1}=2\sqrt{2}$.

所以 $S_{\text{四边形}ADBE}=S_{\triangle ADB}+S_{\triangle EAB}=|DM||x_1-x_2|=4\sqrt{2}$.

综上,四边形 $ADBE$ 的面积为 3 或 $4\sqrt{2}$.

本题的另一种解法如下:

由(1)问可得直线 AB 的方程为 $y=tx+\dfrac{1}{2}$,设 $A(x_1,y_1),B(x_2,y_2)$.

由 $\begin{cases} y=tx+\dfrac{1}{2}, \\ y=\dfrac{x^2}{2}, \end{cases}$ 可得 $x^2-2tx-1=0$,$\Delta>0$ 恒成立.

于是 $x_1+x_2=2t,x_1x_2=-1,y_1+y_2=2t^2+1$.

$|AB|=\sqrt{1+t^2}|x_1-x_2|=\sqrt{1+t^2}\times\sqrt{(x_1+x_2)^2-4x_1x_2}=2(t^2+1)$.

设 d_1,d_2 分别为点 D,E 到直线 AB 的距离,则 $d_1=\sqrt{t^2+1},d_2=\dfrac{2}{\sqrt{t^2+1}}$.

因此,$S_{\text{四边形}ADBE}=\dfrac{1}{2}|AB|(d_1+d_2)=(t^2+3)\sqrt{t^2+1}$.

设 M 为线段 AB 的中点,则 $M\left(t,t^2+\dfrac{1}{2}\right)$.由于 $\overrightarrow{EM}\perp\overrightarrow{AB}$,而 $\overrightarrow{EM}=(t,t^2-2)$,$\overrightarrow{AB}$ 与向量 $(1,t)$ 平行,所以 $t+(t^2-2)t=0$.解得 $t=0$ 或 $t=\pm 1$.

当 $t=0$ 时,$S=3$;当 $t=\pm 1$ 时,$S=4\sqrt{2}$.因此,四边形 $ADBE$ 的面积为 3 或 $4\sqrt{2}$.

第十四计　仿射变换　化椭为圆

1.解:(1) $\dfrac{x^2}{6}+\dfrac{y^2}{2}=1$(过程略).

(2)对椭圆 $E:\dfrac{x^2}{6}+\dfrac{y^2}{2}=1$ 进行伸缩变换:$\begin{cases} x'=x, \\ y'=\sqrt{3}y, \end{cases}$ 得到圆 $E':x'^2+y'^2=6$.

对椭圆 $D:\dfrac{x^2}{24}+\dfrac{y^2}{8}=1$ 进行伸缩变换:$\begin{cases} x'=x, \\ y'=\sqrt{3}y, \end{cases}$ 得到圆 $D':x'^2+y'^2=24$.

仿射后 B 对应 B',其他点同样变换.

因为 $4\overrightarrow{OB}+4\overrightarrow{OC}+\overrightarrow{OD}=\mathbf{0}$,所以 $4\overrightarrow{O'B'}+4\overrightarrow{O'C'}+\overrightarrow{O'D'}=\mathbf{0}$.

设 B',C' 中点为 Q',所以有 $8\overrightarrow{O'Q'}+\overrightarrow{O'D'}=\mathbf{0}$.

所以 $|O'Q'|=\dfrac{1}{8}|O'D'|=\dfrac{\sqrt{6}}{4}$,所以 $|D'Q'|=9|O'Q'|=\dfrac{9\sqrt{6}}{4}$,$|B'C'|=$

$\sqrt{6-|O'Q'|^2}=\dfrac{3\sqrt{10}}{4}$,所以 $S_{\triangle B'C'D'}=\dfrac{1}{2}|B'C'||D'Q'|=\dfrac{1}{2}\times\dfrac{3\sqrt{10}}{4}\times\dfrac{9\sqrt{6}}{4}=$

$\frac{27}{8}\sqrt{15}$,所以 $S_{\triangle BCD}=\frac{\sqrt{3}}{3}S_{\triangle B'C'D'}=\frac{\sqrt{3}}{3}\times\frac{27\sqrt{15}}{8}=\frac{27\sqrt{5}}{8}$.

2.解:(1) $\frac{x^2}{16}+\frac{y^2}{12}=1$(过程略).

(2)对椭圆 $C:\frac{x^2}{16}+\frac{y^2}{12}=1$ 进行伸缩变换: $\begin{cases}x'=x,\\y'=\frac{2\sqrt{3}}{3}y,\end{cases}$ 得到圆 $C':x'^2+y'^2=16$.

仿射后 A 对应 A',其他点同样变换,$P'(2,2\sqrt{3}),Q'(2,-2\sqrt{3})$.

因为 $\angle APQ=\angle BPQ$,所以 $k_{AP}=-k_{BP}$.因为 $k'=\frac{2\sqrt{3}}{3}k$,所以 $k_{A'P'}=-k_{B'P'}$,所以 $\angle A'P'Q'=\angle B'P'Q'$,所以 Q' 为弧 $A'B'$ 中点,所以 $k_{A'B'}\cdot k_{OQ'}=-1$.

因为 $k_{OQ'}=-\sqrt{3}$,所以 $k_{A'B'}=\frac{\sqrt{3}}{3}$,所以 $k_{AB}=\frac{\sqrt{3}}{2}k_{A'B'}=\frac{1}{2}$.

第十五计　原理相同　形式可构

1.证明:由题意知 $F(2,0)$,设 $A(x_1,y_1),B(x_2,y_2),M(0,y_0)$.

由 $\overrightarrow{MA}=\lambda_1\overrightarrow{AF}$,得 $x_1=\lambda_1(2-x_1),y_1-y_0=-\lambda_1 y_1$,即 $x_1=\frac{2\lambda_1}{1+\lambda_1},y_1=\frac{y_0}{1+\lambda_1}$.

因为点 $A(x_1,y_1)$ 在椭圆 C 上,所以 $\left(\frac{2\lambda_1}{1+\lambda_1}\right)^2+5\left(\frac{y_0}{1+\lambda_1}\right)^2=5$.

整理得 $\lambda_1^2+10\lambda_1+5-5y_0^2=0$.同理可得 $\lambda_2^2+10\lambda_2+5-5y_0^2=0$.

所以 λ_1,λ_2 是方程 $\lambda^2+10\lambda+5-5y_0^2=0$ 的两根.

所以 $\lambda_1+\lambda_2=-10$,即 $\lambda_1+\lambda_2$ 为定值.

本题的常规解法如下:

由题意知 $F(2,0)$,设 $A(x_1,y_1),B(x_2,y_2),M(0,y_0)$.

显然直线 l 的斜率存在.设直线 l 的方程为 $y=k(x-2)$,联立 $\begin{cases}y=k(x-2),\\x^2+5y^2=5,\end{cases}$ 得 $(1+5k^2)x^2-20k^2x+20k^2-5=0$.

所以 $x_1+x_2=\frac{20k^2}{1+5k^2},x_1x_2=\frac{20k^2-5}{1+5k^2}$.

由 $\overrightarrow{MA}=\lambda_1\overrightarrow{AF},\overrightarrow{MB}=\lambda_2\overrightarrow{BF}$,得 $x_1=\lambda_1(2-x_1),x_2=\lambda_2(2-x_2)$,即 $\lambda_1=\frac{x_1}{2-x_1},\lambda_2=\frac{x_2}{2-x_2}$.

所以 $\lambda_1+\lambda_2=\frac{x_1}{2-x_1}+\frac{x_2}{2-x_2}=\frac{2(x_1+x_2)-2x_1x_2}{4-2(x_1+x_2)+x_1x_2}=\frac{2\times\left(\frac{20k^2}{1+5k^2}\right)-2\times\frac{20k^2-5}{1+5k^2}}{4-2\times\left(\frac{20k^2}{1+5k^2}\right)+\frac{20k^2-5}{1+5k^2}}$

$=-10$,

所以 $\lambda_1+\lambda_2$ 为定值.

2.解:设切线方程为 $y=kx+m$,由点 P 在直线上得 $k=\dfrac{y_0-m}{x_0}(x_0\geqslant 1)$①.

圆心 C 到切线的距离 $\dfrac{|-k+m|}{\sqrt{k^2+1}}=1$,整理得 $m^2-2km-1=0$②.

将①代入②,得 $(x_0+2)m^2-2y_0 m-x_0=0$③.

设方程③的两个根分别为 m_1,m_2,则 $m_1+m_2=\dfrac{2y_0}{x_0+2}$,$m_1 m_2=-\dfrac{x_0}{x_0+2}$.

所以 $|AB|=|m_1-m_2|=\sqrt{(m_1+m_2)^2-4m_1 m_2}=\dfrac{2\sqrt{x_0^2+3x_0}}{x_0+2}$.

$S_{\triangle ABP}=\dfrac{1}{2}|AB|x_0=\dfrac{x_0\sqrt{x_0^2+3x_0}}{x_0+2}=\sqrt{\dfrac{x_0^2(x_0^2+3x_0)}{(x_0+2)^2}}(x_0\geqslant 1)$.

记函数 $g(x)=\dfrac{x^2(x^2+3x)}{(x+2)^2}(x\geqslant 1)$,则 $g'(x)=\dfrac{x^2(2x^2+11x+18)}{(x+2)^3}>0$,

从而 $g(x)_{\min}=g(1)=\dfrac{4}{9}$.

所以当 $x_0=1$ 时,$\triangle ABP$ 的面积取最小值 $\dfrac{2}{3}$.

3.解:(1) $E:\dfrac{y^2}{4}+\dfrac{x^2}{3}=1$(过程略).

(2)考虑极限的情况,当 M,N 重合时,M,N,T,H 与点 A 重合,所以猜想直线 HN 过定点 $A(0,-2)$.

设 $M(x_1,y_1),N(x_2,y_2)$,则 $T\left(\dfrac{3}{2}(y_1+2),y_1\right)$.

由 $\overrightarrow{MT}=\overrightarrow{TH}$ 得 $H(3(y_1+2)-x_1,y_1)$.

证 H,N,A 三点共线,即证 $k_{HA}=k_{NA}$.

证 $\dfrac{y_1+2}{3(y_1+2)-x_1}=\dfrac{y_2+2}{x_2}$,即证 $\dfrac{x_1}{y_1+2}+\dfrac{x_2}{y_2+2}=3$.

设 AM,AN 的斜率分别为 k_1,k_2,则只需证 $\dfrac{1}{k_1}+\dfrac{1}{k_2}=3$.

联立 $\begin{cases}4x^2+3y^2=12\\y=k_1 x-2\end{cases}$,得 $(3k_1^2+4)x^2-12k_1 x=0$,所以 $M\left(\dfrac{12k_1}{3k_1^2+4},\dfrac{6k_1^2-8}{3k_1^2+4}\right)$.

因为 M 在直线 $MN:y=k(x-1)-2$ 上,所以 $\dfrac{6k_1^2-8}{3k_1^2+4}=k\left(\dfrac{12k_1}{3k_1^2+4}-1\right)-2$.

整理得 $(3k+12)k_1^2-12kk_1+4k=0$.同理可得 $(3k+12)k_2^2-12kk_2+4k=0$.

所以 k_1,k_2 是方程 $(3k+12)x^2-12kx+4k=0$ 的两根.

所以 $k_1+k_2=\dfrac{12k}{3k+12}$,$k_1 k_2=\dfrac{4k}{3k+12}$.

所以 $\dfrac{1}{k_1}+\dfrac{1}{k_2}=\dfrac{k_1+k_2}{k_1 k_2}=\dfrac{12k}{4k}=3$.

故直线 HN 过点 $A(0,-2)$.

"战场点兵"答案

本题的常规解法如下：

因为 $A(0,-2),B\left(\dfrac{3}{2},-1\right)$，所以 $l_{AB}:y=\dfrac{2}{3}x-2$.

①若过点 $P(1,-2)$ 的直线 l 斜率不存在.直线 $x=1$ 代入 $\dfrac{y^2}{4}+\dfrac{x^2}{3}=1$，

可得 $M\left(1,-\dfrac{2\sqrt{6}}{3}\right),N\left(1,\dfrac{2\sqrt{6}}{3}\right)$，代入直线 AB 的方程 $y=\dfrac{2}{3}x-2$ 中，

可得 $T\left(-\sqrt{6}+3,-\dfrac{2\sqrt{6}}{3}\right)$，由 $\overrightarrow{MT}=\overrightarrow{TH}$ 得到 $H\left(-2\sqrt{6}+5,-\dfrac{2\sqrt{6}}{3}\right)$.

则直线 HN 方程为 $y=\left(2+\dfrac{2\sqrt{6}}{3}\right)x-2$，过点 $(0,-2)$.

②若过点 $P(1,-2)$ 的直线 l 斜率存在.设直线 l 的方程为 $kx-y-(k+2)=0$，
$M(x_1,y_1),N(x_2,y_2)$.

联立 $\begin{cases}kx-y-(k+2)=0,\\ \dfrac{y^2}{4}+\dfrac{x^2}{3}=1,\end{cases}$ 得 $(3k^2+4)x^2-6k(k+2)x+3k(k+4)=0$.

可得 $\begin{cases}x_1+x_2=\dfrac{6k(k+2)}{3k^2+4},\\ x_1x_2=\dfrac{3k(k+4)}{3k^2+4},\end{cases}\begin{cases}y_1+y_2=\dfrac{-8(k+2)}{3k^2+4},\\ y_1y_2=\dfrac{8(-k^2+2k+2)}{3k^2+4},\end{cases}$ 且 $x_1y_2+x_2y_1=-\dfrac{24k}{3k^2+4}(*)$，

联立 $\begin{cases}y=y_1,\\ y=\dfrac{2}{3}x-2,\end{cases}$ 可得 $T\left(\dfrac{3y_1}{2}+3,y_1\right).\because \overrightarrow{MT}=\overrightarrow{TH},\therefore H(3y_1+6-x_1,y_1)$.

可求得此时 $l_{HN}:y-y_2=\dfrac{y-y_1}{3y_1+6-x_1-x_2}(x-x_2)$.

将 $(0,-2)$ 代入，整理得 $2(x_1+x_2)-6(y_1+y_2)+x_1y_2+x_2y_1-3y_1y_2-12=0$，
将 $(*)$ 代入，$24k+12k^2+96+48k-24k-48-48k+24k^2-36k^2-48=0$，显然成立.
综上，直线 HN 过定点 $(0,-2)$.

4.解：由题意知 $A(-3,0),B(3,0)$.设 $P(6,y_0)$，直线 CD 的方程为 $y=kx+m$，PA,PB，
BC 的斜率分别为 k_1,k_2,k_3，则 $k_1=\dfrac{y_0}{9},k_2=\dfrac{y_0}{3}$，即 $3k_1=k_2$.

由椭圆第三定义知 $k_1k_3=-\dfrac{1}{9}$，从而 $k_2k_3=-\dfrac{1}{3}$.

又 BD 的方程为 $y=k_2(x-3)$，由 $\begin{cases}y=kx+m,\\ y=k_2(x-3),\end{cases}$ 得 $D\left(\dfrac{m+3k_2}{k_2-k},\dfrac{k_2(m+3k)}{k_2-k}\right)$.

因为点 D 在椭圆 $E:x^2+9y^2=9$ 上，所以 $(m+3k_2)^2+9k_2^2(m+3k)^2=9(k_2-k)^2$.

整理得 $(m+3k)^2k_2^2+\left(2k+\dfrac{2}{3}m\right)k_2+\dfrac{m^2}{9}-k^2=0$.

同理可得 $(m+3k)^2k_3^2+\left(2k+\dfrac{2}{3}m\right)k_3+\dfrac{m^2}{9}-k^2=0$.

233

所以 k_2, k_3 是方程 $(m+3k)^2 x^2 + \left(2k + \dfrac{2}{3}m\right) x + \dfrac{m^2}{9} - k^2 = 0$ 的两根.

所以 $k_2 k_3 = -\dfrac{1}{3} = \dfrac{\dfrac{m^2}{9} - k^2}{(m+3k)^2}$，即 $2m^2 + 9mk + 9k^2 = 0$.

所以 $m = -\dfrac{3}{2}k$ 或 $m = -3k$（舍去）.

所以直线 CD 的方程为 $y = k\left(x - \dfrac{3}{2}\right)$，过定点 $\left(\dfrac{3}{2}, 0\right)$.

本题的常规解法如下：

设 $P(6, y_0)$，则直线 AP 的方程为 $y = \dfrac{y_0}{9}(x+3)$.

联立 $\begin{cases} y = \dfrac{y_0}{9}(x+3) \\ x^2 + 9y^2 = 9 \end{cases}$，整理得 $(y_0^2 + 9)x^2 + 6y_0^2 x + 9y_0^2 - 81 = 0$，

解得 $x_C = \dfrac{-3y_0^2 + 27}{y_0^2 + 9}$，代入直线 $y = \dfrac{y_0}{9}(x+3)$ 中，得 $y_C = \dfrac{6y_0}{y_0^2 + 9}$.

所以点 C 的坐标为 $\left(\dfrac{-3y_0^2 + 27}{y_0^2 + 9}, \dfrac{6y_0}{y_0^2 + 9}\right)$.

同理可得点 D 的坐标为 $\left(\dfrac{3y_0^2 - 3}{y_0^2 + 1}, \dfrac{-2y_0}{y_0^2 + 1}\right)$.

当 $y_0^2 \neq 3$ 时，$k_{CD} = \dfrac{\dfrac{6y_0}{y_0^2+9} - \dfrac{-2y_0}{y_0^2+1}}{\dfrac{-3y_0^2+27}{y_0^2+9} - \dfrac{3y_0^2-3}{y_0^2+1}} = \dfrac{8y_0(y_0^2+3)}{6(9 - y_0^4)} = \dfrac{4y_0}{3(3 - y_0^2)}$.

所以直线 CD 的方程为 $y - \dfrac{-2y_0}{y_0^2+1} = \dfrac{4y_0}{3(3-y_0^2)}\left(x - \dfrac{3y_0^2-3}{y_0^2+1}\right)$.

整理得 $y = \dfrac{4y_0}{3(3-y_0^2)}x + \dfrac{2y_0}{y_0^2-3} = \dfrac{4y_0}{3(3-y_0^2)}\left(x - \dfrac{3}{2}\right)$.

所以直线 CD 过定点 $\left(\dfrac{3}{2}, 0\right)$.

第十六计　平移齐化　巧用韦达

1. 解：(1) 由已知，设 $M(x_0, 2\sqrt{p})$ 并代入抛物线 C 的方程中，得 $x_0 = 2$.

所以 $p = 1$，所以抛物线 C 的方程为 $y^2 = 2x$，点 M 的坐标为 $(2, 2)$.

(2) 将题目中所涉及的抛物线和点向左向下平移 2 个单位，

得到抛物线 C'：$(y+2)^2 = 2(x+2)$，即 $y^2 + 4y = 2x$.

点 M, A, B, l 变到 $M'(0,0), A', B', l'$.

显然，直线 l' 不过原点. 设 l' 的方程为 $mx + ny = 1$，与 C' 的方程联立，得

$y^2 + 4y(mx + ny) = 2x(mx + ny)$，方程两边同时除以 x^2，整理得

$(1 + 4n)\left(\dfrac{y}{x}\right)^2 + (4m - 2n)\dfrac{y}{x} - 2m = 0$.

所以 $k_{MA} \cdot k_{MB} = -\dfrac{2m}{1+4n} = -1$,于是 $m = 2n + \dfrac{1}{2}$,直线 $l':\left(2n+\dfrac{1}{2}\right)x + ny = 1$,所以直线 l' 过定点 $(2,-4)$,即直线 l 过定点 $(4,-2)$.

本题的常规解法:

法一:若直线 l 的斜率存在,设 l 的方程为 $y = kx+t$,$A(x_1,y_1)$,$B(x_2,y_2)$.

联立方程 $\begin{cases} y^2 = 2x, \\ y = kx+t, \end{cases}$ 得 $k^2x^2 + 2(kt-1)x + t^2 = 0$.

所以,$x_1 + x_2 = -\dfrac{2(kt-1)}{k^2}$,$x_1 \cdot x_2 = \dfrac{t^2}{k^2}$ ①.

由 $k_{AM} \cdot k_{BM} = -1$,可得 $(1+k^2)x_1x_2 + (kt-2k-2)(x_1+x_2) + (t-2)^2 + 4 = 0$ ②.

将①代入②有 $t^2 + 6kt + 8k^2 - 4k - 4 = 0$,可得 $t = 2 - 2k$(舍去)或 $t = -2 - 4k$,

所以 $y = k(x-4) - 2$,即直线 l 过定点 $(4,-2)$.

若直线的斜率不存在,设直线 $l:x=m$.

联立 $\begin{cases} y^2 = 2x, \\ x = m, \end{cases}$ 得 $m^2 - 6m + 8 = 0$,所以 $m=2$(舍去)或 $m=4$,过定点 $(4,-2)$.

综上,直线 l 恒过定点 $(4,-2)$.

法二:由已知,直线 l 斜率不为 0,设 l 的方程为 $x = my+n$,$A(x_1,y_1)$,$B(x_2,y_2)$,

联立方程 $\begin{cases} y^2 = 2x, \\ x = my+n, \end{cases}$ 消去 x,得 $y^2 - 2my - 2n = 0$.

所以 $y_1 + y_2 = 2m$,$y_1 \cdot y_2 = -2n$.

所以 $k_{MA} = \dfrac{y_1-2}{x_1-2} = \dfrac{y_1-2}{\dfrac{y_1^2}{2}-2} = \dfrac{2}{y_1+2}$.同理,$k_{MB} = \dfrac{2}{y_2+2}$.

由 $k_{AM} \cdot k_{BM} = -1$,可得 $\dfrac{4}{(y_1+2)(y_2+2)} = -1$,即 $2m - n + 4 = 0$.

所以,直线 l 的方程为 $x = m(y+2) + 4$,经过定点 $(4,-2)$.

证明:如图,将题目中所涉及的椭圆和点向左平移 2 个单位,

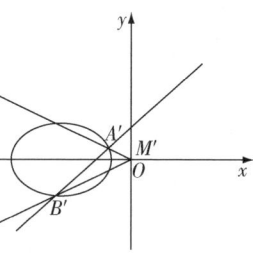

得到椭圆 $C':\dfrac{(x+2)^2}{2} + y^2 = 1$,即 $x^2 + 4x + 2y^2 + 2 = 0$,

点 M,A,B,F 变到 $M'(0,0),A',B',F'(-1,0)$.

显然,直线 $A'B'$ 不过原点:设其方程为 $mx+ny=1$,因过 $F'(-1,0)$,则 $m=-1$.将 $A'B'$ 的方程与 C' 的方程联立,得

$x^2 + 4x(ny-x) + 2y^2 + 2(ny-x)^2 = 0$.

方程两边同时除以 x^2,整理得

$(2+2n^2)\left(\dfrac{y}{x}\right)^2 - 1 = 0$,所以 $k_{MA} + k_{MB} = 0$.

故 MA,MB 的倾斜角互补,所以 $\angle OMA = \angle OMB$.

本题的常规做法参考第 2 计的相关内容.

第十七计　中点之弦　点差首选

1. D.

2. 解：(1) $\dfrac{x^2}{4}+y^2=1$ (过程略).

(2) 设 $P(x_0,y_0)$，由题意知 l 为椭圆在点 P 的切线，$k_1=\dfrac{y_0}{x_0+\sqrt{3}}$，$k_2=\dfrac{y_0}{x_0-\sqrt{3}}$. 于是

$$\dfrac{1}{k_1}+\dfrac{1}{k_2}=\dfrac{x_0+\sqrt{3}}{y_0}+\dfrac{x_0-\sqrt{3}}{y_0}=\dfrac{2x_0}{y_0}.$$

所以 $\dfrac{1}{k\cdot k_1}+\dfrac{1}{k\cdot k_2}=\dfrac{1}{k}\left(\dfrac{1}{k_1}+\dfrac{1}{k_2}\right)=\dfrac{1}{k}\cdot\dfrac{2x_0}{y_0}=\dfrac{2}{k\cdot k_{OP}}.$

而 $k\cdot k_{OP}=-\dfrac{b^2}{a^2}=-\dfrac{1}{4}$，故 $\dfrac{1}{k\cdot k_1}+\dfrac{1}{k\cdot k_2}=-8.$

3. $\dfrac{2\sqrt{3}}{3}.$

第十八计　巧变方程，妙算斜率

1. 解：(1) 由已知，设 $M(x_0,2\sqrt{p})$ 并代入椭圆 C 的方程中，得 $x_0=2$.
所以 $p=1$，所以抛物线 C 的方程为 $y^2=2x$，点 M 的坐标为 $(2,2)$.

(2) 设直线 $l:x=my+n$. 因为 $k_{MA}=\dfrac{2}{y_1+2}$，$k_{MB}=\dfrac{2}{y_2+2}$，由 $k_{AM}\cdot k_{BM}=-1$，得 $\dfrac{4}{(y_1+2)(y_2+2)}=-1$，即 $2m-n+4=0$.

所以直线 l 的方程为 $x=m(y+2)+4$，其经过定点 $(4,-2)$.
本题的常规解法见第 12 计.

2. 证明：设 $P(x_1,y_1)$，$Q(x_2,y_2)$，则

$$k_{AP}=\dfrac{y_1}{x_1+a}=-\dfrac{b^2}{a^2}\cdot\dfrac{x_1-a}{y_1},\quad k_{BQ}=\dfrac{y_2}{x_2-a}=-\dfrac{b^2}{a^2}\cdot\dfrac{x_2+a}{y_2}.$$

由 $\dfrac{k_{AP}}{k_{QB}}=\lambda(\lambda\neq -1)$，有 $\dfrac{y_1}{x_1+a}\cdot\dfrac{x_2-a}{y_2}=\lambda$，即 $x_2y_1-ay_1-\lambda x_1y_2-\lambda ay_2=0$①.

同理可得 $x_1y_2-ay_2-\lambda x_2y_1-\lambda ay_1=0$②.

①-② 得 $y_1\left[x_2-\dfrac{a(1-\lambda)}{1+\lambda}\right]=y_2\left[x_1-\dfrac{a(1-\lambda)}{1+\lambda}\right]$，

所以直线 PQ 过定点 $\left(\dfrac{1-\lambda}{1+\lambda}a,0\right)$.

第十九计　升级点差　定比有法

1. 解：设 $P(6,t)$，$A(-3,0)$，$B(3,0)$，$k_{PA}=\dfrac{t}{9}$，$k_{PB}=\dfrac{t}{3}$，故 $3k_{PA}=k_{PB}$.

由椭圆的对称性可知：若 CD 过定点，则定点必在 x 轴上. 设定点为 $T(m,0)$.

设点 $C(x_1,y_1)$, $D(x_2,y_2)$, $\overrightarrow{CT}=\lambda\overrightarrow{TD}$.

由定比分点公式,有 $\begin{cases} m=\dfrac{x_1+\lambda x_2}{1+\lambda}\\ 0=\dfrac{y_1+\lambda y_2}{1+\lambda} \end{cases}$. 将 C,D 两点代入椭圆方程,可得

$\begin{cases} \dfrac{x_1^2}{9}+y_1^2=1,\\ \dfrac{\lambda^2 x_2^2}{9}+\lambda^2 y_2^2=\lambda^2. \end{cases}$ 两式作差可得 $\dfrac{(x_1+\lambda x_2)(x_1-\lambda x_2)}{9(1+\lambda)(1-\lambda)}+\dfrac{(y_1+\lambda y_2)(y_1-\lambda y_2)}{(1+\lambda)(1-\lambda)}=1$, 代

入定比分点公式,整理可得 $mx_1-m\lambda x_2=9-9\lambda$.

又 $m=\dfrac{x_1+\lambda x_2}{1+\lambda}$, 联立可得 $x_1=\dfrac{9+m^2+(m^2-9)\lambda}{2m}$, $x_2=\dfrac{m^2-9+(m^2+9)\lambda}{2m\lambda}$, $y_1=-\lambda y_2$.

由 $\dfrac{k_{AC}}{k_{BD}}=\dfrac{1}{3}=\dfrac{y_1}{x_1+3}\cdot\dfrac{x_2-3}{y_2}$, 代入上面三个式子, 整理得 $2m^2+3m-9+(2m^2-9m+9)\lambda=0$.

于是 $\begin{cases} 2m^2+3m-9=0,\\ 2m^2-9m+9=0. \end{cases}$ 解得 $m=\dfrac{3}{2}$.

故直线 CD 恒过定点 $\left(\dfrac{3}{2},0\right)$.

2. 解:(1) $y=-\dfrac{\sqrt{2}}{2}x+\sqrt{2}$ 或 $y=\dfrac{\sqrt{2}}{2}x-\sqrt{2}$ (过程略).

(2) 当直线 l 与 x 轴重合时,易知 $\angle OMA=0°$, 所以 $\angle OMA=\angle OMB$.

当直线 l 与 x 轴垂直时,此时 OM 为线段 AB 的垂直平分线,所以 $\angle OMA=\angle OMB$.

当直线 l 与 x 轴不重合也不垂直时,作点 B 关于 x 轴的对称点 B', 连接 AB', 并延长 AB' 与 x 轴交于点 N, 连接 BN. 可通过证明 N 与 M 重合来证明 $\angle OMA=\angle OMB$.

设 $A(x_1,y_1)$, $B(x_2,y_2)$, 则 $B'(x_2,-y_2)$.

因为 NO 为 $\angle ANB$ 的角平分线,所以根据角平分线的性质可得 $\dfrac{AF_2}{F_2B}=\dfrac{AN}{BN}=\dfrac{AN}{NB'}$.

设 $\overrightarrow{AN}=\lambda\overrightarrow{NB'}$, 则 $\overrightarrow{AF_2}=-\lambda\overrightarrow{F_2B'}$,

从而 $x_N=\dfrac{x_1+\lambda x_2}{1+\lambda}$, $x_{F_2}=\dfrac{x_1-\lambda x_2}{1-\lambda}=1$, $y_{F_2}=\dfrac{y_1-\lambda y_2}{1-\lambda}=0$ ①.

由点 A,B 在椭圆上,得 $\dfrac{x_1^2}{2}+y_1^2=1$, $\dfrac{\lambda x_2^2}{2}+\lambda y_1^2=\lambda$,

两式作差,得 $\dfrac{(x_1+\lambda x_2)(x_1-\lambda x_2)}{2}+(y_1+\lambda y_2)(y_1-\lambda y_2)=1-\lambda^2$,

即 $\dfrac{1}{2}\cdot\dfrac{x_1+\lambda x_2}{1+\lambda}\cdot\dfrac{x_1-\lambda x_2}{1-\lambda}+\dfrac{y_1+\lambda y_2}{1+\lambda}\cdot\dfrac{y_1-\lambda y_2}{1-\lambda}=1$.

将①代入,化简得 $\dfrac{x_N x_{F_2}}{2}=1$, 而 $x_{F_2}=1$, 所以 $x_N=2$. 故点 N 的坐标为 $(2,0)$.

又有 $M(2,0)$, 所以点 N 与 M 重合,从而 $\angle OMA=\angle OMB$. 综上,所证成立.

第二十计 几何搭台 内积唱戏

1.解：由题知 $F_1(-\sqrt{3},0), F_2(\sqrt{3},0), \dfrac{x_0^2}{2}-y_0^2=1$,

$\overrightarrow{MF_1} \cdot \overrightarrow{MF_2} = (-\sqrt{3}-x_0,-y_0) \cdot (\sqrt{3}-x_0,-y_0) = x_0^2+y_0^2-3 = 3y_0^2-1>0$,

解得 $y_0 < -\dfrac{\sqrt{3}}{3}$ 或 $y_0 > \dfrac{\sqrt{3}}{3}$.

2.(1)解：由题意得, $|MF| = x_0+\dfrac{p}{2} = \dfrac{5}{4}x_0$, 解得 $x_0 = 2p$.

因为点 $M(x_0,4)$ 在抛物线 C 上, 所以 $16 = 2px_0 = 4p^2$, 解得 $p=2$.

所以抛物线 C 的标准方程为 $y^2 = 4x$.

(2)**证明**：设 $A(x_1,y_1), B(x_2,y_2)$, 因为 $OA \perp OB$, 所以 $\overrightarrow{OA} \cdot \overrightarrow{OB} = 0$, 即 $x_1x_2 + y_1y_2 = 0$.

因为点 A,B 在抛物线 C 上, 所以 $y_1^2 = 4x_1, y_2^2 = 4x_2$.

代入, 得 $\dfrac{(y_1y_2)^2}{16} + y_1y_2 = 0$. 因为 $y_1y_2 \neq 0$, 所以 $y_1y_2 = -16$.

设直线 AB 的方程为 $x = my+n$, 联立 $\begin{cases} x = my+n \\ y^2 = 4x \end{cases}$, 得 $y^2 - 4my - 4n = 0$.

则 $y_1y_2 = -4n$. 所以 $n=4$, 所以直线 AB 的方程为 $x = my+4$, 过定点 $(4,0)$.

3.解：易知 $F(2,0)$. 设 $A(x_1,y_1), B(x_2,y_2)$.

$\angle PFA = \angle PFB$ 等价于 $\cos \angle AFP = \cos \angle BFP$,

即 $\dfrac{\overrightarrow{FA} \cdot \overrightarrow{FP}}{|\overrightarrow{FA}| \cdot |\overrightarrow{FP}|} = \dfrac{\overrightarrow{FB} \cdot \overrightarrow{FP}}{|\overrightarrow{FB}| \cdot |\overrightarrow{FP}|}$, 化简得

$\dfrac{\overrightarrow{FA} \cdot \overrightarrow{FP}}{|\overrightarrow{FA}|} = \dfrac{\overrightarrow{FB} \cdot \overrightarrow{FP}}{|\overrightarrow{FB}|}$ ①.

又 $\overrightarrow{FA} = (x_1-2,y_1), \overrightarrow{FB} = (x_2-2,y_2), \overrightarrow{FP} = \left(-1,\dfrac{1}{2}\right)$,

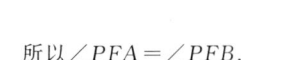

$|FA| = ex_1-a = \dfrac{2}{\sqrt{3}}x_1-\sqrt{3}, |FB| = ex_2-a = \dfrac{2}{\sqrt{3}}x_2-\sqrt{3}$.

代入①式得 $\dfrac{-x_1+2+\dfrac{1}{2}y_1}{\dfrac{2}{\sqrt{3}}x_1-\sqrt{3}} = \dfrac{-x_2+2+\dfrac{1}{2}y_2}{\dfrac{2}{\sqrt{3}}x_2-\sqrt{3}}$ ②.

将点 $P\left(1,\dfrac{1}{2}\right)$ 代入双曲线方程得切点弦 AB 方程为 $\dfrac{x}{3}-\dfrac{y}{2}=1$.

所以 $y_1 = \dfrac{2x_1}{3}-2, y_2 = \dfrac{2x_2}{3}-2$, 代入②式, 得 $\dfrac{-\dfrac{2}{3}x_1+1}{\dfrac{2}{\sqrt{3}}x_1-\sqrt{3}} = \dfrac{-\dfrac{2}{3}x_2+1}{\dfrac{2}{\sqrt{3}}x_2-\sqrt{3}} = -\dfrac{\sqrt{3}}{3}$.

所以 $\angle PFA = \angle PFB$.

"战场点兵"答案

第二十一计　变用韦达　对称转化

1.解：由题可得直线 l 的方程为：$x=y-c$.

设 $A(x_1,y_1),B(x_2,y_2)$，不妨设 $y_1>0,y_2<0$.

联立 $\begin{cases}\dfrac{x^2}{a^2}+\dfrac{y^2}{b^2}=1 \\ x=y-c\end{cases}$，得 $(b^2+a^2)y^2-2b^2cy-b^4=0$，

由韦达定理，得 $y_1+y_2=\dfrac{2b^2c}{b^2+a^2},y_1y_2=\dfrac{-b^4}{b^2+a^2}$.

由 $\overrightarrow{AF}=3\overrightarrow{FB}$，得 $y_1=-3y_2$，即 $\dfrac{y_1}{y_2}=-3$，所以 $\dfrac{y_1}{y_2}+\dfrac{y_2}{y_1}=-\dfrac{10}{3}$，即 $\dfrac{(y_1+y_2)^2}{y_1y_2}=-\dfrac{4}{3}$.

则 $\dfrac{\dfrac{4b^4c^2}{(b^2+a^2)^2}}{\dfrac{-b^4}{b^2+a^2}}=-\dfrac{4}{3}$，整理，得 $a^2=2c^2$，所以 $e=\sqrt{\dfrac{c^2}{a^2}}=\dfrac{\sqrt{2}}{2}$.

2.解：(1) $C:\dfrac{x^2}{8}+\dfrac{y^2}{4}=1$（过程略）.

(2) 设 $l_{MN}:y=kx+4,M(x_1,y_1),N(x_2,y_2)$.

联立 $\begin{cases}\dfrac{x^2}{8}+\dfrac{y^2}{4}=1 \\ y=kx+4\end{cases}$，得 $(1+2k^2)x^2+16kx+24=0$.

由韦达定理，得 $x_1+x_2=\dfrac{-16k}{1+2k^2},x_1x_2=\dfrac{24}{1+2k^2}$.

$l_{BM}:y=\dfrac{y_1+2}{x_1}x-2,l_{AN}:y=\dfrac{y_2-2}{x_2}x+2$，且 $\dfrac{x_1x_2}{x_1+x_2}=-\dfrac{3}{2k}$.

$\dfrac{y+2}{y-2}=\dfrac{(y_1+2)x_2}{(y_2-2)x_1}=\dfrac{(kx_1+6)x_2}{(kx_2+2)x_1}=\dfrac{kx_1x_2+6x_2}{kx_1x_2+2x_1}$

$=\dfrac{-\dfrac{3}{2}(x_1+x_2)+6x_2}{-\dfrac{3}{2}(x_1+x_2)+2x_1}=\dfrac{-\dfrac{3}{2}x_1+\dfrac{9}{2}x_2}{\dfrac{1}{2}x_1-\dfrac{3}{2}x_2}=-3$.

解得 $y=1$. 所以点 G 在定直线上，定直线的方程为 $y=1$.

第二十二计　最值范围　最后一里

1.解：(1) 由题意可得，$2a=4\sqrt{2}$，所以 $a=2\sqrt{2}$. 又 $e=\dfrac{c}{a}=\dfrac{\sqrt{2}}{2}$，则 $c=\dfrac{\sqrt{2}}{2}\times a=2$，所以 $b^2=a^2-c^2=4$. 故椭圆的标准方程为 $\dfrac{x^2}{8}+\dfrac{y^2}{4}=1$.

(2) 由题意可知过 F_1 的直线 l 斜率存在且 $k\neq 0$. 可设其方程为 $y=k(x+2)(k\neq 0)$，设 $A(x_1,y_1),B(x_2,y_2)$，则 $C(x_2,-y_2)$.

由 $\begin{cases} y=k(x+2), \\ \dfrac{x^2}{8}+\dfrac{y^2}{4}=1, \end{cases}$ 得 $(1+2k^2)x^2+8k^2x+8k^2-8=0$，则 $\begin{cases} x_1+x_2=-\dfrac{8k^2}{1+2k^2}, \\ x_1x_2=\dfrac{8k^2-8}{1+2k^2}. \end{cases}$

所以 $S_{\triangle AF_1C}=S_{\triangle ABC}-S_{\triangle BF_1C}=\dfrac{1}{2}|2y_2||x_1-x_2|-\dfrac{1}{2}|2y_2||-2-x_2|$

$=|y_2||(x_1-x_2)-(-2-x_2)|=|y_2||x_1+2|$

$=|k(x_2+2)(x_1+2)|$

$=|k[x_1x_2+2(x_1+x_2)+4]|=\left|k\left[\dfrac{8k^2-8}{1+2k^2}+2\left(-\dfrac{8k^2}{1+2k^2}\right)+4\right]\right|$

$=\left|\dfrac{-4k}{1+2k^2}\right|=\left|\dfrac{-4}{\dfrac{1}{k}+2k}\right|=\left|\dfrac{4}{\dfrac{1}{k}+2k}\right|\leqslant \dfrac{4}{2\sqrt{2}}=\sqrt{2}$.

当且仅当 $k=\pm\dfrac{\sqrt{2}}{2}$ 时，等号成立．

所以 $\triangle AF_1C$ 面积的最大值为 $\sqrt{2}$．

2. 解：(1) 椭圆 $C:\dfrac{x^2}{a^2}+\dfrac{y^2}{b^2}=1$ 上顶点 $(0,b)$，右顶点 $(a,0)$，则 $a^2+b^2=7$．

又因为离心率 $e=\dfrac{\sqrt{a^2-b^2}}{a}=\dfrac{1}{2}$，即 $3a^2=4b^2$，联立解得 $a=2,b=\sqrt{3}$.

所以椭圆 C 的标准方程为 $\dfrac{x^2}{4}+\dfrac{y^2}{3}=1$.

(2) 由(1)知，左焦点 $F_1(-1,0)$，直线 MN 不垂直于 y 轴，设其方程为 $x=ty-1$．

由 $\begin{cases} x=ty-1, \\ 3x^2+4y^2=12, \end{cases}$ 消去 x 并整理得 $(3t^2+4)y^2-6ty-9=0$.

设 $M(x_1,y_1),N(x_2,y_2)$，则 $y_1+y_2=\dfrac{6t}{3t^2+4}$，$y_1y_2=-\dfrac{9}{3t^2+4}$，则有 $ty_1y_2=$

$-\dfrac{3}{2}(y_1+y_2)$，直线 $m:x=-4$，即有点 $E(-4,y_1)$，直线 $EN:y-y_1=\dfrac{y_2-y_1}{x_2+4}(x+4)$.

令 $y=0$，则 $x=-4-\dfrac{y_1(x_2+4)}{y_2-y_1}=-4-\dfrac{ty_1y_2+3y_1}{y_2-y_1}=-4-\dfrac{-\dfrac{3}{2}(y_1+y_2)+3y_1}{y_2-y_1}=$

$-\dfrac{5}{2}$．因此直线 EN 恒过定点 $P\left(-\dfrac{5}{2},0\right)$．而 $|y_1-y_2|=\sqrt{(y_1+y_2)^2-4y_1y_2}=$

$\sqrt{\left(\dfrac{6t}{3t^2+4}\right)^2+\dfrac{36}{3t^2+4}}=\dfrac{12\sqrt{t^2+1}}{3t^2+4}$，则 $S_{\triangle OEN}=\dfrac{1}{2}|OP||y_1-y_2|=\dfrac{1}{2}\times\dfrac{5}{2}\times$

$\dfrac{12\sqrt{t^2+1}}{3t^2+4}=\dfrac{15\sqrt{t^2+1}}{3(t^2+1)+1}=\dfrac{15}{3\sqrt{t^2+1}+\dfrac{1}{\sqrt{t^2+1}}}$.

令 $u=\sqrt{t^2+1}\geqslant 1$，有 $3\sqrt{t^2+1}+\dfrac{1}{\sqrt{t^2+1}}=3u+\dfrac{1}{u}$ 在 $[1,+\infty)$ 上单调递增．

则 $u=1$,即 $t=0$ 时,$3\sqrt{t^2+1}+\dfrac{1}{\sqrt{t^2+1}}$ 取最小值 4.

于是,当 $t=0$ 时,$(S_{\triangle OEN})_{\max}=\dfrac{15}{4}$.所以 $\triangle OEN$ 面积的最大值是 $\dfrac{15}{4}$.

3.解:(1)因为点 $M(4,y_0)$ 在抛物线 C 上,所以 $y_0=\dfrac{8}{p}$.

由抛物线的定义可得 $|MF|=y_0+\dfrac{p}{2}=4+\dfrac{p}{2}$,则 $y_0=4$,从而 $\dfrac{8}{p}=4$,解得 $p=2$.

故抛物线 C 的方程为 $x^2=4y$.

(2)由(1)解可知 $F(0,1)$.由题意可得直线 l 的斜率存在.设直线 $l:y=kx+1$,$A(x_1,y_1)$,$B(x_2,y_2)$.联立 $\begin{cases}y=kx+1,\\x^2=4y,\end{cases}$ 整理得 $x^2-4kx-4=0$.

则 $x_1+x_2=4k$,$x_1x_2=-4$,从而 $|x_1-x_2|=\sqrt{(x_1+x_2)^2-4x_1x_2}=4\sqrt{k^2+1}$.

故 $|AB|=\sqrt{k^2+1}|x_1-x_2|=4(k^2+1)$.

因为 $y=\dfrac{x^2}{4}$,所以对该函数求导,得 $y'=\dfrac{x}{2}$.

则直线 AP 的方程为 $y-y_1=\dfrac{1}{2}x_1(x-x_1)$,即 $y=\dfrac{1}{2}x_1x-\dfrac{1}{4}x_1^2$.

同理可得,直线 BP 的方程为 $y=\dfrac{1}{2}x_2x-\dfrac{1}{4}x_2^2$.

联立 $\begin{cases}y=\dfrac{1}{2}x_1x-\dfrac{1}{4}x_1^2,\\y=\dfrac{1}{2}x_2x-\dfrac{1}{4}x_2^2,\end{cases}$ 解得 $\begin{cases}x=\dfrac{x_1+x_2}{2}=2k,\\y=\dfrac{x_1x_2}{4}=-1,\end{cases}$ 即 $P(2k,-1)$.

点 P 到直线 l 的距离 $d=\dfrac{2k^2+2}{\sqrt{k^2+1}}=2\sqrt{k^2+1}$.

则 $\triangle PAB$ 的面积 $S=\dfrac{1}{2}|AB|d=\dfrac{1}{2}\times 4(k^2+1)\times 2\sqrt{k^2+1}=4(k^2+1)\cdot\sqrt{k^2+1}$.

因为 $k^2\geqslant 0$,所以 $\sqrt{k^2+1}\geqslant 1$,所以 $4(k^2+1)\cdot\sqrt{k^2+1}\geqslant 4$,即 $\triangle PAB$ 面积的最小值是 4,当且仅当 $k=0$ 时,取等号.

第二十三计 动中有静 相辅相成

1.解:(1)由题知 $\dfrac{1}{a^2}+\dfrac{1}{b^2}=1$,$\triangle PF_1F_2$ 的面积等于 $\dfrac{1}{2}|F_1F_2|=c=\dfrac{\sqrt{6}}{2}$.

所以 $a^2-b^2=c^2=\dfrac{3}{2}$.解得 $a^2=3$,$b^2=\dfrac{3}{2}$.所以,椭圆 C 的方程为 $\dfrac{x^2}{3}+\dfrac{2y^2}{3}=1$.

(2)(ⅰ)设直线 PA 的方程为 $y=k_1x-k_1+1$,直线 PB 的方程为 $y=k_2x-k_2+1$.

由题知 $\dfrac{|1-k_1|}{\sqrt{1+k_1^2}}=r$.

所以 $(1-k_1)^2=r^2(1+k_1^2)$,所以 $(1-r^2)k_1^2-2k_1+1-r^2=0$.

同理，$(1-r^2)k_2^2-2k_2+1-r^2=0$.

所以 k_1,k_2 是方程 $(1-r^2)x^2-2x+1-r^2=0$ 的两根.所以 $k_1k_2=1$.

(Ⅱ)设 $A(x_1,y_1)$, $B(x_2,y_2)$，设直线 AB 的方程为 $y=kx+m$.

将 $y=kx+m$ 代入 $\dfrac{x^2}{3}+\dfrac{2y^2}{3}=1$，得 $(1+2k^2)x^2+4kmx+2m^2-3=0$.

所以 $x_1+x_2=-\dfrac{4km}{1+2k^2}$, ①

$x_1x_2=\dfrac{2m^2-3}{1+2k^2}$, ②

$y_1+y_2=k(x_1+x_2)+2m=\dfrac{2m}{1+2k^2}$, ③

$y_1y_2=(kx_1+m)(kx_2+m)=k^2x_1x_2+km(x_1+x_2)+m^2=\dfrac{m^2-3k^2}{1+2k^2}$. ④

又因为 $k_1k_2=\dfrac{y_1-1}{x_1-1}\times\dfrac{y_2-1}{x_2-1}=\dfrac{(y_1-1)(y_2-1)}{(x_1-1)(x_2-1)}=\dfrac{y_1y_2-(y_1+y_2)+1}{x_1x_2-(x_1+x_2)+1}=1$, ⑤

将①②③④代入⑤，化简得 $3k^2+4km+m^2+2m-3=0$.

所以 $3k^2+4km+(m+3)(m-1)=0$，所以 $(m+3k+3)(m+k-1)=0$.

若 $m+k-1=0$，则直线 $AB:y=kx+1-k=k(x-1)+1$.此时 AB 过点 P，舍去.

若 $m+3k+3=0$，则直线 $AB:y=kx-3-3k=k(x-3)-3$.此时 AB 恒过点 $(3,-3)$.

所以直线 AB 过定点 $(3,-3)$.

2.解：(1)由题意可知椭圆的焦点在 x 轴上，则 $e=\dfrac{c}{2}=\dfrac{\sqrt{3}}{2}$.

所以 $c=\sqrt{3}$，所以 $b=\sqrt{a^2-c^2}=1$.

(2)由(1)解得椭圆 C 的方程为 $\dfrac{x^2}{4}+y^2=1$，则 $B(0,1)$.

设 $P(x,y)$，则 $|BP|=\sqrt{x^2+(y-1)^2}$.

因为点 P 在椭圆上，所以 $\dfrac{x^2}{4}+y^2=1$.则 $x^2=4-4y^2(y\in[-1,1])$.

则 $|BP|=\sqrt{x^2+(y-1)^2}=\sqrt{-3y^2-2y+5}=\sqrt{-3\left(y+\dfrac{1}{3}\right)^2+\dfrac{16}{3}}$.

所以当 $y=-\dfrac{1}{3}$ 时，$|BP|_{max}=\dfrac{4\sqrt{3}}{3}$，此时 $x=\pm\dfrac{4\sqrt{2}}{3}$.

所以 $P\left(\pm\dfrac{4\sqrt{2}}{3},-\dfrac{1}{3}\right)$.

(3)$A(-2,0)$，直线 l 的方程为 $y=kx+m$，$M(x_1,y_1)$，$N(x_2,y_2)$.

联立 $\begin{cases}y=kx+m,\\ \dfrac{x^2}{4}+y^2=1,\end{cases}$ 消 y 得 $(1+4k^2)x^2+8kmx+4m^2-4=0$.

则 $x_1+x_2=\dfrac{-8km}{1+4k^2}$，$x_1x_2=\dfrac{4m^2-4}{1+4k^2}$.则 $k_1+k_2=\dfrac{y_1}{x_1+2}+\dfrac{y_2}{x_2+2}=\dfrac{kx_1+m}{x_1+2}+$

$\dfrac{kx_2+m}{x_2+2}=\dfrac{(kx_1+m)(x_2+2)+(kx_2+m)(x_1+2)}{(x_1+2)(x_2+2)}$.

因为 $k(k_1+k_2)=1$,则 $k\cdot\dfrac{(kx_1+m)(x_2+2)+(kx_2+m)(x_1+2)}{(x_1+2)(x_2+2)}=1$.

即 $2k^2x_1x_2+(2k+m)(x_1+x_2)+4mk=x_1x_2+2(x_1+x_2)+4$.

即 $(2k^2-1)x_1x_2+(2k+m-2)(x_1+x_2)+4mk-4=0$.

即 $(2k^2-1)\cdot\dfrac{4m^2-4}{1+4k^2}+(2k+m-2)\cdot\dfrac{-8km}{1+4k^2}+4mk-4=0$.

即 $(2k^2-1)(4m^2-4)+(2k+m-2)(-8km)+(4mk-4)(1+4k^2)=0$.

化简得 $6k^2-5km+m^2=0$.

解得 $m=2k$ 或 $m=3k$.

又因为直线 l 不过点 A,所以 $m=3k$.

所以直线 l 的方程为 $y=kx+3k=k(x+3)$.

所以直线 l 过定点 $(-3,0)$.

第二十四计 但凡弦长 皆为距离

1.解:(1)由题意 $4-a=2,a=2$.因为 $e=\dfrac{c}{a}=\dfrac{c}{2}=\dfrac{1}{2}$,所以 $c=1$,所以 $b=\sqrt{a^2-c^2}=\sqrt{3}$.

所以椭圆 Ω 的方程为 $\dfrac{x^2}{4}+\dfrac{y^2}{3}=1$.

(2)易知直线 l 不过原点,设 l 的方程为 $mx+ny=1$.

原点到直线 l 的距离为 $d=\dfrac{1}{\sqrt{m^2+n^2}},d^2+b^2=a^2$.

所以 $\dfrac{1}{m^2+n^2}+3=4,m^2+n^2=1,d=1$,原点 O 到直线 AB 距离为 1.

若 $n=0$,则 $m=\pm 1$,l 的方程为 $x=\pm 1$.

此时 $y=\pm\dfrac{3}{2},|AB|=3,S_{\triangle OAB}=\dfrac{1}{2}\times 1\times 3=\dfrac{3}{2}$.

$n\ne 0$ 时,由 $\begin{cases}mx+ny=1,\\ \dfrac{x^2}{4}+\dfrac{y^2}{3}=1,\end{cases}$ 及 $m^2+n^2=1$,得 $(m^2+3)x^2-8mx+12m^2-8=0$.

设 $A(x_1,y_1),B(x_2,y_2)$,则 $x_1+x_2=\dfrac{8m}{m^2+3},x_1x_2=\dfrac{12m^2-8}{m^2+3}$.

$|AB|=\sqrt{1+k^2}\,|x_1-x_2|=\sqrt{1+\dfrac{m^2}{n^2}}\cdot\sqrt{(x_1+x_2)^2-4x_1x_2}$

$=\dfrac{1}{\sqrt{1-m^2}}\cdot\sqrt{\dfrac{64m^2}{(m^2+3)^2}-\dfrac{4(12m^2-8)}{m^2+3}}=4\sqrt{3}\cdot\dfrac{\sqrt{m^2+2}}{m^2+3}$.

$S_{\triangle OAB}=\dfrac{1}{2}|AB|d=2\sqrt{3}\cdot\dfrac{\sqrt{m^2+2}}{m^2+3}$.

令 $\sqrt{m^2+2}=t$，由 $0 \leqslant m^2 < 1$，得 $\sqrt{2} \leqslant t < \sqrt{3}$.

$S_{\triangle OAB}=2\sqrt{3} \cdot \dfrac{t}{t^2+1}=2\sqrt{3} \cdot \dfrac{1}{t+\dfrac{1}{t}}$. 令 $f(t)=t+\dfrac{1}{t}$，则 $f'(t)=1-\dfrac{1}{t^2}$.

$\sqrt{2} \leqslant t < \sqrt{3}$ 时，$f'(t) > 0$，$f(t)$ 单调递增. 所以 $t+\dfrac{1}{t} \in \left[\dfrac{3\sqrt{2}}{2}, \dfrac{4\sqrt{3}}{3}\right)$. 所以

$S_{\triangle OAB} \in \left(\dfrac{3}{2}, \dfrac{2\sqrt{6}}{3}\right]$.

综上，$S_{\triangle OAB} \in \left[\dfrac{3}{2}, \dfrac{2\sqrt{6}}{3}\right]$.

2. 解：(1) $\dfrac{144}{49}$（过程略）.

(2) 由已知，$A(-2,0)$. 设 α 是直线 AM 的倾斜角，则 $\alpha \in \left(0, \dfrac{\pi}{2}\right)$，$k=\tan \alpha$.

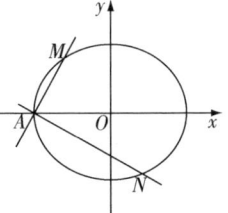

① 直线 AM 的参数方程为 $\begin{cases} x=-2+t\cos\alpha, \\ y=t\sin\alpha. \end{cases}$ （t 是参数）

代入 $3x^2+4y^2=12$，得 $(3+\sin^2\alpha)t^2-12\cos\alpha \cdot t=0$.

$\therefore t_1=0, t_2=\dfrac{12\cos\alpha}{3+\sin^2\alpha}$.

从而 $|AM|=|t_1-t_2|=\dfrac{12\cos\alpha}{3+\sin^2\alpha}$.

② 直线 AN 的参数方程为 $\begin{cases} x=-2+t\cos\left(\alpha+\dfrac{\pi}{2}\right), \\ y=t\sin\left(\alpha+\dfrac{\pi}{2}\right), \end{cases}$ 即 $\begin{cases} x=-2-t\sin\alpha, \\ y=t\cos\alpha. \end{cases}$ （t 是参数）

代入 $3x^2+4y^2=12$，得 $(3+\cos^2\alpha)t^2+12\sin\alpha \cdot t=0$.

$\therefore t_1=0, t_2=-\dfrac{12\sin\alpha}{3+\cos^2\alpha}$. 从而 $|AN|=|t_1-t_2|=\dfrac{12\sin\alpha}{3+\cos^2\alpha}$.

由 $2|AM|=|AN|$，得 $\dfrac{24\cos\alpha}{3+\sin^2\alpha}=\dfrac{12\sin\alpha}{3+\cos^2\alpha}$，即 $\sin^3\alpha+3\sin\alpha-2\cos^3\alpha-6\cos\alpha=0$.

$\therefore \dfrac{\sin^3\alpha}{\cos^3\alpha}+3\dfrac{\sin\alpha}{\cos\alpha} \cdot \dfrac{1}{\cos^2\alpha}-2-\dfrac{6}{\cos^2\alpha}=0$，即 $k^3+3k(1+k^2)-2-6(1+k^2)=0$.

整理得 $4k^3-6k^2+3k-8=0$.

设 $f(t)=4t^3-6t^2+3t-8$，则 k 是 $f(t)$ 的零点.

$\because f'(t)=12t^2-12t+3=3(2t-1)^2 \geqslant 0$，$\therefore f(t)$ 在 $(0,+\infty)$ 单调递增.

又 $f(\sqrt{3})=15\sqrt{3}-26<0$，$f(2)=6>0$，$\therefore f(t)$ 在 $(0,+\infty)$ 有唯一的零点，且零点 k 在 $(\sqrt{3},2)$ 内.

故 $\sqrt{3}<k<2$.

第二十五计　多款面积　因地制宜

1.解:(1)$\dfrac{x^2}{4}+\dfrac{y^2}{3}=1$(过程略).

(2)当 l_1 与 x 轴平行时,$MN=4$,$OP=4$.$S_{四边形MPNQ}=4\times 4=16$.不符合题意.

当 l_2 与 x 轴平行时,$PQ=8$,$MO_1=\dfrac{3}{2}$.$S_{四边形MPNQ}=8\times\dfrac{3}{2}=12$.不符合题意.

当 l_1,l_2 都不与坐标轴平行时,设 $l_1:x=my+1$,由于 l_1 与 l_2 倾斜角互补,所以 l_2 的方程为 $x=-my+1$.

联立 $\begin{cases}x=my+1,\\ \dfrac{x^2}{4}+\dfrac{y^2}{3}=1,\end{cases}$ 得 $(3m^2+4)y^2+6my-9=0$.

由韦达定理,得 $y_1+y_2=-\dfrac{6m}{3m^2+4}$,$y_1 y_2=\dfrac{-9}{3m^2+4}$,$\Delta=144(1+m^2)$.

则由弦长公式,有 $|MN|=\sqrt{1+m^2}\dfrac{\sqrt{144(1+m^2)}}{3m^2+4}=\dfrac{12(1+m^2)}{3m^2+4}$.

点 M 到直线 l_2 的距离 $d_1=\dfrac{|x_1+my_1-1|}{\sqrt{1+m^2}}=\dfrac{|2my_1|}{\sqrt{1+m^2}}$.

同理可得,点 N 到直线 l_2 的距离 $d_2=\dfrac{|2my_2|}{\sqrt{1+m^2}}$.

则 $S_{四边形MPNQ}=\dfrac{1}{2}|PQ|(d_1+d_2)=\dfrac{1}{2}\times 8\times\left(\dfrac{|2my_1|}{\sqrt{1+m^2}}+\dfrac{|2my_2|}{\sqrt{1+m^2}}\right)$

$=\dfrac{8|m||y_1-y_2|}{\sqrt{1+m^2}}=\dfrac{8|m|}{\sqrt{1+m^2}}\sqrt{(y_1+y_2)^2-4y_1 y_2}$

$=\dfrac{8|m|}{\sqrt{1+m^2}}\dfrac{\sqrt{144(1+m^2)}}{3m^2+4}=\dfrac{96|m|}{3m^2+4}=8\sqrt{3}$.

解得 $m=\pm\dfrac{2\sqrt{3}}{3}$.故直线 l_1 的方程为 $\sqrt{3}x-2y+\sqrt{3}=0$ 或 $\sqrt{3}x+2y+\sqrt{3}=0$.

2.解:(1)$\dfrac{x^2}{16}+\dfrac{y^2}{4}=1$(过程略).

(2)易得 $M(1,0)$,设 $P(x_1,y_1)$,$Q(x_2,y_2)$,则 $N(x_1,-y_1)$.

联立直线 l 与椭圆 C 的方程 $\begin{cases}x=my+1,\\ \dfrac{x^2}{16}+\dfrac{y^2}{4}=1,\end{cases}$ 得 $(m^2+4)y^2+2my-15=0$.

则 $y_1+y_2=-\dfrac{2m}{m^2+4}$,$y_1 y_2=-\dfrac{15}{m^2+4}$.

又 $S_{\triangle PQN}=\dfrac{1}{2}\times|2y_1|\times|x_2-x_1|$,$S_{\triangle PMN}=\dfrac{1}{2}\times|2y_1|\times|1-x_1|$,

易知 x_2-x_1 与 $1-x_1$ 同号,

所以 $S_{\triangle MNQ}=S_{\triangle PQN}-S_{\triangle PMN}=|y_1|\times(|x_2-x_1|-|1-x_1|)$

$$= |y_1| \times |(x_2-x_1)-(1-x_1)|$$
$$= |y_1| \times |x_2-1| = |y_1| \times |my_2| = |my_1y_2|$$
$$= \frac{15|m|}{m^2+4} = \frac{15}{|m|+\frac{4}{|m|}} \leqslant \frac{15}{2\sqrt{|m| \times \frac{4}{|m|}}} = \frac{15}{4}.$$

当且仅当 $|m| = \frac{4}{|m|}$,即 $m=\pm 2$ 时,等号成立.

所以 $\triangle MNQ$ 面积的最大值为 $\frac{15}{4}$.

第二十六计　角度相等　转化为本

1.解:(1)由题设,得 $M(-2\sqrt{a},a), N(2\sqrt{a},a)$.

又因为 $y' = \frac{x}{2}, \therefore y'|_{x=2\sqrt{a}} = \sqrt{a}, y'|_{x=-2\sqrt{a}} = -\sqrt{a}$.

所以 C 在点 $M(-2\sqrt{a},a)$ 处的切线方程为 $y-a = -\sqrt{a}(x+2\sqrt{a})$,即 $\sqrt{a}x+y+a=0$.

在点 $N(2\sqrt{a},a)$ 处的切线方程为 $y-a=\sqrt{a}(x-2\sqrt{a})$,即 $\sqrt{a}x-y-a=0$.

所以所求的切线方程为 $\sqrt{a}x-y-a=0$ 和 $\sqrt{a}x+y+a=0$.

(2)存在符合题意的点,证明如下:

设 $P(0,b), M(x_1,y_1), N(x_2,y_2)$ 为符合题意的点,直线 PM 和 PN 的斜率分别为 k_1,k_2.

将 $y=kx+a$ 代入 C 的方程,得 $x^2-4kx-4a=0$.由韦达定理,得 $x_1+x_2=4k, x_1x_2=-4a$.

故 $k_1+k_2 = \frac{y_1-b}{x_1} + \frac{y_2-b}{x_2} = \frac{2kx_1x_2+(a-b)(x_1+x_2)}{x_1x_2} = \frac{k(a+b)}{a}$.

当 $b=-a$ 时,有 $k_1+k_2=0$,直线 PM 和 PN 的倾斜角互补.

故 $\angle OPM = \angle OPN$,所以点 $P(0,-a)$ 符合题意.

2.解:(1)抛物线的准线为 $x=-\frac{p}{2}$,当 MD 与 x 轴垂直时,点 M 的横坐标为 p,

此时 $|MF|=p+\frac{p}{2}=3, \therefore p=2, \therefore$ 抛物线 C 的方程为 $y^2=4x$.

(2)设 $M\left(\frac{y_1^2}{4},y_1\right), N\left(\frac{y_2^2}{4},y_2\right), A\left(\frac{y_3^2}{4},y_3\right), B\left(\frac{y_4^2}{4},y_4\right)$;

直线 $MN:x=my+1$,直线 $MD:x=ny+2$.

由 $\begin{cases} x=my+1, \\ y^2=4x, \end{cases}$ 得 $y^2-4my-4=0, \Delta>0, y_1y_2=-4$.

由 $\begin{cases} x=ny+2, \\ y^2=4x, \end{cases}$ 得 $y^2-4ny-8=0, \Delta>0, y_1y_3=-8$.

$\therefore y_3=2y_2$.同理可得 $y_4=2y_1$.

由斜率公式,得 $k_{MN}=\dfrac{y_1-y_2}{\dfrac{y_1^2}{4}-\dfrac{y_2^2}{4}}=\dfrac{4}{y_1+y_2}$, $k_{AB}=\dfrac{y_3-y_4}{\dfrac{y_3^2}{4}-\dfrac{y_4^2}{4}}=\dfrac{4}{y_3+y_4}$.

$\therefore k_{MN}=\dfrac{4}{y_1+y_2}=\dfrac{8}{y_3+y_4}=2k_{AB}$.

又 $\because$ 直线 MN, AB 的倾斜角分别为 α,β, $\therefore \tan\alpha=2\tan\beta$.

若要使 $\alpha-\beta$ 取最大,则 $\beta\in\left(0,\dfrac{\pi}{2}\right)$.

设 $k_{MN}=2k_{AB}=2k>0$,则

$\tan(\alpha-\beta)=\dfrac{\tan\alpha-\tan\beta}{1+\tan\alpha\tan\beta}=\dfrac{k}{1+2k^2}=\dfrac{1}{\dfrac{1}{k}+2k}\leqslant\dfrac{1}{2\sqrt{\dfrac{1}{k}\times 2k}}=\dfrac{\sqrt{2}}{4}$.

当且仅当 $\dfrac{1}{k}=2k$,即 $k=\dfrac{\sqrt{2}}{2}$ 时,等号成立. $\therefore$ 当 $\alpha-\beta$ 最大时, $k_{AB}=\dfrac{\sqrt{2}}{2}$.

设直线 AB: $x=\sqrt{2}y+t$,代入抛物线方程,得 $y^2-4\sqrt{2}y-4t=0$.

$\Delta>0$, $y_3y_4=-4t=4y_1y_2=-16$. $\therefore t=4$.

$\therefore$ 直线 AB 的方程为 $x-\sqrt{2}y-4=0$.

第二十七计 曲线领航 数列泛舟

1.证明:设 $A(x_1,y_1)$, $B(x_2,y_2)$, $N(-m,n)$,直线 AB 的方程为 $x=ty+m$,

则 $\begin{cases}y^2=2py,\\ x=ty+m,\end{cases}$ 消去 x 得 $y^2-2pty-2pm=0$.

由韦达定理,得 $y_1y_2=-2pm$.

直线 AN 的斜率为 $k_{AN}=\dfrac{y_1-n}{x_1+m}$,直线 BN 的斜率为 $k_{BN}=\dfrac{y_2-n}{x_2+m}$,于是 $k_{AN}+k_{BN}=$

$\dfrac{y_1-n}{\dfrac{y_1^2}{2p}+m}+\dfrac{y_2-n}{\dfrac{y_2^2}{2p}+m}=\dfrac{2p(y_1-n)}{y_1^2+2pm}+\dfrac{2p(y_2-n)}{y_2^2+2pm}=2p\cdot\left(\dfrac{y_1-n}{y_1^2-y_1y_2}+\dfrac{y_2-n}{y_2^2-y_1y_2}\right)$,

$k_{AN}+k_{BN}=2p\cdot\dfrac{y_2(y_1-n)-y_1(y_2-n)}{y_1y_2(y_1-y_2)}=2p\cdot\dfrac{n(y_1-y_2)}{y_1y_2(y_1-y_2)}$,

化简得 $k_{AN}+k_{BN}=2p\cdot\dfrac{n}{y_1y_2}=2p\cdot\dfrac{n}{-2pm}=-\dfrac{n}{m}$.

又因为 $k_{MN}=\dfrac{n-0}{-m-m}=-\dfrac{n}{2m}$,

所以 $k_{AN}+k_{BN}=2k_{MN}$,即 AN, MN, BN 的斜率之间成等差数列.

2.证明:由 $x^2=4y$,得 $y=\dfrac{x^2}{4}$. 设 $A\left(x_1,\dfrac{x_1^2}{4}\right)$, $B\left(x_2,\dfrac{x_2^2}{4}\right)$,将 y 看成关于 x 的二次函数,

求导得 $y'=\dfrac{x}{2}$.

所以过点 A 的切线方程为 $y-\dfrac{x_1^2}{4}=\dfrac{x_1}{2}(x-x_1)$,整理得 $y=\dfrac{x_1}{2}x-\dfrac{x_1^2}{4}$.

同理,过点 B 的切线方程为 $y=\dfrac{x_2}{2}x-\dfrac{x_2^2}{4}$.

联立 $\begin{cases} y=\dfrac{x_1}{2}x-\dfrac{x_1^2}{4}, \\ y=\dfrac{x_2}{2}x-\dfrac{x_2^2}{4}, \end{cases}$ 解得 $\begin{cases} x=\dfrac{x_1+x_2}{2} \\ y=\dfrac{x_1 x_2}{4}, \end{cases}$ 即两条切线的交点坐标 $P\left(\dfrac{x_1+x_2}{2},\dfrac{x_1 x_2}{4}\right)$.

由抛物线定义可知,$|AF|=y_1+1,|BF|=y_2+1$.

所以 $|AF|\cdot|BF|=y_1 y_2+y_1+y_2+1$.

又 $|PF|^2=\left(\dfrac{x_1+x_2}{2}\right)^2+\left(\dfrac{x_1 x_2}{4}-1\right)^2=\dfrac{x_1^2+x_2^2}{4}+\dfrac{x_1^2 x_2^2}{16}+1=y_1+y_2+y_1 y_2+1$,显然 $|AF|\cdot|BF|=|PF|^2$,即 $|AF|,|PF|,|BF|$ 成等比数列.

3.证明:(1)设 $A(x_1,y_1),B(x_2,y_2)$,则 $\dfrac{x_1^2}{4}+\dfrac{y_1^2}{3}=1,\dfrac{x_2^2}{4}+\dfrac{y_2^2}{3}=1$.

两式相减,并由 $k_1=\dfrac{y_1-y_2}{x_1-x_2}$,得 $\dfrac{x_1+x_2}{4}+\dfrac{y_1+y_2}{3}k=0$.

由题设知 $\dfrac{x_1+x_2}{2}=1,\dfrac{y_1+y_2}{2}=m$. 于是 $k=-\dfrac{3}{4m}$.

由题设得 $0<m<\dfrac{3}{2}$,故 $k<-\dfrac{1}{2}$.

(2)由题意得 $F(1,0),P(x_3,y_3)$,则 $(x_3-1,y_3)+(x_1-1,y_1)+(x_2-1,y_2)=(0,0)$.

由(1)解及题设得,$x_3=3-(x_1+x_2)=1,y_3=-(y_1+y_2)=-2m<0$.

又因为 P 为 C 上一点,$m=\dfrac{3}{4}$,从而 $P\left(1,-\dfrac{3}{2}\right),|\overrightarrow{FP}|=\dfrac{3}{2}$.

又因为 $|\overrightarrow{FA}|=\sqrt{(x_1-1)^2+y_1^2}=\sqrt{(x_1-1)^2+3\left(1-\dfrac{x_1^2}{4}\right)}=2-\dfrac{x_1}{2}$,同理,$|\overrightarrow{FB}|=2-\dfrac{x_2}{2}$,所以 $|\overrightarrow{FA}|+|\overrightarrow{FB}|=3$,故 $|\overrightarrow{FA}|+|\overrightarrow{FB}|=2|\overrightarrow{FP}|$,即 $|\overrightarrow{FA}|,|\overrightarrow{FP}|,|\overrightarrow{FB}|$ 成等差数列.

设该数列的公差为 d,则 $2|d|=\dfrac{1}{2}|x_1-x_2|=\dfrac{1}{2}\sqrt{(x_1+x_2)^2-4x_1 x_2}$.

因为 $m=\dfrac{3}{4}$,所以 $k=-\dfrac{3}{4m}=-1$,所以直线 l 的方程为 $y=-x+\dfrac{7}{4}$.

代入 C 的方程,整理得 $28x^2-56x+1=0$.

把 $x_1+x_2=2,x_1 x_2=\dfrac{1}{28}$ 代入 $2|d|=\dfrac{1}{2}|x_1-x_2|=\dfrac{1}{2}\sqrt{(x_1+x_2)^2-4x_1 x_2}$,

解得 $|d|=\dfrac{3\sqrt{21}}{28}$,所以该数列的公差为 $-\dfrac{3\sqrt{21}}{28}$ 或 $\dfrac{3\sqrt{21}}{28}$.

第二十八计　方程求导　斜率即到

1.解:(1)由题意可知直线 AM 的方程为:$y-3=\dfrac{1}{2}(x-2)$,即 $x-2y=-4$.

当 $y=0$ 时,解得 $x=-4$,所以 $a=4$.

椭圆 $C:\dfrac{x^2}{a^2}+\dfrac{y^2}{b^2}=1(a>b>0)$ 过点 $M(2,3)$,可得 $\dfrac{4}{16}+\dfrac{9}{b^2}=1$.

解得 $b^2=12$.所以 C 的方程: $\dfrac{x^2}{16}+\dfrac{y^2}{12}=1$.

(2)方法一:由两点之间距离公式可得 $|AM|=\sqrt{(2+4)^2+3^2}=3\sqrt{5}$.

设 $N(x_0,y_0)$,对 $\dfrac{x^2}{16}+\dfrac{y^2}{12}=1$ 两边求导,得 $\dfrac{2x}{16}+\dfrac{2yy'}{12}=0$,化简得 $y'=-\dfrac{3x}{4y}$.

椭圆 C 在 $N(x_0,y_0)$ 处的切线斜率 $k=-\dfrac{3x_0}{4y_0}=\dfrac{1}{2}$,得 $y_0=-\dfrac{3}{2}x_0$.

联立 $\begin{cases} y_0=-\dfrac{3}{2}x_0, \\ \dfrac{x_0^2}{16}+\dfrac{y_0^2}{12}=1, \end{cases}$ 解得 $\begin{cases} x_0=-2, \\ y_0=3. \end{cases}$ 或 $\begin{cases} x_0=2, \\ y_0=-3. \end{cases}$

易知当 $\begin{cases} x_0=2, \\ y_0=-3 \end{cases}$ 时,$N(2,-3)$ 到直线 AM 的距离最大,此时△AMN 的面积为最大值.

$N(2,-3)$ 到直线 AM 的距离 $d=\dfrac{|2+6+4|}{\sqrt{5}}=\dfrac{12}{\sqrt{5}}$.

△AMN 的面积的最大值:$(S_{\triangle AMN})_{\max}=\dfrac{1}{2}|AM|d=\dfrac{1}{2}\times 3\sqrt{5}\times\dfrac{12}{\sqrt{5}}=18$.

方法二:设与直线 AM 平行的直线方程为 $x-2y=m$.

如图所示,当直线与椭圆相切时,与 AM 距离比较远的直线 l_2 与椭圆的切点为 N,此时△AMN 的面积取得最大值.

联立直线方程 $x-2y=m$ 与椭圆方程 $\dfrac{x^2}{16}+\dfrac{y^2}{12}=1$,得 $3(m+2y)^2+4y^2=48$.

化简得 $16y^2+12my+3m^2-48=0$.

所以 $\Delta=144m^2-4\times 16(3m^2-48)=0$,即 $m^2=64$.解得 $m=\pm 8$.

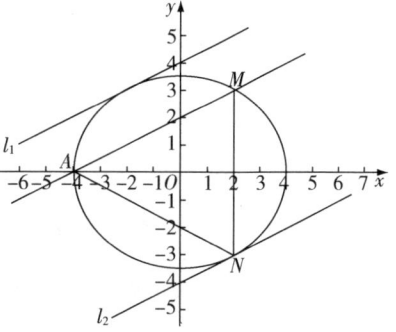

与 AM 距离比较远的直线 l_2 的方程为 $x-2y=8$.

直线 AM 方程为 $x-2y=-4$.

点 N 到直线 AM 的距离即两平行线之间的距离,利用平行线之间的距离公式可得:

$d=\dfrac{8+4}{\sqrt{1+4}}=\dfrac{12\sqrt{5}}{5}$,

由两点之间距离公式可得 $|AM|=\sqrt{(2+4)^2+3^2}=3\sqrt{5}$.

所以△AMN 的面积的最大值:$(S_{\triangle AMN})_{\max}=\dfrac{1}{2}\times 3\sqrt{5}\times\dfrac{12\sqrt{5}}{5}=18$.

2.解:(1)抛物线 C 的焦点为 $F\left(0,\dfrac{p}{2}\right)$,$|FM|=\dfrac{p}{2}+4$.

所以,F 与圆 $M:x^2+(y+4)^2=1$ 上点的距离的最小值为 $\dfrac{p}{2}+4-1=4$,解得 $p=2$.

(2)设切点 A,B 的坐标分别为 $A\left(x_1,\dfrac{x_1^2}{4}\right)$,$B\left(x_2,\dfrac{x_2^2}{4}\right)$.

设 $l_{AB}:y=kx+b$.联立 l_{AB} 和抛物线 C 的方程得 $\begin{cases}y=kx+b\\x^2=4y\end{cases}$,整理得 $x^2-4kx-4b=0$.

判别式 $\Delta=16k^2+16b>0$,即 $k^2+b>0$,且 $x_1+x_2=4k$,$x_1x_2=-4b$.

抛物线 C 的方程为 $x^2=4y$,即 $y=\dfrac{x^2}{4}$,有 $y'=\dfrac{x}{2}$.

则 $l_{PA}:y-\dfrac{x_1^2}{4}=\dfrac{x_1}{2}(x-x_1)$.整理得 $y=\dfrac{x_1}{2}\cdot x-\dfrac{x_1^2}{4}$.同理可得 $l_{PB}:y=\dfrac{x_2}{2}\cdot x-\dfrac{x_2^2}{4}$.

联立方程 $\begin{cases}y=\dfrac{x_1}{2}\cdot x-\dfrac{x_1^2}{4}\\y=\dfrac{x_2}{2}\cdot x-\dfrac{x_2^2}{4}\end{cases}$,可得点 P 的坐标为 $P\left(\dfrac{x_1+x_2}{2},\dfrac{x_1x_2}{4}\right)$,即 $P(2k,-b)$.

将点 P 的坐标代入圆 M 的方程,得 $(2k)^2+(-b+4)^2=1$,整理得 $k^2=\dfrac{1-(b-4)^2}{4}$.

由弦长公式,得 $|AB|=\sqrt{1+k^2}\,|x_1-x_2|=\sqrt{1+k^2}\cdot\sqrt{(x_1+x_2)^2-4x_1x_2}=\sqrt{1+k^2}\cdot\sqrt{16k^2+16b}$,点 P 到直线 AB 的距离为 $d=\dfrac{|2k^2+2b|}{\sqrt{k^2+1}}$.

$S_{\triangle PAB}=\dfrac{1}{2}|AB|d=\dfrac{1}{2}\sqrt{16k^2+16b}\cdot|2k^2+2b|=4\sqrt{(k^2+b)^3}=4\sqrt{\left[\dfrac{1-(b-4)^2}{4}+b\right]^3}=4\sqrt{\left(\dfrac{-b^2+12b-15}{4}\right)^3}$,

其中 $y_P=-b\in[-5,-3]$,即 $b\in[3,5]$.当 $b=5$ 时,$(S_{\triangle PAB})_{\max}=20\sqrt{5}$.

第二十九计 参数摆渡 极径引路

1.解:(1)$F(0,1)$,l 的方程为 $y=-\sqrt{2}x+1$.

代入 $x^2+\dfrac{y^2}{2}=1$ 并化简 $4x^2-2\sqrt{2}x-1=0$.

设 $A(x_1,y_1)$,$B(x_2,y_2)$,$P(x_3,y_3)$,则 $x_1=\dfrac{\sqrt{2}-\sqrt{6}}{4}$,

$x_2=\dfrac{\sqrt{2}+\sqrt{6}}{4}$,$x_1+x_2=\dfrac{\sqrt{2}}{2}$,$y_1+y_2=-\sqrt{2}(x_1+x_2)+2=1$.

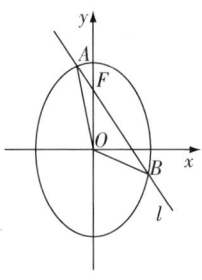

由题意,得 $x_3=-(x_1+x_2)=-\dfrac{\sqrt{2}}{2}$,$y_3=-(y_1+y_2)=-1$.

所以点 P 的坐标为 $\left(-\dfrac{\sqrt{2}}{2},-1\right)$.

"战场点兵"答案

经验证,点 P 的坐标 $\left(-\dfrac{\sqrt{2}}{2},-1\right)$ 满足方程 $x^2+\dfrac{y^2}{2}=1$,故点 P 在椭圆 C 上.

(2)方法一:设 AB,PQ 是椭圆 $C:\dfrac{x^2}{a^2}+\dfrac{y^2}{b^2}=1$ 内两条相交弦,交点为 $N(x_0,y_0)$,若直线 AB 与直线 PQ 倾斜角互补,则 A,P,B,Q 四点共圆.

设直线 AB 的倾斜角为 α,其参数方程为 $\begin{cases} x=x_0+t\cos\alpha, \\ y=y_0+t\sin\alpha, \end{cases}$ (t 为参数)

将其代入椭圆 $C:\dfrac{x^2}{a^2}+\dfrac{y^2}{b^2}=1$,整理得

$(a^2\sin^2\alpha+b^2\cos^2\alpha)t^2+(2a^2y_0\sin\alpha+2b^2x_0\cos\alpha)t+(a^2y_0^2+b^2x_0^2-a^2b^2)=0.$

则 $|t_1|\cdot|t_2|=|NA|\cdot|NB|=\dfrac{|b^2x_0^2+a^2y_0^2-a^2b^2|}{a^2\sin^2\alpha+b^2\cos^2\alpha}.$

同理,$|NP|\cdot|NQ|=\dfrac{|b^2x_0^2+a^2y_0^2-a^2b^2|}{a^2\sin^2(\pi-\alpha)+b^2\cos^2(\pi-\alpha)}=\dfrac{|b^2x_0^2+a^2y_0^2-a^2b^2|}{a^2\sin^2\alpha+b^2\cos^2\alpha}$
$=|NA|\cdot|NB|.$

所以 A,P,B,Q 四点共圆(相交弦逆定理).

方法二

由 $P\left(-\dfrac{\sqrt{2}}{2},-1\right)$ 和题设知 $Q\left(\dfrac{\sqrt{2}}{2},1\right)$,

PQ 的垂直平分线 l_1 的方程为 $y=-\dfrac{\sqrt{2}}{2}x.$ ①

设 AB 的中点为 M,则 $M\left(\dfrac{\sqrt{2}}{4},\dfrac{1}{2}\right)$,$AB$ 的垂直平分线 l_2 的方程为 $y=\dfrac{\sqrt{2}}{2}x+\dfrac{1}{4}.$ ②

由①②得 l_1,l_2 的交点为 $N\left(-\dfrac{\sqrt{2}}{8},\dfrac{1}{8}\right).$

$|NP|=\sqrt{\left(-\dfrac{\sqrt{2}}{2}+\dfrac{\sqrt{2}}{8}\right)^2+\left(-1-\dfrac{1}{8}\right)^2}=\dfrac{3\sqrt{11}}{8}$,$|AB|=\sqrt{1+(-\sqrt{2})^2}\cdot$

$|x_2-x_1|=\dfrac{3\sqrt{2}}{2}$,$|AM|=\dfrac{3\sqrt{2}}{4}$,$|MN|=\sqrt{\left(\dfrac{\sqrt{2}}{4}+\dfrac{\sqrt{2}}{8}\right)^2+\left(\dfrac{1}{2}-\dfrac{1}{8}\right)^2}=\dfrac{3\sqrt{3}}{8}$,

$|NA|=\sqrt{|AM|^2+|MN|^2}=\dfrac{3\sqrt{11}}{8}$,

故 $|NP|=|NA|$.又 $|NP|=|NQ|$,$|NA|=|NB|$,
所以 $|NA|=|NP|=|NB|=|NQ|.$
由此知 A,P,B,Q 四点在以 N 为圆心,NA 为半径的圆上.

2.解:将动点 M 代入直线 l 的参数方程中,可得 $\begin{cases} x=m+t\cos\alpha, \\ y=n+t\sin\alpha. \end{cases}$ (其中 t 为参数)

将其代入椭圆方程中,消去 x 与 y,可得 $(9\sin^2\alpha+16)t^2+32m\cos\alpha t+16m^2-400=0.$

设点 A 与点 B 对应的参数分别是 t_1 与 t_2,则可得

$t_1+t_2=-\dfrac{32m\cos\alpha}{9\sin^2\alpha+16},t_1t_2=\dfrac{16m^2-400}{9\sin^2\alpha+16}.$

所以，$|MA|^2+|MB|^2=(t_1+t_2)^2-2t_1t_2=\dfrac{32(16\cos^2\alpha-25\sin^2\alpha)m^2}{(9\sin^2\alpha+16)^2}+\dfrac{800}{9\sin^2\alpha+16}$.

由于 $|MA|^2+|MB|^2$ 只与直线 l 的斜率 k 有关，因此，$16\cos^2\alpha-25\sin^2\alpha=0$.

解得 $k^2=\dfrac{16}{25}$，即 $k=\dfrac{4}{5}$ 或 $k=-\dfrac{4}{5}$.

第三十计　向量搭桥　一箭双雕

1.解：(1)因为抛物线 $C:y^2=2px$ 经过点 $P(1,2)$，所以 $4=2p$.

解得 $p=2$，所以抛物线的方程为 $y^2=4x$.

由题意可知，直线 l 的斜率存在且不为 0.

设直线 l 的方程为 $y=kx+1(k\neq 0)$，

由 $\begin{cases}y^2=4x,\\ y=kx+1,\end{cases}$ 得 $k^2x^2+(2k-4)x+1=0$.

依题意，$\Delta=(2k-4)^2-4\times k^2\times 1>0$，解得 $k<0$ 或 $0<k<1$.

又 PA,PB 与 y 轴相交，故直线 l 不过点 $(1,-2)$. 从而 $k\neq -3$.

所以直线 l 斜率的取值范围是 $(-\infty,-3)\cup(-3,0)\cup(0,1)$.

(2)设 $A(x_1,y_1),B(x_2,y_2)$，由(1)解知 $x_1+x_2=-\dfrac{2k-4}{k^2}$，$x_1x_2=\dfrac{1}{k^2}$.

直线 PA 的方程为 $y-2=\dfrac{y_1-2}{x_1-1}(x-1)$.

令 $x=0$，得点 M 的纵坐标为 $y_M=\dfrac{-y_1+2}{x_1-1}+2=\dfrac{-kx_1+1}{x_1-1}+2$.

同理，得点 N 的纵坐标为 $y_N=\dfrac{-kx_2+1}{x_2-1}+2$.

由 $\overrightarrow{QM}=\lambda\overrightarrow{QO},\overrightarrow{QN}=\mu\overrightarrow{QO}$，得 $\lambda=1-y_M,\mu=1-y_N$.

所以 $\dfrac{1}{\lambda}+\dfrac{1}{\mu}=\dfrac{1}{1-y_M}+\dfrac{1}{1-y_N}=\dfrac{x_1-1}{(k-1)x_1}+\dfrac{x_2-1}{(k-1)x_2}=\dfrac{1}{k-1}\cdot\dfrac{2x_1x_2-(x_1+x_2)}{x_1x_2}=$

$\dfrac{1}{k-1}\cdot\dfrac{\dfrac{2}{k^2}+\dfrac{2k-4}{k^2}}{\dfrac{1}{k^2}}=2$. 所以 $\dfrac{1}{\lambda}+\dfrac{1}{\mu}$ 为定值.

2.解：(1)椭圆 $C_1:\dfrac{x^2}{a^2}+\dfrac{y^2}{b^2}=1(a>b>0)$ 经过点 $E(1,1)$，$\dfrac{1}{a^2}+\dfrac{1}{b^2}=1$，椭圆的离心率为 $\dfrac{\sqrt{2}}{2}$.

则 $a^2=2c^2$，即 $a^2=2b^2$，即 $\dfrac{1}{2b^2}+\dfrac{1}{b^2}=1$.

解得 $a^2=3,b^2=\dfrac{3}{2}$.

所以椭圆 C_1 的方程为 $\dfrac{x^2}{3}+\dfrac{2y^2}{3}=1$.

(2)当直线 AB 斜率不存在时,设以 AB 为直径的圆的圆心为 $(t,0)$,则 $(x-t)^2+y^2=t^2$.

不妨取 $A(t,t)$,故 $\dfrac{t^2}{3}+\dfrac{2t^2}{3}=1$.

解得 $t=\pm 1$.故 AB 方程为 $x=\pm 1$.

直线 CD 过 AB 中点,即为 x 轴,得 $|AB|=2$,$|CD|=2\sqrt{3}$.

故 $S_{ACBD}=\dfrac{1}{2}|AB|\cdot|CD|=2\sqrt{3}$.

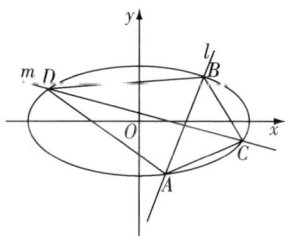

直线 AB 斜率存在时,设其方程为 $y=kx+m$.令 $A(x_1,y_1)$,$B(x_2,y_2)$.

联立 $\begin{cases} x^2+2y^2=3 \\ y=kx+m, \end{cases}$ 可得 $(2k^2+1)x^2+4kmx+2m^2-3=0$.

则 $\Delta=4(6k^2-2m^2+3)>0$ ①,$x_1+x_2=-\dfrac{4km}{2k^2+1}$ ②,$x_1x_2=\dfrac{2m^2-3}{2k^2+1}$ ③.

以 AB 为直径的圆过原点,即 $\overrightarrow{OA}\cdot\overrightarrow{OB}=x_1x_2+y_1y_2=x_1x_2+(kx_1+m)(kx_2+m)=0$,

化简可得 $(k^2+1)x_1x_2+km(x_1+x_2)+m^2=0$.

将②③两式代入,整理得 $(k^2+1)(2m^2-3)+km(-4km)+m^2(2k^2+1)=0$,

即 $m^2=k^2+1$ ④,将④式代入①式,得 $\Delta=4(4k^2+1)>0$ 恒成立,则 $k\in\mathbf{R}$.

设线段 AB 中点为 M,$\overrightarrow{OC}=t(\overrightarrow{OA}+\overrightarrow{OB})=2t\overrightarrow{OM}$.

不妨设 $t>0$,得 $S_{ACBD}=2S_{OACB}=4tS_{\triangle OAB}$.

又 $\because S_{\triangle OAB}=\dfrac{1}{2}|m||x_1-x_2|=|m|\dfrac{\sqrt{4k^2+1}}{2k^2+1}$,$\therefore S_{ACBD}=4t|m|\dfrac{\sqrt{4k^2+1}}{2k^2+1}$.

又由 $\overrightarrow{OC}=t(\overrightarrow{OA}+\overrightarrow{OB})$,则 C 点坐标为 $(t(x_1+x_2),t(y_1+y_2))$.

化简可得 $\begin{cases} t(x_1+x_2)=-\dfrac{4km}{2k^2+1}t, \\ t(y_1+y_2)=-\dfrac{2m}{2k^2+1}t, \end{cases}$ 代入椭圆方程可得 $\dfrac{8m^2t^2}{2k^2+1}=3$ 即 $t=\sqrt{\dfrac{3(2k^2+1)}{8m^2}}$.

则 $S_{ACBD}=4tS_{\triangle OAB}=4\sqrt{\dfrac{3(2k^2+1)}{8m^2}}|m|\dfrac{\sqrt{4k^2+1}}{2k^2+1}=\sqrt{6}\sqrt{\dfrac{4k^2+1}{2k^2+1}}=\sqrt{6}\sqrt{2-\dfrac{1}{2k^2+1}}<2\sqrt{3}$.

综上,四边形 $ACBD$ 面积的最大值为 $2\sqrt{3}$.

3.解:(1)如图1,$\because$ 椭圆 E 的方程为 $\dfrac{x^2}{4}+\dfrac{y^2}{3}=1$,

$\therefore F_1(-1,0)$,$F_2(1,0)$.

由椭圆定义可得:$|AF_1|+|AF_2|=4$.

$\therefore\triangle AF_1F_2$ 的周长为 $4+2=6$.

(2)如图2,设直线 OM 交 AB 于 N.

由(1)可解得直线 AB 的方程为 $y=\dfrac{3}{4}(x+1)$.

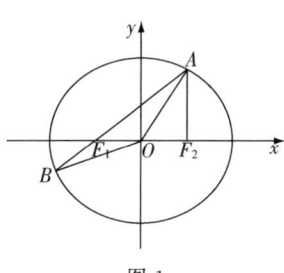

图1

由 $S_2=3S_1$,得 $\overrightarrow{OM}=-2\overrightarrow{ON}$($M,O$ 在 AB 同侧)或 $\overrightarrow{OM}=4\overrightarrow{ON}$($M,O$ 在 AB 异侧).

当 M 为 $(0,\sqrt{3})$ 或 $(0,-\sqrt{3})$,N 为 $\left(0,\dfrac{3}{4}\right)$,不合题意.

当 OM 与 x 轴不垂直时,设直线 OM 的方程为 $y=kx$,

与直线 AB 的方程联立解得 $N\left(\dfrac{3}{4k-3},\dfrac{3k}{4k-3}\right)$.

若 $\overrightarrow{OM}=-2\overrightarrow{ON}$,则 $M\left(\dfrac{-6}{4k-3},\dfrac{-6k}{4k-3}\right)$.

代入椭圆方程得 $\dfrac{36}{4(4k-3)^2}+\dfrac{36k^2}{3(4k-3)^2}=1$.

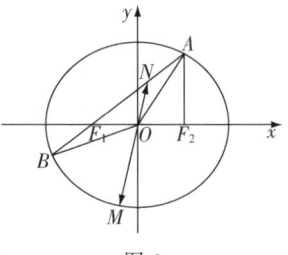

图 2

解得 $k=0$ 或 $k=6$.此时 $M(2,0)$ 或 $M\left(-\dfrac{2}{7},-\dfrac{12}{7}\right)$.

若 $\overrightarrow{OM}=4\overrightarrow{ON}$,则 $M\left(\dfrac{12}{4k-3},\dfrac{12k}{4k-3}\right)$.

代入椭圆方程中得 $\dfrac{144}{4(4k-3)^2}+\dfrac{144k^2}{3(4k-3)^2}=1$,此方程无解.

综上所述,M 点的坐标为 $(2,0)$ 或 $\left(-\dfrac{2}{7},-\dfrac{12}{7}\right)$.

4.解:设 $B(-1,t)$,则 $\overrightarrow{AB}=(-1-a,t)$,直线 AB 方程为 $\dfrac{x-a}{-1-a}=\dfrac{y-0}{t}$ ①.

$\because \overrightarrow{OA}=(a,0),\overrightarrow{OB}=(-1,t)$,则直线 OC 的方向向量为 $\boldsymbol{u}=\dfrac{\overrightarrow{OA}}{|\overrightarrow{OA}|}+\dfrac{\overrightarrow{OB}}{|\overrightarrow{OB}|}=(1,0)+$

$\left(\dfrac{-1}{\sqrt{1+t^2}},\dfrac{t}{\sqrt{1+t^2}}\right)=\left(\dfrac{\sqrt{1+t^2}-1}{\sqrt{1+t^2}},\dfrac{t}{\sqrt{1+t^2}}\right)$.

所以直线 OC 的方程为 $\dfrac{x}{\sqrt{1+t^2}-1}=\dfrac{y}{t}$ ②.

由①②消去 t 得 $(1-a)x^2-2ax+(1+a)y^2=0(0\leqslant x<a)$.

第三十一计 方程半代 切线即来

1.解:设 $P(x_0,y_0),Q(x_1,y_1)$,则 $\dfrac{x_0^2}{4}+\dfrac{y_0^2}{3}=1$.①

椭圆在 $P(x_0,y_0)$ 处的切线方程为 $\dfrac{x_0 x}{4}+\dfrac{y_0 y}{3}=1$.②

又因为圆 O 在 M,N 两点处的切线相交于点 Q,

所以切点弦 MN 所在直线方程为 $x_0 x+y_0 y=12$.③

因为②③表示同一条直线方程,所以 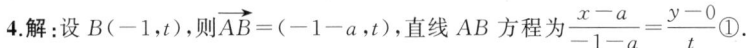 $\dfrac{\frac{x_0}{4}}{x_1}=\dfrac{\frac{y_0}{3}}{y_1}=\dfrac{1}{12}$,即 $x_0=\dfrac{x_1}{3},y_0=\dfrac{y_1}{4}$.代入①,得 $\dfrac{x_1^2}{36}+$

$\dfrac{y_1^2}{48}=1$.故点 Q 的轨迹方程为 $\dfrac{x^2}{36}+\dfrac{y^2}{48}=1$.

2.证法一:易知 $F_1(-\sqrt{3},0),F_2(\sqrt{3},0)$.由题意可知,$l$ 为椭圆 C 在 P 点处的切线.设

$P(x_0,y_0)$,则 $k_1=\dfrac{y_0}{x_0+\sqrt{3}},k_2=\dfrac{y_0}{x_0-\sqrt{3}}$.由导数法可求得 l 的方程为 $\dfrac{x_0x}{4}+y_0y=1$.

所以 $k=-\dfrac{x_0}{4y_0}$.所以 $\dfrac{1}{kk_1}+\dfrac{1}{kk_2}=-\dfrac{4y_0}{x_0}\cdot\left(\dfrac{x_0+\sqrt{3}}{y_0}+\dfrac{x_0-\sqrt{3}}{y_0}\right)=-8$,为定值.

证法二:易知 $F_1(-\sqrt{3},0),F_2(\sqrt{3},0)$.因为 l 与椭圆 C 有且只有一个公共点,则点 P 为切点.设 $P(x_0,y_0)$,l 的方程为 $y=kx+t$,则 $k_1=\dfrac{y_0}{x_0+\sqrt{3}},k_2=\dfrac{y_0}{x_0-\sqrt{3}}$.所以 $\dfrac{1}{k_1}+\dfrac{1}{k_2}=\dfrac{2x_0}{y_0}$.

联立 $\begin{cases}y=kx+t,\\\dfrac{x^2}{4}+y^2=1,\end{cases}$ 得 $(4k^2+1)x^2+8ktx+4t^2-4=0$.

由 $\Delta=64k^2t^2-4(4k^2+1)(4t^2-4)=0$,即 $t^2=4k^2+1$,

所以 $x_0=-\dfrac{4kt}{4k^2+1}=-\dfrac{4k}{t},y_0=\dfrac{1}{t}$.

所以 $\dfrac{1}{k_1}+\dfrac{1}{k_2}=\dfrac{2x_0}{y_0}=-8k$.所以 $\dfrac{1}{kk_1}+\dfrac{1}{kk_2}=-8$ 为定值.

3.**解法一**:(1)设 $A(x_0,y_0)$,则抛物线 C 的切线方程为 $\dfrac{y+y_0}{2}=(x_0+1)(x+1)$,①

圆 M 的切线方程为 $(x_0-1)(x-1)+\left(y_0-\dfrac{1}{2}\right)\left(y-\dfrac{1}{2}\right)=r^2$.②

因为①②都表示直线 l 的方程,所以 $2(x_0+1)=-\dfrac{x_0-1}{y_0-\dfrac{1}{2}}$.

结合 $y_0=(x_0+1)^2$,解得 $A(0,1)$,代入②,得 $r=\dfrac{\sqrt{5}}{2}$.

(2)易知,抛物线 C 与圆 M 有三条公切线.

由(1)解知,l 的方程为 $2x-y+1=0$.

设 m,n 与抛物线 C 切于点 $(x_i,(x_i+1)^2)(x_i\neq 0,i=1,2)$.

则切线方程为 $\dfrac{y+(x_i+1)^2}{2}=(x_i+1)(x+1)$,即 $2(x_i+1)x-y-x_i^2+1=0$.

则 $\dfrac{\left|2(x_i+1)\times 1-\dfrac{1}{2}-x_i^2+1\right|}{\sqrt{4(x_i+1)^2+1}}=\dfrac{\sqrt{5}}{2}$,整理得 $x_i^2-4x_i-6=0$,所以 $x_1+x_2=4$.

联立 $\begin{cases}2(x_1+1)x-y-x_1^2+1=0,\\2(x_2+1)x-y-x_2^2+1=0,\end{cases}$ 解得 $\begin{cases}x=2,\\y=-1,\end{cases}$ 即 $D(2,-1)$.

所以 D 到直线 l 的距离为 $\dfrac{|2\times 2-(-1)+1|}{\sqrt{2^2+1}}=\dfrac{6\sqrt{5}}{5}$.

解法二:(1)设 $A(x_0,(x_0+1)^2)$.

对 $y=(x+1)^2$ 求导,得 $y'=2(x+1)$,故直线 l 的斜率 $k_1=2(x_0+1)$.

255

当 $x_0=1$ 时,不合题意,所以 $x_0\neq 1$.

由题意知,圆心为 $M\left(1,\dfrac{1}{2}\right)$,$MA$ 的斜率 $k_2=\dfrac{(x_0+1)^2-\dfrac{1}{2}}{x_0-1}$.

由 $l\perp MA$,得 $k_1k_2=-1$,即 $2(x_0+1)\cdot\dfrac{(x_0+1)^2-\dfrac{1}{2}}{x_0-1}=-1$.

化简得 $x_0(x_0^2+3x_0+3)=0$,所以 $x_0=0$,故 $A(0,1)$.

所以 $r=|MA|=\sqrt{(1-0)^2+\left(\dfrac{1}{2}-1\right)^2}=\dfrac{\sqrt{5}}{2}$.

(2)设 $(t,(t+1)^2)$ 为 C 上一点,则
在该点处的切线方程为 $y-(t+1)^2=2(t+1)(x-t)$,即 $y=2(t+1)x-t^2+1$.

若该直线与圆 M 相切,则圆心 M 到该切线的距离为 $\dfrac{\sqrt{5}}{2}$,

即 $\dfrac{\left|2(t+1)\times 1-\dfrac{1}{2}-t^2+1\right|}{\sqrt{4(t+1)^2+1}}=\dfrac{\sqrt{5}}{2}$. 化简可得 $t^2(t^2-4t-6)=0$.

解得 $t_1=0,t_2=2+\sqrt{10},t_3=2-\sqrt{10}$.

抛物线 C 在点 $(t_i,(t_i+1)^2)(i=1,2,3)$ 处的切线分别为 l,m,n,其方程分别为
$y=2x+1$.①
$y=2(t_2+1)x-t_2^2+1$.②
$y=2(t_3+1)x-t_3^2+1$.③

②-③得 $x=\dfrac{t_2+t_3}{2}=2$,将 $x=2$ 代入②得 $y=-1$,故 $D(2,-1)$.

所以 D 到直线 l 的距离为 $\dfrac{|2\times 2-(-1)+1|}{\sqrt{2^2+1}}=\dfrac{6\sqrt{5}}{5}$.

第三十二计　极点极线　相伴相生

1.解: 因为点 A 在椭圆的右准线上,可得其极线为 $x+y=1$,且此直线过焦点 F,所以斜率为 -1.

2.证明: 设 $P(x_0,y_0)$,则有 $y_0=kx_0-1$①,点 P 对应的极线就是直线 AB,即 $y_0+y=x_0x$②,

由①②,得 $x_0(x-k)-(y-1)=0$,所以 $\begin{cases}x-k=0,\\ y-1=0,\end{cases}$ 所以直线 AB 恒过定点 $Q(k,1)$.

3.解: (1) $e=\dfrac{\sqrt{2}}{2}$(过程略).

(2)椭圆 C 的方程为 $\dfrac{x^2}{8}+\dfrac{y^2}{4}=1$,又直线 $y=kx+4$ 过定点 $D(0,4)$,点 D 相对于椭圆的极线为 $y=1$,设直线 AM 与直线 BN 的交点为 E,则点 D,E,G 构成椭圆的自极三角形,所以点 G 一定在定直线 $y=1$ 上.

4.解:易知直线与圆相离,且直线 $l:\dfrac{x}{8}+\dfrac{y}{4}=1$ 可以看成是圆内一点 $Q(1,2)$ 的极线,即弦 AB 过定点 $Q(1,2)$,所以最短弦为 $2\sqrt{3}$.

第三十三计　阿氏三角　旧图新貌

1.解:设 $A(x_1,y_1),B(x_2,y_2)$,则 $\begin{cases}y_1^2=4x_1,\\ y_2^2=4x_2.\end{cases}$

所以 $y_1^2-y_2^2=4x_1-4x_2$.所以 $k=\dfrac{y_1-y_2}{x_1-x_2}=\dfrac{4}{y_1+y_2}$.

取 AB 中点 $M'(x_0,y_0)$,分别过点 A,B 作准线 $x=-1$ 的垂线,垂足分别为 A',B'.

因为 $\angle AMB=90°$,所以 $|MM'|=\dfrac{1}{2}|AB|=\dfrac{1}{2}(|AF|+|BF|)=\dfrac{1}{2}(|AA'|+|BB'|)$.

因为 M' 为 AB 中点,所以 MM' 平行于 x 轴.

因为 $M(-1,1)$,所以 $y_0=1$,则 $y_1+y_2=2$,即 $k=2$.

2.解:(1)∵点 A 的横坐标为 4,∴$A(4,4)$.

易知此时直线 l 的方程为 $y=\dfrac{1}{2}x+2$.

联立 $\begin{cases}x^2=4y,\\ y=\dfrac{1}{2}x+2,\end{cases}$ 解得 $\begin{cases}x=-2,\\ y=1\end{cases}$ 或 $\begin{cases}x=4,\\ y=4,\end{cases}$ ∴$B(-2,1)$.

由 $y=\dfrac{x^2}{4}$ 得 $y'=\dfrac{x}{2}$,所以 $k_{PA}=2$,直线 PA 方程为 $y=2x-4$.

同理可得,直线 PB 方程为 $y=-x-1$.

联立 $\begin{cases}y=2x-4,\\ y=-x-1,\end{cases}$ 可得 $\begin{cases}x=1,\\ y=-2,\end{cases}$ 故点 P 的坐标为 $(1,-2)$.

(2)解法一:设 $A\left(x_1,\dfrac{x_1^2}{4}\right),B\left(x_2,\dfrac{x_2^2}{4}\right)$,由 $y=\dfrac{x^2}{4},y'=\dfrac{x}{2}$,所以 $k_{PA}=\dfrac{x_1}{2}$.

所以直线 PA 的方程为 $y-\dfrac{x_1^2}{4}=\dfrac{x_1}{2}(x-x_1)$,即 $y=\dfrac{x_1}{2}x-\dfrac{x_1^2}{4}$.

同理,PB 的方程为 $y=\dfrac{x_2}{2}x-\dfrac{x_2^2}{4}$,联立解得 $P\left(\dfrac{x_1+x_2}{2},\dfrac{x_1x_2}{4}\right)$.

依题意,直线 l 的斜率存在,不妨设 l 的方程为 $y-3=k(x-2)$,

由 $\begin{cases}x^2=4y,\\ y-3=k(x-2),\end{cases}$ 得 $x^2-4kx+8k-12=0$.

易知 $\Delta>0$,因此 $x_1+x_2=4k,x_1x_2=8k-12$.

∴$P(2k,2k-3)$,∴点 P 在直线 $l_1:x-y-3=0$ 上.

当 $|PQ|$ 取最小值时,即抛物线 $C:x^2=4y$ 上的动点 Q 到直线 l_1 的距离最小,

设 $Q\left(x_0, \dfrac{x_0^2}{4}\right)$，则 Q 到 l_1 的距离 $d=\dfrac{\left|x_0-\dfrac{x_0^2}{4}-3\right|}{\sqrt{2}}=\dfrac{\left|\left(\dfrac{x_0}{2}-1\right)^2+2\right|}{\sqrt{2}}=\sqrt{2}+\dfrac{\left(\dfrac{x_0}{2}-1\right)^2}{\sqrt{2}}$.

$\therefore$ 当 $x_0=2$ 时，d 取最小值 $\sqrt{2}$，此时 $Q(2,1)$.

易知过点 Q 且垂直于 l_1 的直线方程为 $y=-x+3$，

由 $\begin{cases} y=-x+3, \\ x-y-3=0, \end{cases}$ 解得 $P(3,0)$，$k=\dfrac{3}{2}$，$\therefore$ 直线 l 的方程为 $y=\dfrac{3}{2}x$.

综上，点 Q 的坐标为 $(2,1)$，直线 l 的方程为 $y=\dfrac{3}{2}x$.

解法二：设 $A(x_1,y_1),B(x_2,y_2),P(x_0,y_0)$，由 $y=\dfrac{x^2}{4}$，$y'=\dfrac{x}{2}$.

$\therefore k_{PA}=\dfrac{x_1}{2}$，直线 PA 的方程为 $y-y_1=\dfrac{x_1}{2}(x-x_1)$，即 $y=\dfrac{x_1}{2}x-y_1$.

同理，PB 的方程为 $y=\dfrac{x_2}{2}x-y_2$.

$\because$ 点 P 在切线 PA,PB 上，$\therefore \begin{cases} y_0=\dfrac{x_1}{2}x_0-y_1, \\ y_0=\dfrac{x_2}{2}x_0-y_2. \end{cases}$

$\therefore A(x_1,y_1),B(x_2,y_2)$ 在直线 $y_0=\dfrac{x_0}{2}x-y$ 上. $\therefore$ 直线 l 的方程为 $y_0=\dfrac{x_0}{2}x-y$，

又直线 l 过点 $(2,3)$，$\therefore y_0=x_0-3$，即点 P 在直线 $l_1:x-y-3=0$ 上.
以下同解法一.

3.解：(1) 设切点 A,B 的坐标分别为 (x_0,x_0^2) 和 $(x_1,x_1^2)(x_1\neq x_0)$，

所以切线 AP 的方程为 $2x_0x-y-x_0^2=0$，切线 BP 的方程为 $2x_1x-y-x_1^2=0$.

所以 $\begin{cases} 2x_0x_P-y_P-x_0^2=0, \\ 2x_1x_P-y_P-x_1^2=0, \end{cases}$ 解得 $\begin{cases} x_P=\dfrac{x_0+x_1}{2}, \\ y_P=x_0x_1, \end{cases}$ 即 $P\left(\dfrac{x_0+x_1}{2},x_0x_1\right)$，

所以 $\triangle PAB$ 的重心 G 的坐标为 $x_G=\dfrac{x_0+x_1+x_P}{3}=x_P$，

$y_G=\dfrac{y_0+y_1+y_P}{3}=\dfrac{x_0^2+x_1^2+x_0x_1}{3}=\dfrac{(x_0+x_1)^2-x_0x_1}{3}=\dfrac{4x_P^2-y_P}{3}$.

所以 $y_P=-3y_G+4x_G^2$. 由点 P 在直线 l 上运动，从而得到重心 G 的轨迹方程为

$x-(-3y+4x^2)-2=0$，即 $y=\dfrac{1}{3}(4x^2-x+2)$.

(2) 因为 $\overrightarrow{FA}=\left(x_0,x_0^2-\dfrac{1}{4}\right)$，$\overrightarrow{FP}=\left(\dfrac{x_0+x_1}{2},x_0x_1-\dfrac{1}{4}\right)$，$\overrightarrow{FB}=\left(x_1,x_1^2-\dfrac{1}{4}\right)$.

由于 P 点在抛物线外，则 $|\overrightarrow{FP}|\neq 0$.

所以 $\overrightarrow{FA}\cdot\overrightarrow{FP}=x_1x_0^2+\dfrac{1}{4}x_0^2+\dfrac{1}{4}x_1x_0+\dfrac{1}{16}=\left(x_0^2+\dfrac{1}{4}\right)\left(x_0x_1+\dfrac{1}{4}\right)$，

$|\overrightarrow{FA}| = \sqrt{x_0^2 + \left(x_0^2 - \dfrac{1}{4}\right)^2} = x_0^2 + \dfrac{1}{4}$. 从而 $\cos\angle AFP = \dfrac{\overrightarrow{FA} \cdot \overrightarrow{FP}}{|\overrightarrow{FA}||\overrightarrow{FP}|} = \dfrac{x_0 x_1 + \dfrac{1}{4}}{|\overrightarrow{FP}|}$.

同理可得 $\cos\angle PFB = \dfrac{\overrightarrow{FB} \cdot \overrightarrow{FP}}{|\overrightarrow{FB}||\overrightarrow{FP}|} = \dfrac{x_1 \cdot \dfrac{x_0 + x_1}{2} + \left(x_1^2 - \dfrac{1}{4}\right)\left(x_0 x_1 - \dfrac{1}{4}\right)}{|\overrightarrow{FP}|\sqrt{x_1^2 + \left(x_1^2 - \dfrac{1}{4}\right)^2}} =$

$\dfrac{x_0 x_1 + \dfrac{1}{4}}{|\overrightarrow{FP}|}$. 所以 $\angle AFP = \angle PFB$.

第三十四计 比为定值 轨迹阿圆

1. 2

2. 解：设过定点 M,N 的阿波罗尼斯圆交直线 $x=3$ 于 T,D 两点.

则点 $T(3,2),D(3,-2)$ 为 $\triangle MPC$ 的内角平分线、外角平分线与直线 MC 的交点.

设点 $N(3,n)$，$\because \dfrac{|MT|}{|TN|} = \dfrac{|MD|}{|DN|} = \lambda, \therefore \lambda = \dfrac{1}{2-n} = \dfrac{5}{n+2}, \therefore n = \dfrac{4}{3}, \lambda = \dfrac{3}{2}$.

$\therefore$ 在直线 MC 上存在定点 $N\left(3, \dfrac{4}{3}\right)$，使得 $\dfrac{PM}{PN} = \dfrac{3}{2}$.

第三十五计 交垂切线 成蒙日圆

1. $(2\sqrt{2} - \sqrt{7}, 2\sqrt{2} + \sqrt{7})$

2. 解：设椭圆 C_2 上任意一点 P 的坐标为 (x_0, y_0).

过点 P 作椭圆 C_1 的两条切线 l_1, l_2，l_1, l_2 的斜率分别为 k_1, k_2，其方程为 $y - y_0 = k(x - x_0)$，k 可以取 k_1 或 k_2.

联立直线方程与椭圆方程，可得 $(4k^2 + 1)x^2 + 8k(y_0 - kx_0)x + 4(y_0 - kx_0)^2 - 4 = 0$.

$\because$ 直线与椭圆相切，$\therefore \Delta = (x_0^2 - 4)k^2 - 2x_0 y_0 k + y_0^2 - 1 = 0$.

$\therefore k_1, k_2$ 为方程 $(x_0^2 - 4)k^2 - 2x_0 y_0 k + y_0^2 - 1 = 0$ 的两根.

由韦达定理，得 $k_1 k_2 = \dfrac{y_0^2 - 1}{x_0^2 - 4} = \dfrac{2 - \dfrac{1}{4}x_0^2 - 1}{x_0^2 - 4} = -\dfrac{1}{4}$.

$\therefore$ 两切线斜率之积为 $-\dfrac{1}{4}$.

第三十六计 曲线成系 完成大计

1. 解：(1) $\dfrac{x^2}{4} + \dfrac{y^2}{3} = 1$.（过程略）.

(2) 设 $l_{EA}: k_1(x-2) - y = 0$，$l_{EB}: k_2(x-2) - y = 0$，又由(1)解可知椭圆方程为 $\dfrac{x^2}{4} + \dfrac{y^2}{3} = 1$.

∴由过 E, A, B 三点的曲线系方程可得 $\begin{cases}(k_1x-2k_1-y)(k_2x-2k_2-y)=0, \\ 3x^2+4y^2-12=0.\end{cases}$

由于直线 l 不经过 E 点,整理得 $k_1k_2(x-2)-\dfrac{3}{4}(x+2)-(k_1+k_2)y=0$.

∵直线 l 过焦点 F_1,∴$k_1k_2=-\dfrac{1}{4}$,则直线 l 的方程为 $x+1+(k_1+k_2)y=0$.

∴点 D 的坐标为 $\left(-3,\dfrac{2}{k_1+k_2}\right)$,∴$k_3=-\dfrac{2}{5(k_1+k_2)}$.

∴$(k_1+k_2)k_3=-\dfrac{2}{5}$.

2.解:(1)证略.

(2)易知点 $P\left(-\dfrac{\sqrt{2}}{2},-1\right), Q\left(\dfrac{\sqrt{2}}{2},1\right)$,直线 PQ 的方程为 $\sqrt{2}x-y=0$.

又直线 AB 的方程为 $\sqrt{2}x+y-1=0$,由此可设过点 A, P, B, Q 的曲线系方程为 $(\sqrt{2}x+y-1)(\sqrt{2}x-y)+\lambda(2x^2+y^2-2)=0$.

整理得 $(2\lambda+2)x^2+(\lambda-1)y^2-\sqrt{2}x+y-2\lambda=0$.

若要上式表示圆,则 $2\lambda+2=\lambda-1$,解得 $\lambda=-3$.也即当 $\lambda=-3$ 时 A, P, B, Q 会在同一个圆上,此时圆的方程为 $\left(x+\dfrac{\sqrt{2}}{8}\right)^2+\left(y-\dfrac{1}{8}\right)^2=\dfrac{99}{64}$.

∴A, P, B, Q 四点共圆 $\left(x+\dfrac{\sqrt{2}}{8}\right)^2+\left(y-\dfrac{1}{8}\right)^2=\dfrac{99}{64}$.